Hans-Wolfgang Schaller

Der amerikanische Roman des 20. Jahrhunderts

W0048459

Ernst Klett Verlag
Stuttgart · Düsseldorf · Leipzig

Die Deutsche Bibliothek – CIP-Titelaufnahme

Schaller, Hans-Wolfgang:
Der amerikanische Roman des 20. Jahrhunderts / Hans-Wolfgang Schaller. -
1. Aufl., 1. [Dr.]. - Stuttgart; Düsseldorf; Leipzig: Klett, 1998
(Uni-Wissen Anglistik, Amerikanistik)
ISBN 3-12-939563-6

1. Auflage A 1 5 4 3 2 1 ı 2001 2000 1999 98

© Ernst Klett Verlag GmbH, Stuttgart 1998. Alle Rechte vorbehalten.
Internetadresse ı http://www.klett.de

Gedruckt auf Papier,
das aus chlorfrei
gebleichtem Zellstoff
hergestellt wurde.

Redaktion ı Manfred Ott
Umschlaggestaltung und Layout ı Christine Schneyer
Druck ı Gutmann + Co., Talheim. Printed in Germany.
ISBN 3-12-939563-6

Inhalt

Vorwort

Das Buch *Der amerikanische Roman des 20. Jahrhunderts* ist als zusammenfassende und orientierende Darstellung der Entwicklung der wirkungsmächtigsten literarischen Gattung in unserem Jahrhundert konzipiert. Es wendet sich an den interessierten Literaturfreund, der aus eigener Lektüre die rasant gewachsene auch internationale Bedeutung des amerikanischen Romans registriert und näheres erfahren möchte, es wendet sich an die Studierenden, die auf ihrem Weg der wissenschaftlichen Aneignung eines anspruchsvollen Gebiets nach theoretischen Grundlagen, methodischen Verfahren und klaren Kategorien für die Einordnung heterogener Entwicklungen in geistesgeschichtliche Zusammenhänge suchen, und es wendet sich nicht zuletzt an den Examenskandidaten, der nach einem begrifflichen Raster und einem historischen Verlaufsschema Ausschau hält, in die er sein differenziertes Spezial- und Detailwissen einpassen und so rasch verfügbar machen kann.

Entsprechend versucht das Buch zwei klare Entwicklungslinien des Romans zu zeichnen. Vom Realismus des späten neunzehnten Jahrhunderts ausgehend, wird einmal der Strang Realismus – Naturalismus – gesellschaftskritischer Roman durchgezeichnet, und zum anderen die Entwicklung Realismus – psychologischer Realismus – Bewusstseinsstromroman – Existentialismus verfolgt. Beide Linien laufen dann im letzten Drittel des Jahrhunderts im Postmodernismus wieder zusammen, so dass sich als Prognose für die Zukunft eine Revitalisierung der Gattung Roman und nicht etwa der vielbeschworene Tod des Romans stellen lässt.

Gleichzeitig wird immer wieder darauf hingewiesen, dass dieser Versuch einer Zusammenschau eines weit ausdifferenzierten geistesgeschichtlichen Prozesses nur eine Hilfskonstruktion sein kann und wie literaturwissenschaftliche Termini generell keine absolute Gültigkeit beansprucht. Dennoch sind solche Verlaufsschemata sinnvoll, weil sie den Blick auf Einzelphänomene schärfen helfen. Problemlose Einordnungen von Romanen in ein solches Schema vermitteln ebenso einen Erkenntniszuwachs wie die Fälle, bei denen es schwer fällt, oder bei denen es gar unmöglich zu sein scheint. Dieses Buch ersetzt also nicht die eigene kritische Auseinandersetzung mit der amerikanischen Romanliteratur selbst, es gibt jedoch dazu Hilfestellungen.

Die Darstellung ist deutlich geistesgeschichtlich ausgerichtet, versucht aber die politischen, wirtschaftlichen und sozialen Veränderungsprozesse während des Jahrhunderts mit zu berücksichtigen. Die amerikanische Literatur des 20. Jahrhunderts ist jedoch in der ersten Hälfte sehr stark erkenntnistheoretisch und in der zweiten sprachphilosophisch geprägt, so dass hier der Schwerpunkt gesetzt wurde. Diese unterschiedlichen Positionen werden in der Literatur jedoch immer nur sprachlich vermittelt, und so liegt ein weiteres Augenmerk auf der Darstellung der verschiedenen Stilformationen, die sich im Laufe der Zeit ausprägten und heute sozusagen alle zum verfügbaren Handwerkszeug eines Autors gehören.

Die begriffliche Bestimmung solch verschiedener Sachverhalte setzt jedoch bestimmte wissenschaftliche Arbeitsmethoden voraus, und so versucht dieses Buch auch, das unverzichtbare wissenschaftliche Rüstzeug bereitzustellen und die Entwicklung der Literaturwissenschaft selbst auch mit anzusprechen. Die ungeheure Masse der amerikanischen Romanproduktion des 20. Jahrhunderts zwingt angesichts des in diesem Buch knapp bemessenen Platzes zu einer radikalen stofflichen Beschränkung und zur exemplarischen Diskussion bestimmter Autoren und deren Werke. Dass sich hier persönliche Präferenzen durchsetzen, ist unvermeidlich, aber vielleicht auch nicht verkehrt, zwingt diese Tatsache den Leser doch zur eigenen kritischen Auseinandersetzung auch mit diesem Text. Und wenn dies geschieht, dann hat das Buch seinen Zweck erfüllt.

Hans-Wolfgang Schaller
im Oktober 1998

Einleitung

1 Problematik einer ganzheitlichen Darstellung

Amerikan. Roman des 20. Jhs. als Einzelzug einer kulturellen Gesamtentwicklung

Der amerikanische Roman des 20. Jhs. umfasst die Entwicklung von den Anfängen der Moderne *(modernism)* am Beginn des Jhs. bis zur Überwindung des Postmodernismus *(postmodernism)* und ist ein Einzelzug innerhalb des Prozesses tiefgreifender Wandlungen und Veränderungen der amerikanischen Gesellschaft und Kultur insgesamt. Betrachtet man die internationale Bedeutung und den weltweiten Einfluss, den der amerikanische Roman im 20. Jh. parallel zur Etablierung Amerikas als Weltmacht erreicht hat, dann wird deutlich, wie sehr sich die Literatur im Kraftfeld umfassender gesamtkultureller Entwicklungslinien bewegt, die mit dargestellt werden müssten, um eine zuverlässige Literaturgeschichte zu erhalten.

Literaturgeschichte und Epochen

Allein der Begriff Literaturgeschichte verweist auf eine historische Betrachtungsweise, die die Literatur als etwas Gewordenes begreift, chronologisch vorgeht und versucht, über Epocheneinteilungen Ordnungskriterien zu entwickeln, die einen Gesamtverlauf der Literaturgeschichte fassbar machen. Dabei läuft man Gefahr, zu Normierungen zu kommen, die starre Epochengrenzen suggerieren, statt fließende Übergänge zu konstatieren. Stoffliche, stilistische und philosophisch-kulturelle Gemeinsamkeiten einer größeren Anzahl nahezu gleichzeitiger Dichtungen lassen sich jedoch als epochaler Zeitraum begreifen und erleichtern die Abstraktion von den Einzelwerken zur literaturgeschichtlichen Sicht hin. Solche Periodisierungen sind allerdings immer nur angenäherte Hilfsbegriffe, niemals absolute Definitionen.

Gattungsgeschichte

Noch schwieriger wird es, wenn man versucht, die Geschichte einer Gattung zu skizzieren. Im Grunde setzt der Titel *„Der amerikanische Roman des 20. Jhs."* eine Definition der Gattung ‚Roman‘ voraus, die durch die einschränkenden Hinweise ‚amerikanisch‘ und ‚20. Jahrhundert‘ qualifiziert wird.

Naturformen der Poesie

GOETHES Unterscheidung der *„Naturformen der Poesie"*, Epik, Lyrik und Drama, wird seit EMIL STAIGER (1950er Jahre) als Möglichkeit der Gestaltung als lyrisch, episch und dramatisch verstanden. Damit wird eine Darstellungsweise benannt, die in vielen Mischformen auch gattungsübergreifend auftreten kann und den Namen Gattung nicht mehr wirklich verdient. Eine Lösung schien die Auffassung der Gattung als *„Dichtarten"* zu bieten, in der die Naturform Epik z. B. als Kurzepik (Volkstümliche Erzählformen: Volksmärchen, Volkssage, Legende, Schwank, Anekdote, Geschichte; als literarische Erzählformen: Kunstmärchen, Heldensage, Göttersage, Kunstlegende, Erzählung, Kurzgeschichte) oder als Groß- oder Langepik (Epos, Volksbuch, Roman, Novelle) aufgefasst wird.

Formale und inhaltliche Einteilung des Romans

Aber auch hier bleibt die Terminologie unscharf. Unterscheidet man z. B. den Roman nach formalen Gesichtspunkten, dann tauchen Begriffe wie ,Briefroman', ,auktorialer Roman', ,Bewusstseinsstromroman' u. a. m. auf, wählt man eine inhaltliche Festlegung, dann kommt man z. B. auf Termini wie ,Abenteuerroman', ,Gespenstergeschichte', ,Schauerroman', ,Entwicklungsroman', ,Bildungsroman', ,historischer Roman' u. a. m.

Normative vs. historische Terminologie

Diese Überlegungen machen deutlich, dass die literaturwissenschaftlichen Begriffe nie eine normative Definitionsschärfe haben können, sondern eine Bandbreite von Anschauungsmöglichkeiten besitzen und eher orientierenden Charakter haben. Das bedeutet, dass literaturwissenschaftliche Terminologien als historisch bedingte Begriffssysteme ohne absolute Randschärfe zu verstehen sind. Sie ermöglichen dennoch die Zuordnung von Einzelwerken zu einer stilistischen und/oder stofflich ähnlichen Gruppe, die in ihrer Darstellungsweise eine historisch/kulturell bedingte Epoche verkörpern.

Geschichte des amerikan. Romans im 20. Jh.

Die Darstellung des Zusammenspiels gesamtkultureller, gesellschaftlicher, epochaler und gattungstypischer formaler wie stofflicher Elemente bietet demnach erst die Gewähr einer orientierenden Geschichte des amerikanischen Romans im 20. Jh. Der gesamtkulturelle Aspekt kann nur die amerikanische historische Erfahrung einer Gesellschaft sein, die sich aus kolonialen Anfängen über eine politische, ökonomische und schließlich kulturelle Emanzipation von Europa frei- und zur Weltgeltung emporkämpfte. Das Epochenproblem berührt die Ungleichzeitigkeit der chronologischen Jahreszahl 1900 mit dem Beginn moderner gesellschaftlicher und geistesgeschichtlicher Strömungen, die das Amerika des 20. Jhs. prägten und schon im letzten Jahrzehnt des 19. Jhs. umrissartig sichtbar wurden. Die gattungstypischen Merkmale beziehen sich auf eine Entwicklung, die vom Realismus ausgehend einmal inhaltlich zum Naturalismus und dem sozialkritischen Roman führte, und andererseits formal über den psychologischen Realismus, den *point of view* und den Bewusstseinsstrom zur Wahrnehmungs- und Darstellungsfragmentierung des postmodernen Romans verlief:

Verlaufsschema

Realismus
- Naturalismus → allg. sozialkritischer Roman → konvention. realist. Erzählen
- psycholog. Realismus *point of view* → Bewusstseinsstrom → postmoderne Fragmentierung

Industriali-sierung und Urbani-sierung	Diese beiden dominierenden Entwicklungslinien des amerikanischen Romans des 20. Jhs. entfalteten sich auf der Grundlage einer rasant verlaufenden Industrialisierung und Urbanisierung, die nach der Zäsur des amerikanischen Bürgerkriegs (1861–65) einen Paradigmenwechsel des amerikanischen Selbstverständnisses einleiteten.
Westward movement	Bis ca. 1890 war die Ausbreitung nach Westen – *westward movement, manifest destiny* – die entscheidende Vorstellung für eine amerikanische agrarisch bestimmte Identifikationsdefinition gewesen, die ihre zentralen Bestimmungen in Begriffen wie Demokratie, *American Dream* und Individualismus fand. Die räumliche Ausbreitung wird zum Ende des 19. Jhs. hin ersetzt durch die räumliche Konzentration in den Städten. Zwischen 1880 und 1910 entwickelten sich urbane wirtschaftliche und politische Strukturen, die die USA fast 50 Jahre lang prägen sollten.
Landflucht und Ein-wanderung	Während dieses Zeitraums nahmen die Landflucht und die massive Einwanderung aus Ost- und Südeuropa, also der Zustrom in die Städte, ständig zu. 1860 lebten von 31 Millionen Amerikanern nur 6 Millionen in der Stadt, um 1900 waren von inzwischen fast 76 Millionen schon 30 Millionen Stadtbewohner, und 1960 wohnten von 179 Millionen US-Bürgern mehr als zwei Drittel in den Städten (123,6 Millionen). Gegen Ende des 20. Jhs. ist die Verstädterung noch weiter fortgeschritten und man spricht inzwischen eher von Metropolen als von Städten. Von Boston bis Washington D.C. haben wir nun ein fast geschlossenes städtisches Siedlungsgebiet. Die Groß-Räume Chicago oder Los Angeles und anderer Industriezentren zeigen kaum beherrschbare urbane Krisensituationen.
Wirtschafts-struktur	Die steigende Siedlungsdichte in den Ballungsgebieten veränderte die Struktur der nationalen Wirtschaft und verlegte den Schwerpunkt vom Handel auf die Industrieproduktion. Schon 1890 hatte der Wert der industriell erzeugten Waren den Wert der landwirtschaftlichen Erzeugnisse überholt; die sich rapide entwickelnde Industrie erforderte neue Formen der Organisation der Fertigungsgänge und des Einsatzes von Kapital. Die Konzentration von Industriezweigen führte zu Monopolgesellschaften und schließlich in der zweiten Jahrhunderthäfte zu internationalen Multis.
Neue politische Struktur	Mit dieser Entwicklung ging auch eine Verschiebung der politischen Machtkonstellation einher. Das ehemals ländlich dominierte Amerika entwickelte eine neue städtisch dominierte politische Struktur der nationalen Politik, die nun von dem Reagieren auf Großstadtprobleme geprägt ist. Dieser sich seit dem späten 19. Jh. abzeichnende und sich ständig beschleunigende Wandel der sozialen und kulturellen Verhältnisse sowie die Veränderun-

gen der technologischen und industriellen Produktion bedingen eine Neubewertung des Menschen in der modernen amerikanischen Gesellschaft und nötigen dem Romanautor eine sich verändernde Welt-, Gesellschafts- und Menschensicht auf.

Roman als ästhetische Form

In gewisser Weise kann man daher die Geschichte des amerikanischen Romans im 20. Jh. als ästhetischen Reflex kultureller Veränderung begreifen, so wie es Malcolm Bradbury 1991 tut:

The history of the novel can perhaps be described, grandly, as a history of cultural epochs expressing themselves as forms. Or, to put it differently, the novel proceeds through generational aesthetic change to conduct an ever-shifting inquiry, internal and external, into the way life is and the way it can best be perceived and expressed.[1]

Epochisierung in Dekaden

Die Darstellung des amerikanischen Romans des 20. Jhs. muss also über die Jahrhundertgrenze zurückgreifen und den amerikanischen Realismus des späten 19. Jh. mit einbeziehen. Schließlich kommen hier zum ersten Male die Veränderungen der modernen Gesellschaft in den Blick und schlagen sich in philosophischen, soziologischen und psychologischen Ansätzen nieder, die die amerikanische Erzählliteratur der Moderne und der Postmoderne bestimmen. In dieser Perspektive wird die in amerikanischen Darstellungen übliche Periodisierung der amerikanischen Literatur des 20. Jh. nach Jahrzehnten mehr als problematisch. Besonders konsequent ist der Engländer Malcolm Bradbury, obwohl auch er auf den Hilfs- und Orientierungscharakter eines solchen Vorgehens hinweist. Normalerweise finden sich Einteilungen in die „1920er Jahre", die „1930er Jahre", „Post-World-War II und 1950er Jahre", die „1960er", „1970er Jahre", die „1980er" und die „1990er Jahre". Manchmal werden sie auch benannt, „*Jazz Age*", „*Great Depression*", „*post-1945*", „*Postmodern Experiments*" (1960er u. 1970er Jahre) und „*Post-postmodernism*" (1980er u. 1990er Jahre). Bradbury schaltet dieser Einteilung sogar noch „1900–1912" und „1912–1920" vor, als verändere sich im 20. Jh. die gesellschaftliche Matrix, individuelle Perzeptionsweise und ästhetische Form im sauberen Zehnjahrestakt.

Alternative Periodisierungen

Um eine solch allzu grobe und willkürliche Einteilung zu vermeiden, werden hier weiträumigere Periodisierungen gewählt, für die aber auch die oben gemachten Einwände bezüglich der begrifflichen Randschärfe literaturwissenschaftlicher und literaturhistorischer Termini gelten.

2 Gliederung und Kapitelgrenzen

Realismus: W. D. Howell u. H. James

Der amerikanische Realismus des späten 19. Jhs. ist der Ausgangspunkt dieser Darstellung und stellt in dem 1. und 2. Kapitel die wichtigsten Vertreter WILLIAM DEAN HOWELLS und HENRY JAMES an den Anfang der Entwicklung des amerikanischen Romans des 20. Jhs. Ausgehend von WILLIAM DEAN HOWELLS' berühmtem Diktum *„Realism is nothing more and nothing less than the truthful treatment of material...*"[2] liegt im 1. Kapitel der Akzent auf dem Wort ‚material'. HOWELLS bemühte sich um eine besondere Detailgenauigkeit und versucht, sein ‚material', die bürgerliche Gesellschaft, in einer beobachtenden Außensicht zu erfassen. Die durch die angedeuteten gesellschaftlichen und historischen Veränderungen bedingte Verschärfung der sozialen Unterschiede ließ dann nach der Jahrhundertwende das Elend des wachsenden Industrieproletariats in den Blick kommen. Der erstmalig auftretende Enthüllungsjournalismus der sogenannten *muckraker* weist in Reportagen und Romanen auf das Elend der ungebildeten Massen und die Ausbeutung der Einwanderer durch die neuen Organisationsformen arbeitsteiliger Produktionsprozesse hin.

Sozialdarwinismus und Naturalismus: Th. Dreiser

Die so erreichte Schwerpunktverlagerung vom mittleren Bürgertum zur sozial schwierigeren Randlage der Unterschicht findet dann im sozialdarwinistischen Determinismus des Naturalismus seinen Niederschlag. Als Kapitelgrenze wurde daher 1925, das Erscheinungsjahr von THEODORE DREISERS „An American Tragedy", gewählt, da sich hier die Zwangsläufigkeit des *„survival of the fittest"* auch als psychologisch internalisiert und im Justizsystem verankert zeigt.

point of view: W. James, H. James, St. Crane

Im 2. Kapitel verschiebt sich die Betonung auf „truthful treatment". Realistisch erzählen muss nicht unbedingt die Oberflächengenauigkeit der Schilderung bedeuten, sondern kann auch die wahrheitsgetreue Behandlung der wahrgenommenen Wirklichkeit sein. Der Blick wendet sich nach innen auf die individuelle Perzeptionsweise, und die soziale Welt wird aus der Sicht (*point of view*) einer oder mehrerer beteiligter Personen dargestellt. Die wahrnehmungspsychologischen Untersuchungen von WILLIAM JAMES, die Darstellungstechnik des *point of view* von HENRY JAMES und STEPHEN CRANES naturalistischer Impressionismus sind daher auch die Ausgangspositionen, von denen aus in diesem zentralen Kapitel die Gesamtproblematik der literarischen Moderne aufgearbeitet wird.

---

1 M. Bradbury, S. viii
2 Howells, S. 73

Bewusst-seinsstrom lt. Moderne	Realistisch erzählen kann darüber hinaus aber auch heißen, dass die ablaufenden Bewusstseinsprozesse in den Mittelpunkt rücken. Die Weiterentwicklung des *point of view* ist dann folgerichtig der Bewusstseinsstromroman, und deshalb endet dieses Kapitel auch erst mit den großen Romanen WILLIAM FAULKNERS Mitte der 1930er Jahre.
Sozial-kritischer Realismus	Das 3. Kapitel „Formales Experiment und sozialkritischer Realismus" stellt eine Überschneidung und Ergänzung zu den ersten beiden Kapiteln dar. Ausgehend von Sherwood Anderson, der mit seinen Darstellungen psychisch labiler und von Trieben beherrschter Menschen einen naturalistischen Ansatz zeigt, werden formale Neuerungen in den Mittelpunkt gestellt. Dazu gehört bei aller Gesellschaftskritik der doch sehr subjektive Symbolismus von F. SCOTT FITZGERALD ebenso wie die Sprach- und Stilexperimente der amerikanischen Exilantengruppe der *lost generation* um GERTRUDE STEIN in Paris. Dazu gehören HEMINGWAY, DOS PASSOS, WILDER und andere der durch die Kriegserfahrung desillusionierten Generation. Vor allem DOS PASSOS ist durch seine Montagetechnik in *Manhattan Transfer* (1925) und in der Trilogie *U.S.A.* (1930–1936) für den amerikanischen und europäischen Roman formal bedeutsam geworden. Inhaltlich ist sein Werk zugleich von der sozialkritischen Richtung der durch die Weltwirtschaftskrise geprägten *red decade* bestimmt. STEINBECK, JAMES T. FARRELL und einige marxistisch orientierte Autoren schreiben bis zum Beginn des Zweiten Weltkrieges in bewusstem Rückgriff auf realistische Erzähltraditionen.
Southern Renaissance Regionalism	Das 4. Kapitel widmet sich der „Renaissance der Südstaatenliteratur" und verbindet Faulkners *modernism* mit der Tradition des Südens. Als Beispiel für den Regionalismus in der amerikanischen Literatur wird die Linie von KATE CHOPIN bis WALKER PERCY durchgezogen. Zudem wird die thematische Ausweitung dieser Tradition zur Darstellung der ‚conditio humana' akzentuiert. Der amerikanische Süden wird bei CARSON MCCULLERS, FLANNERY O'CONNOR und EUDORA WELTY, bei ROBERT PENN WARREN, THOMAS WOLFE, TRUMAN CAPOTE oder ERSKINE CALDWELL nicht nur als ein geographischer Begriff, sondern, in der Nachfolge Faulkners, als ein besonderes Lebensgefühl verstanden. Die im Bürgerkrieg untergegangene aristokratische Lebensform des Südens wird wehmütig beschworen und bietet neben nostalgischer Reminiszenz atmosphärische Dichte, ethische Werte, Familienbindung und heimatliche Verwurzelung. Der literarische Süden ist das Land der Familiensagas und der Unberechenbarkeit alles menschlichen Handelns. Auf diese Weise bildet diese Tradition eine auf das Individuum gründende Gegenposition zur Normierung durch die industrielle Massengesellschaft in der Literatur des Nordens.

Existentialismus

Das 5. Kapitel „Realistischer Liberalismus und Existentialismus" nimmt die Linie vom Realismus zur Sozialkritik wieder auf und zeigt das durch den philosophischen Existentialismus verschärfte Krisenbewusstsein des modernen Menschen. Ein allgemeinverbindliches amerikanisches Wert- und Wirklichkeitskonzept gibt es nach den Erfahrungen des Zweiten Weltkrieges nicht mehr, und trotz der amerikanischen politischen Vormachtstellung herrscht ein Gefühl der Entwurzelung und der moralischen Ratlosigkeit vor. Die Romane erzählen von Antihelden, deren auf einen Lebenssinn gerichtete Menschlichkeit sich einer gleichgültigen oder feindlichen Welt gegenübersieht. Sie können wie HEMINGWAYS *The Old Man and the Sea* (1952), BELLOWS *Dangling Man* (1944) oder ELLISONS *Invisible Man* (1952) ihre Existenz nur aus sich selbst heraus mit Sinn erfüllen und laufen Gefahr, sich an gängige Erklärungsschemata zu verlieren und dies als Entfremdung schmerzlich zu empfinden. Dieses existentielle Grundgefühl drückt sich in einem konventionellen realistischen Stil und einer grenzenlosen liberalen Werthaltung aus, zeigt sich aber auch in den vielen Versuchen, den Roman der Zeit nicht mehr nach stilistischen Besonderheiten, sondern nach Themenkreisen zu benennen. So gibt es den Großstadtroman, den *business*-Roman, den Roman der Afro-Amerikaner, den Einwandererroman, den Roman der Jüdisch-Amerikaner, den Roman der Hispanics und den Frauenroman. Dies ist eine bis heute beobachtbare Tendenz und macht eine andauernde Grundströmung des modernen amerikanischen Romans auf der Grundlage der realistischen Tradition deutlich.

Postmodernism

Das 6. Kapitel „Von der Moderne zur Postmoderne" zeichnet die zweite Entwicklungslinie des amerikanischen Romans bis heute durch. Die strukturbewusste und experimentierfreudige Tradition der Moderne lässt nach und weicht dem postmodernen Roman. Dies lässt sich als eine Entwicklung begreifen, die vom Verweischarakter der Sprache auf eine außersprachliche Wirklichkeit wegführt und an deren Stelle die sprachliche Selbstreferentialität setzt. Auf diese Weise gibt der Roman die aristotelische Tradition der Mimesis auf, gewinnt aber die Freiheit des Spiels mit den eigenen Konventionen. Der postmoderne Roman arrangiert Stilformen, dekonstruiert sie sofort wieder und reflektiert seine eigene Hervorbringung. Heller kennzeichnet den postmodernen Roman daher als *„die Wiederentdeckung des Imaginativen, Phantastischen, der Freude am nichtreferentiellen verbalen Spiel; die endgültige Abkehr von der sog. mimetisch-realistischen Tradition, das radikale Experimentieren mit neuen Formen und die Sprengung herkömmlicher Gattungsgrenzen; sowie eine antiillusionistische, selbstreflektierende oder selbstparodierende metafiction, welche die Unmöglichkeit definitiver*

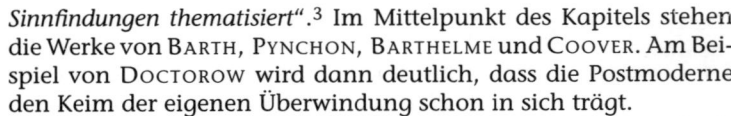

Sinnfindungen thematisiert".[3] Im Mittelpunkt des Kapitels stehen die Werke von BARTH, PYNCHON, BARTHELME und COOVER. Am Beispiel von DOCTOROW wird dann deutlich, dass die Postmoderne den Keim der eigenen Überwindung schon in sich trägt.

Der amerikanische Roman des 20. Jhs. wird in diesem Buch als eine Entwicklung begriffen, die, vom Realismus ausgehend, auf zwei unterschiedlichen Linien immer weiter auseinanderstrebt und dennoch die immer gleiche Frage nach dem Wesen des Menschen stellt und nach dem Lebenssinn sucht. Der amerikanische Roman tut dies trotz der Ausweitung auf die allgemeinmenschliche Problematik auf der Grundlage der amerikanischen Erfahrung in diesem Jahrhundert.

---

3 Heller, „Einführung in ...", S. 30

Vom Realismus zum Naturalismus

KAPITEL 1

1 Historische und geistige Entwicklungen

Willian Dean Howells und Henry James

Die beiden wichtigsten Autoren des amerikanischen Realismus, WILLIAM DEAN HOWELLS (1837–1920) und HENRY JAMES (1843–1916) korrespondierten lange Jahre über die Entwicklung des Romans in Amerika, die Unterschiede zwischen Europa und Amerika hinsichtlich der thematischen Brauchbarkeit Amerikas als Stoff für literarische Werke, über die Reichweite und Genauigkeit europäischer zeitgenössischer Realismustheorien, über das Wesen der amerikanischen Demokratie und anderes mehr. Die Korrespondenz ist eine wichtige Grundlage für das Verständnis der Entwicklung des amerikanischen Romans zu einer eigenständigen Form, die aus der epigonalen Haltung gegenüber europäischen Vorbildern heraustritt und beginnt, ein gültiger Ausdruck der amerikanischen Welt- und Geschichtserfahrung zu werden.

Realismustheorie

Am 22. Juli 1879 schrieb JAMES an HOWELLS und versuchte, dessen bisheriges Werk und den Entwurf des geplanten Romans *The Undiscovered Country* zu charakterisieren: *„Your subject has the merit of being real, actual & American, & this is a great quality. Continue to Americanize & to realize: that is your mission."*[1] JAMES spielt hier mit den Begriffen ,real', ,actual' und ,American' und deutet an, dass HOWELLS aus der genauen Beobachtung der Wirklichkeit (real & actual) zu einer geistigen Durchdringung dessen kommt, was typisch amerikanisch (American) ist. Durch die Verbformen ,realize' und ,Americanize' wird dieser Zusammenhang als ein dynamischer Prozess begriffen, der zu einem immer tieferen Verständnis der amerikanischen Lebenswirklichkeit auf der Grundlage der Detailgenauigkeit führt.

„commonplace" & „smiling aspects"

Damit wird HOWELLS' Ablehnung der romantischen Abenteuer- und Liebesgeschichten angedeutet, aber auch seine Hinwendung zum Alltäglichen gekennzeichnet. JAMES' Bemerkung steht somit in einem engen Zusammenhang zu HOWELLS' berühmtem Diktum *„our novelists ... concern themselves with the more smiling aspects of life, which are the more American ... It is worth while, even at the risk of being called commonplace, to be true to our well-to-do actualities."*[2]

---

1 Brief von Henry James an Howells vom 22. Juli 1879, in: Lynn, S. 244
2 Howells, S. 128

„truthful treatment of material"	Vor allem die Wendung „More smiling aspects" hat HOWELLS den häufigen Vorwurf eingetragen, er nehme nicht das gesamte soziale Spektrum der Gesellschaft wahr, sondern beschäftige sich eher mit der relativ wohlhabenden Mittelschicht. Tatsächlich betont HOWELLS hier das Ideal der demokratischen Gleichheit, die er als typisch amerikanisch begriff und im Mittelstand verankert sah. Daher lehnt er den Rückgriff auf historische Stoffe oder exotische Abenteuer in fernen Ländern als sentimental und romantisierend ab, mit Blick auf die vorwiegend weibliche Leserschaft von Romanen hält er so etwas sogar für gefährlich und moralisch verderblich, da es falsche Erwartungen weckt und den Blick auf die Wirklichkeit verstellt. Daraus folgt fast zwangsläufig seine bekannte Definition: „Realism is nothing more and nothing less than the truthful treatment of material and Jane Austen was the first and the last of the English novelists to treat material with entire truthfulness."[3] Die treue Wiedergabe der Wirklichkeit ist also die vornehmste Aufgabe des Romanciers, und alle erzähltechnischen Überlegungen dienen diesem Ziel. Gleichzeitig erschließt sich erst dem scharfen Blick des Beobachters die Natur der amerikanischen sozialen Realität und wird in ihrer Besonderheit erkannt und verstanden.
Umgestaltung der Gesellschaft	In der Tat war die wirtschaftlich-technische und geopolitische Entwicklung der USA in der zweiten Hälfte des 19. Jhs. eine grundlegende Umgestaltung der Gesellschaft, die die Voraussetzung für den Aufstieg Amerikas zur globalen Supermacht Ende des 20. Jhs. ermöglichte und die raschen Wandlungsprozesse zur modernen Industrie-, Massen- und Kommunikationsgesellschaft vorbereitete. Die Veränderungen begannen alle Lebensbereiche zu erfassen und zu verändern, und so ist die amerikanische Wirklichkeit tatsächlich das geeignete „material" für eine künstlerische Durchdringung und formende Gestaltung modernerer amerikanischer Lebenserfahrung.
Siedlungsgrenze: frontier	Zwei scheinbar gegenläufige Bewegungen bestimmen die Entwicklung der USA zur modernen Gesellschaft. Am Ende des Bürgerkrieges (1861–65) markierte der Mississippi praktisch die westliche Siedlungsgrenze (frontier) der USA, bis hin zum ursprünglich spanisch kolonisierten pazifischen Küstensaum gab es ‚freies Land'. 1890 erklärten die USA die Siedlungsphase für beendet, die offene Lücke war geschlossen. Mehr als 100 Millionen Hektar Land wurden zwischen 1870 und 1900 neu besiedelt.
Urbanisierung	Diese gewaltige territoriale Ausweitung bedeutete allerdings nicht, dass die ursprüngliche Entwicklung der USA als Agrarstaat geradlinig weiter verlief, denn gleichzeitig bildeten sich in atemberaubender Schnelligkeit urbane Zentren und industrielle Schwerpunkte. 1860 lebten von 31 Millionen Amerikanern nur 6 Millionen in Städten, 1900 war die Bevölkerungszahl durch die

riesigen Einwandererströme auf 76 Millionen angewachsen, von denen schon 30 Millionen in der Stadt wohnten, 1920 hatte sich das Zahlenverhältnis zugunsten der Stadt verändert, und 1960 wohnten schon zwei Drittel der US-Amerikaner in Städten.[4] Die landwirtschaftlich genutzte Fläche hat sich bis zur Jahrhundertwende mehr als verdoppelt, aber die industrielle Produktion hatte schon 1890 den Wert der landwirtschaftlichen Erzeugnisse überholt.

Beispiel: Chicago

Der Schwerpunkt der sozialen Wirklichkeit Amerikas verlagerte sich vom Land zur Stadt. Symbol für diese rasante Entwicklung war Chicago. 1833 war es ein Dorf mit 350 Einwohnern, 1870 wohnten dort schon 300 000 Menschen und 1890 war die Millionengrenze längst überschritten.

Einwandererströme

Der vertraute Maßstab des an den Jahreszeiten orientierten bäuerlichen Lebens begann an Bedeutung einzubüßen, und der technische Rhythmus der Maschinenlaufzeiten übernahm das Kommando. Die Massen ungebildeter Einwanderer aus Ost- und Südeuropa verteilten sich nicht auf dem Land, sondern wurden von den industriellen Ballungsgebieten aufgesogen und in Slums und Ghettos abgedrängt.[5] Sie lieferten die billigen Arbeitskräfte einer Industrie, die rasch neue Formen der Fertigungsgänge und des Kapitaleinsatzes entwickelte. Es entstanden Trusts (Industriekonzentrationen, die von der Rohstoffgewinnung bis zur Fertigung des Endprodukts alles kontrollierten) und Holdings, die mehrere Unternehmen des gleichen Industriezweiges umfassten. Im 20. Jh. entwickelten sie sich zu internationalen Multis weiter.

Eisenbahnen

Die Landnahme und die urbane Industrialisierung wurden durch die stürmische Entwicklung der Eisenbahngesellschaften miteinander verknüpft. Bis zum Jahrhundertende stellten die privaten Bahnen, die stark subventioniert wurden, mehrere transkontinentale Strecken fertig, sorgten für einen raschen Transport der Agrarerzeugnisse in die Ballungsräume, kurbelten aber gleichzeitig durch ihren Bedarf an Kohle und Stahl den Bergbau und die Schwerindustrie an. Die Konzentrationstendenz der Eisenbahnen führte zur Kontrolle der Frachtraten für den Warentransport und brachte die Farmer in wirtschaftliche Abhängigkeit, führte aber gleichzeitig zu einer gesicherten Versorgung der Städte mit Nahrungsmitteln. Auch hier ist Chicago das wichtige Zentrum als Eisenbahnknotenpunkt und als Standort der Schlachthöfe und Fleischfabriken, die den urbanen Osten versorgten und die anschwellende Masse von ungelernten Arbeitern beschäftigten.

---

3 Howells, S. 73
4 vgl. Schaller, S. 138
5 vgl. Cunliffe, S. 220

Industriali-sierung und soziale Spannungen	Die Industrialisierung bestimmte die soziale Wirklichkeit der USA im letzten Drittel des 19. Jhs. und führte zu enormen gesellschaftlichen Spannungen, die auf der Grundlage der aufklärerischen Versprechungen der Verfassung und den Erfahrungen der identitätsstiftenden Wirkungen der geographischen Ausweitung der USA nach Westen psychologisch abgefedert wurden.
Turner-These	Diesen Zusammenhang hat 1893 der Historiker FREDERICK JACKSON TURNER anlässlich der Weltausstellung in Chicago in seinem Vortrag „The Significance of the Frontier in American History" erläutert. Turner betrachtet die sich wellenförmig nach Westen vorschiebende Siedlungsgrenze vor allem im 19. Jh. als den dominanten historischen Faktor in der Entwicklung der amerikanischen Nation nach der Unabhängigkeit. Neben die sozial-gesellschaftlichen Umbrüche durch die industrielle Revolution tritt hier der Gedanke einer naturrechtlich fundierten kontinuierlichen Weiterentwicklung von individualistisch demokratischen Anschauungen, die das amerikanische Selbstverständnis nach Turners These eigentlich ausmachen. Beides passt scheinbar nicht recht zusammen und deutet in der radikalen Unterschiedlichkeit des Blicks auf das moderne Amerika die Grundspannung an, die das geistige Amerika – und auch die Entwicklung des Romans – im 20. Jh. beherrscht.
Dilemma der Geisteswissenschaft	Hier wird beispielhaft das unentrinnbare Dilemma der Geisteswissenschaften deutlich. Methodische Stringenz und die wissenschaftlich erforderliche Nachprüfbarkeit von Ergebnissen erfordern eine Beobachtungsstrategie, die zunächst einmal die Fragestellung systematisch von anderen Untersuchungsinteressen abgrenzt und erst später versucht, mit anderen Forschungsrichtungen die eigenen Ergebnisse abzugleichen. Bei der komplexen Interdependenz kultureller Phänomene und historischer Entwicklungen ist dies zwar unvermeidlich, jedoch immer auch problematisch.
Realismus-Naturalismus vs. Natur- und Staatsrechtsphilosophie	Nimmt man die Industrialisierung und Urbanisierung als tragfähige Beschreibungsgrundlage für das moderne Amerika des 20. Jhs. an, dann wird die Darstellung aufbrechender sozialer Spannungen im Realismus und die Betonung von gesellschaftlichen Klassenunterschieden im Naturalismus als getreue Wiedergabe der Verhältnisse erscheinen. Rückt dagegen die geistesgeschichtliche Tradition der Natur- und Staatsrechtsphilosophie vom 18. bis ins 20. Jh. ins Beobachtungszentrum, dann bekommen die individualistisch-demokratischen Elemente in der Literatur größeres Gewicht, und der amerikanische Realismus und Naturalismus behält trotz aller vorhandenen Gesellschaftskritik einen idealistischen und optimistischen Grundtenor, den man der

amerikanischen Literatur im Gegensatz zur europäischen Tradition häufig zubilligt.

Forschung als Diskussionszusammenhang

Turners Verdienst ist es jedenfalls, für die zweite Argumentationslinie eine Grundlage geliefert zu haben. Auch an diesem Beispiel aus dem Vorfeld der eigentlichen Literaturbetrachtung zeigt sich, dass das Prinzip der geisteswissenschaftlichen Forschung das Prinzip der ständigen Diskussion, des ständigen Methodenwechsels und das der ständigen fächerübergreifenden Synthese ist. Turner geht unausgesprochen auf die progressive Geschichtsidee der schottischen philosophischen Schule der „Common Sense Philosophy" (spätes 18. Jh.) zurück und kombiniert deren zeitlich gedachten historischen Fortschritt der Menschheit mit der amerikanischen räumlichen Ausweitung nach Westen:

It begins with the Indian and the hunter; it goes on to tell of the disintegration of savagery by the entrance of the trader, ...; we read the annals of the pastoral stage in ranch life; the exploitation of the soil by the raising of unrotated crops of corn and wheat in sparsely settled farming communities; the intensive culture of the denser farm settlement; and finally the manufacturing organization with city and factory system.[6]

Entwicklung einer demokratischen amerikanischen Identität

Turners Erkenntnis war nicht neu, aber seine Schlussfolgerungen bedeuteten eine amerikazentrierte Neubewertung der amerikanischen Geschichte. Der beschriebene Konsolidierungsprozess vom ersten Auftreten der weißen Trapper und Fallensteller bis hin zur ausgebauten Industriegesellschaft ist nicht eine einmalige Entwicklung, sondern ein sich zeitversetzt nach Westen hin bis zum Ende des 19. Jhs. wiederholender Vorgang. An der jeweiligen Siedlungsgrenze waren die individuelle Freiheit des Siedlers, die nachbarschaftliche Hilfe kleiner Gemeinwesen, die demokratische Regelung kommunaler Probleme in Dörfern und Marktflecken noch erlebbar, während im urbanen und industrialisierten Osten gleichzeitig schon frühkapitalistische Ausbeutung, Slumbildung und Klassenschranken die gesellschaftliche Wirklichkeit prägten. Anders als in Europa bot jedoch der freie Westen den Einwohnern der Städte im Osten die Möglichkeit, jederzeit nach Westen weiterzuziehen und der repressiven Industriegesellschaft zu entkommen.

Psychologische Entlastungsfunktion des *free land*

Tatsächlich ist dies nicht in großem Umfange geschehen, aber psychologisch gesehen entschärft die Existenz des *free land* die Bedeutung sozialer Strukturen und verknüpft aufklärerische Naturrechtsvorstellungen mit der religiös protestantischen Arbeitsethik zu einem individuellen Grundzug des ‚*do it yourself*' im geistigen

---

6 Turner, S. 9

Ideologisches System

Interessant dabei ist, dass nach dem Bürgerkrieg, nach dem „*closing of the frontier*" und durch die Industrialisierung Jeffersons Agrarutopie und der *American Dream* des Aufstiegs aus eigener Kraft in einer freien demokratischen Gesellschaft von der Geschichte praktisch überholt werden. Dennoch zeigen sie als ideologisches System noch immer eine enorme Wirkung und Beharrungskraft. Wenn gegen Ende des 19. Jhs. und dann später im 20. Jh. die geistige und literarische Auseinandersetzung mit den neuen sozialen Strukturen einsetzt, dann immer vor dem Hintergrund der skizzierten ideologischen Werteorientierung. Der amerikanische Roman im 20. Jh. erhält damit eine gehaltlich thematische Grundspannung zwischen den Polen Individualismus – Idealismus und Realismus – Gesellschaftskritik, die es so in Europa nicht gibt.

2 Realismus in Amerika

Eigene Wurzel des amerikanischen Realismus

Der Realismus war in Amerika nicht bloß eine spätere Übernahme der europäischen literarischen Bewegung der Mitte des 19. Jhs., sondern er hatte auch eine eigene literarische amerikanische Wurzel. In Neuengland, im Süden und im Westen der USA hatte sich eine Literatur entwickelt, die eine realistische Darstellungsweise mit romantischen Handlungsschemata verband und vor allem die Form der *short story* prägte.

local-color

Zum Jahrhundertende hin verstärkten sich auf der Grundlage der Erfahrungen der Siedlungsgrenze im Westen – wie Turner sie beschrieben hat – die demokratisierenden Tendenzen dieser *local-color* genannten Regionalliteratur. Der Versuch, die Atmosphäre der verschiedenen Regionen zu erfassen, die Figuren in ihrer wirklichen Umwelt, in ihren unterschiedlichen Lebensbedingungen und in der ihnen abgelauschten Sprache darzustellen, führte zu einem schlichten und naiven Realismus, der den Nordosten, den Süden und den Westen zunehmend als eigenständige Kulturbereiche erscheinen ließ und die Vielfalt Amerikas innerhalb der politischen Einheit erkennbar machte. Neuengland verlor allmählich die bislang unangefochtene kulturelle Führungsrolle, und der ‚wilde Westen' der Sierra Nevada und der kalifornischen Goldgräbercamps (MARK TWAIN, BRET HARTE, JOAQUIN MILLER), der melancholisch-nostalgische Süden (GEORGE WASHINGTON CABLE, THOMAS NELSON PAGE, JOEL CHANDLER HARRIS), der puritanisch strenge Nordosten (MARY WILKINS FREEMAN, HARRIET BEE-

CHER STOWE, SARAH ORNE JEWETT) und die Prairie des mittleren Westens mit Schwerpunkt Indiana (EDWARD EGGLESTON, HENRY B. FULLER, ROBERT HERRICK) traten als Landschaften mit lokaltypischen Sitten und Gebräuchen, einer spezifischen regionalen Geschichte und sogar einer eigenständigen dialektal eingefärbten Alltagssprache hervor. In den Romanen und Erzählungen fehlte jeder Bezug zu Europa, und die konsequente Hinwendung zu amerikanischen Themen und Stoffen machte die *local-color*-Bewegung zum Wegbereiter einer amerikanischen Nationalliteratur. Dieser naive Realismus hielt sich nicht erst mit theoretischen Überlegungen auf und trat daher dem aus Europa importierten Realismus BALZACS, THACKERAYS, TURGENJEWS und TOLSTOIS ganz unbefangen gegenüber.

Howells' amerikanischer Realismus

WILLIAM DEAN HOWELLS war wohl der wichtigste und einflussreichste Realist seiner Zeit. Er wirkte auf drei Ebenen gleichzeitig, als Romanautor, als Rezensent und Kritiker und in seiner Funktion als Herausgeber der literarisch orientierten Zeitschrift *Atlantic Monthly* als Förderer junger Talente. Er entwickelte seine Realismustheorie auf der Grundlage der literarischen Entwicklungen in Europa, versuchte aber, die gewonnenen Einsichten für die amerikanische Literatur, die seiner Meinung nach andere politisch-wirtschaftliche und geistige Voraussetzungen hatte als Europa, fruchtbar zu machen. 1914 fasst er dies in einem Interview zusammen: „*I saw a young, free, energetic society. I saw a society in which love ... was innocent; ... Here, I thought, are the materials for novels. Why should I go back to the people of bygone ages and of lands not my own?*"[7]

Ablehnung von Eskapismus

In der rhetorischen Frage wird das Anliegen aller seiner theoretischen Äußerungen deutlich, nämlich die Ablehnung einer eskapistischen und sentimentalen Literatur, die sich der realistischen Detailtreue ebenso entzieht wie der moralischen Verantwortung des Einzelnen gegenüber der Gesellschaft. Für den amerikanischen Realisten bedeutete dies auch eine besondere Verpflichtung gegenüber dem amerikanischen demokratischen Ideal, das es zu verteidigen galt. Letztlich ist dies der Grund für HOWELLS' entschiedene Verteidigung und Förderung der *local-color*-Autoren, denn bei ihnen sah er die photographische Genauigkeit, das Bewusstsein einer eigenen Geschichte und die Beherrschung der dialektalen Besonderheit der Regionen. Die romantisierenden Handlungsstrukturen hingegen waren zu korrigieren, und so versuchte er, ihnen TURGENJEWS Handlungsentwicklung aus der realistisch geschilderten Charakteranlage der Romanfiguren heraus

---

7 Halfmann, S. 394

und TOLSTOIS panoramahafte gesellschaftliche Breite durch die Vielzahl der Episoden nahezubringen. HOWELLS verknüpft so den regionalen und naiven amerikanischen Realismus mit dem europäischen theoretisch untermauerten Realismus und fördert dadurch die Entstehung einer eigenständigen amerikanischen Tradition, die Realismus mit einem gesellschaftlichen und politischen Ideal, Gesellschaftskritik mit individueller Moral verknüpft und sozialen Zwängen die Freiheit der Entscheidung des Einzelnen entgegensetzt.

Besonderheit des amerikanischen Realismus
A Hazard of New Fortunes

In seinem Roman *A Hazard of New Fortunes* (1890) setzte HOWELLS seine ästhetischen Erkenntnisse in dem ersten bedeutenden Großstadtroman der USA um. Der Roman erfasst in einer Fülle von Episoden in tolstoischer Panoramatechnik die Wirklichkeit des modernen urbanen Amerika. Die unglaubliche Anzahl von Figuren repräsentieren Vertreter aller gesellschaftlichen Schichten, und aus den Spannungen der unterschiedlichen Charaktere entsteht ganz im Sinne TURGENJEWS die Handlung. Im Zentrum steht die alte Verkörperung des amerikanischen Traums, der *self-made-man*. Allerdings ist er nun, in der Zeit des schnellen durch Glück erworbenen Geldes, zum hartgesottenen Geschäftsmann degeneriert. HOWELLS beginnt, den amerikanischen Kapitalismus skeptisch zu hinterfragen und findet für die geistig-moralische und demokratisch-egalitäre Tradition Amerikas bezeichnenderweise nur noch zwei Repräsentanten, den Jugendlichen Tom March und den deutschstämmigen Immigranten und Sozialisten Max Lindau. HOWELLS begriff die Gefahr, die in der ungebremsten industriellen Entwicklung lag und spürte auch, dass seine gemäßigte Form des Realismus die gesellschaftlich aufbrechenden Widersprüche nicht angemessen erfassen konnte. Er war zwar einerseits für die Kontrolle wuchernder Machtkonzentrationen in *Trusts*, *Holdings* und Monopolen, aber wollte dennoch die individuelle Freiheit des Einzelnen und seine Entfaltungsmöglichkeit nicht einschränken.

Altruria-Utopien

Diese gesellschaftliche und ethische Grundüberzeugung konnte er daher nur noch in den Altruria-Utopien darstellen, der Realismus HOWELLS'scher Prägung war dazu ohne inneren Bruch der Darstellung nicht mehr in der Lage. Misst man dies an seiner berühmten Formel, Realismus sei *„truthful treatment of material"*, dann wird deutlich, dass HOWELLS' Konzentration auf den bürgerlichen Mittelstand und den amerikanischen Alltag ihm zwar das Material für seine Romane durch genaue Detailbeobachtung erschloss, dass er aber die gesellschaftliche Grundströmung zur Vermassung, Urbanisierung und Klassenbildung nicht mehr erfassen konnte. Deshalb weicht er, um seine idealistisch-demokratische Haltung nicht aufgeben zu müssen, in die Form der Utopie aus. Aber auch hier bleibt der Handlungsraum auf das Ambiente der kultivierten Mittelschicht bezogen.

A Traveler from Altruria

Mr. Homos, ein Reisender aus Altruria (*A Traveler from Altruria*, 1894), erklärt den Gästen einer amerikanischen Urlaubspension, dass in seinem Land das individualistisch freiheitliche politische System sich auf der Grundlage wirtschaftlicher Machtkonzentration zu einer oligarchischen Diktatur gewandelt hatte. Das Volk aber hatte in friedlichen und freien Wahlen mit Hilfe moderner Technik, der Telegraphie, die gleichzeitige Stimmabgabe aller Bürger organisiert und die korrupten Politiker überall abgewählt. Jetzt ist Altruria eine christliche und demokratische Gesellschaft, erfüllt von den ursprünglichen Idealen des frühen Amerika.

Bedeutung Howells

HOWELLS war ein unbestechlicher Beobachter, der die Verwerfungen des modernen Amerika mit Bangen sah, aber er war auch ein Repräsentant der alten Zeit. Er hat die Grundlagen des gesellschaftskritischen Realismus und Naturalismus in Amerika mitgeschaffen, und bei ihm sah man die amerikanische Grundspannung zwischen realistischer Analyse und idealistischer Zukunftshoffnung zuerst – und in noch milder Form. HOWELLS zog sich mehr und mehr auf die Rolle des Kritikers und Mentors der jüngeren Schriftstellergeneration zurück und förderte vor allem die *local-color*-Autoren, denen er seinen durch Europa theoretisch befruchteten gemäßigten Realismus empfahl. Der sich entwickelnde Naturalismus blieb ihm unangenehm und bei aller Bewunderung EMILE ZOLAS weitgehend fremd.

Emile Zola

In den Romanen *L'Assommier* (1877), *Nana* (1880), *Germinal* (1885) hatte ZOLA das Schicksal der Unterschicht und gesellschaftlichen Außenseiter dargestellt; seine Literaturtheorie erläutert er in *Le roman expérimental* (1880; amerikanische Ausgabe 1893). ZOLAS naturwissenschaftlich anmutende Experimentiertechnik auf der Basis genauer Ereignisprotokolle war nicht nur eine Darstellungsmethode, sondern auch ein an DARWIN und SPENCER orientierter weltanschaulicher Ansatz, der die deterministische Unausweichlichkeit gesellschaftlicher Entwicklungsprozesse hervorhob, die individualistische Willensfreiheit in der Dominanz des Milieus und der Vererbung untergehen ließ und eine pessimistische Grundstimmung verbreitete. Dies widersprach den innersten Überzeugungen von HOWELLS, und er versuchte, die geistig-individualistischen Traditionen Amerikas zu erhalten, und beeinflusste die nachwachsenden Schriftsteller in diesem Sinne. HOWELLS repräsentierte damit die allgemeinverbindliche amerikanische Grundüberzeugung, und der Glaube an die Entscheidungsfreiheit des Einzelnen blieb trotz deterministischer Ansätze in der amerikanischen Tradition des kritischen Realismus erhalten und ist bis heute in der amerikanischen Prosa als Tendenz zur moralischen und ethischen Beurteilung der Gesellschaft auf der Grundlage der Naturrechtsphilosophie und der demokratisch-individualistischen Staatsorganisation der USA zu beobachten.

Neue Schriftstellergeneration nach 1890

Der Einfluss von HOWELLS war besonders bei einer jungen Generation von Schriftstellern deutlich, die alle nahezu gleichzeitig in den 1890er Jahren zu schreiben begannen. Sie alle wandten sich konsequent amerikanischen Stoffen zu und versuchten über HOWELLS' beschaulichen Realismus hinauszukommen, ohne eine totale Absage an die traditionellen Werte Amerikas.

Europäische Entwicklung

In Europa hatte unter dem Eindruck der *l'art pour l'art*-Bewegung, des Impressionismus und der literarischen Dekadenz der Naturalismus seinen Höhepunkt längst überschritten, aber in Amerika wirkten vor allem die Theorien EMILE ZOLAS sehr stark. In seinem *Le Roman expérimental* hatte er dargelegt, dass es für einen Romanautor nötig sei, als Materialsammlung praktisch eine soziale Untersuchung durchzuführen, die die sozialen Lebensbedingungen, Arbeitsorganisation, Wohnverhältnisse, Umwelteinflüsse und Vererbungsgesetze enthalten sollte, um diese Erkenntnisse dann auf typische Verhaltensweisen, Sitten, Lebensstile und gesellschaftliche Klassenunterschiede zu beziehen.

Definition Naturalismus

Naturalism was thus realism scientized, systematized, taken finally beyond realist principles of fidelity to common experience or of humanistic exploring of individual lives within the social and moral web to an experiment in the laws of social and biological existence.[8]

Autor als Sozialwissenschaftler und als Reporter

Wenn sich der Romancier einerseits immer mehr einem sozialwissenschaftlichen Forscher annähern soll, der möglichst emotionslos Fakten sammelt, dann ähnelt er auch zunehmend einem Reporter, der Informationen sammelt, Missstände aufdeckt und Korruption entlarvt. Der Reporter geht in die Slums, in die Ghettos, die Schlachthöfe, er beobachtet Kriege an der Front, wie ein Photograph, registriert unbestechlich genau die soziale Wirklichkeit. Aber der Journalist ist kein Wissenschaftler, er hat eine Absicht, die über die reine Erkenntnis hinausgeht. Um Interesse zu erwecken, muss er für seine Reportagen menschliche Bezugspunkte finden, die Abscheu oder Mitleid, Entsetzen oder moralische Entrüstung provozieren. Er muss Maßstäbe entwickeln, um seine Beobachtungen einzuordnen, er muss letztlich moralisch werten.

Spezifisch amerikan. Wertmaßstäbe

Die Maßstäbe eines Journalisten entstammen in der Regel den ethisch-humanistischen Traditionen seines Kulturkreises, und in Amerika ist das nicht anders. Allerdings treten hier im Gegensatz zu Europa die egalitär-demokratischen und naturrechtlich-individualistischen Überzeugungen, die in der Aufklärungsphilosophie entwickelt wurden und die geistig-ideologische Basis des amerikanischen Selbstverständnisses bilden, stärker hervor. Es ist daher kein Zufall, dass im 20. Jh. so viele amerikanische Romanciers gelernte Reporter sind, die auf der Grundlage genauer Beobachtungen in der realistischen und naturalistischen Tradition schreiben, aber dennoch den optimistisch-idealistischen Grundzug Amerikas erkennbar werden lassen.

Autoren

HAMLIN GARLAND (1860–1940), FRANK NORRIS (1870–1902) und STEPHEN CRANE (1871–1900) sind neben einer Reihe von Schriftstellern, die von HOWELLS besonders beeinflußt wurden, die wichtigsten.[9] Sie stehen an der Schwelle des 20. Jhs. und zeigen thematische und erzähltechnische Züge, die sich in den ersten drei Jahrzehnten des 20. Jhs. und dann wieder nach der Jahrhundertmitte voll entfalteten.

3 Hamlin Garland (1860–1940)

Biographie

GARLAND wuchs auf einer Farm im mittleren Westen auf und erlebte in früher Jugend die Härte und Entbehrungen des Pionierlebens. Seine zahlreichen Erzählungen und Romane sind Darstellungen der Primitivität und Kärglichkeit des Lebens auf dem Land, sie zeigen aber auch noch eine nahezu romantische Naturauffassung und bieten so eine Verknüpfung der *local-color*-Tradition mit realistischen und naturalistischen Darstellungsweisen. Seine Schriften haben einen stark biographischen Hintergrund und basieren auf dem Schicksal der Familie Garland über drei Generationen hinweg. Dabei gelingt es ihm, die wichtigsten Phasen der amerikanischen Geschichte gegen Ende des 19. Jhs. zu erfassen. Zunächst ist es die Wanderungsbewegung nach Westen ins offene freie Land und der mühsame Aufbau einer Farm, dann der Versuch, sich trotz der wirtschaftlichen Schwierigkeiten durch sinkende Agrarerzeugerpreise und steigenden Bankenzinsen für Kredite auf der eigenen Scholle festzukrallen, und schließlich ist es die Landflucht, der Rückzug in die Städte an den großen Seen und im Osten, die das Leben bestimmen.

Hippolyte Taines Milieutheorie

GARLAND hatte eine nur rudimentäre Schulbildung und bildete sich als unersättlicher Leser autodidaktisch weiter. TAINES *History of English Literature* ist für ihn eine Offenbarung, und er lernt von dem Franzosen die Bedeutung von Rasse, Milieu und historischer

---

8 Bradbury, S. 9
9 vgl. Schaller, *William Dean Howells und…*

Zeit als bestimmende Faktoren für die Herausprägung menschlicher Charaktere, aber auch für die Erfassung der Wahrheit und Wirklichkeit einer Epoche. Dieser positivistische, statistisch feststellende Ansatz von TAINE wird durch die Lektüre der Evolutionstheoretiker ergänzt. Vor allem SPENCER, der DARWINS biologischen Entwicklungsgedanken soziologisch umsetzt und auf die Spezialisierungstendenz in der menschlichen Gesellschaft anwendet, lehrt ihn die Idee des kulturellen Fortschritts. So erkennt er im Kontrast zur alten feudal-hierarchischen Gesellschaft Europas in der individualistisch-demokratischen Gesellschaft Amerikas eine deutlich fortgeschrittenere Entwicklungsstufe und leitet davon seine doppelte Forderung für den Schriftsteller ab. Er verlangt *truth*, Wahrheit in der Darstellung des evolutionär gesetzmäßigen Verlaufs des gesellschaftlichen Fortschritts, und *sincerity*, Wahrhaftigkeit in der Darstellung des individuell-subjektiven Erlebens gesellschaftlicher Zwänge der handelnden Charaktere. Diesen beiden Begriffen ordnete er die ästhetische Kategorie der Form, *beauty*, eindeutig unter.[10] Diese Entwicklung seiner Theorie, die er *veritism* nannte, stand auch unter dem Einfluss von HOWELLS, den er 1884 nach seiner Übersiedlung von der Farm auf der Prairie nach Boston kennenlernte, HOWELLS' Begriff „material" findet in GARLANDS „truth" eine ungefähre Entsprechung, auch wenn GARLAND im Sinne TAINES seinen analytischen Befund über die Gesellschaft viel umfassender anlegte.

Garlands Romane und Kurzgeschichten

Dennoch bekommen seine Darstellungen durch die autobiographische Rückbindung an das eigene Erleben eine stärkere subjektivistische Einfärbung und tendieren zur atmosphärischen Dichte bei knappem Umfang. Dies ist eher in der Form der *short story* zu erreichen; so leiden seine Romane, von denen *A Rose of Dutcher's Coolly* (1895) und die autobiographische Darstellung *A Son of the Middle Border* (1917) hervorgehoben werden müssen, auch an einer romantisierend-sentimentalen Handlungsstruktur, während seine kürzeren Erzählungen ihm einen bleibenden Platz in der Entwicklung der amerikanischen Prosa bei dem Übergang ins 20. Jh. sichern. Seine Kurzgeschichtensammlung *Main-Traveled Roads* (1891) ist daher auch besser und wichtiger als seine Romane, auch wenn er 1922 für *A Son of the Middle Border* den Pulitzerpreis, die wichtigste amerikanische Auszeichnung für Literatur, erhielt.

4 Frank Norris (1870–1902)

Amerikanischer Zola

Zu in der Darstellungstechnik ähnlichen Ergebnissen kommt FRANK NORRIS, aber bei ihm liegt das nicht an dem Rückgriff auf eigenes Erleben, sondern an einer typisch amerikanischen Adaptation europäischer naturalistischer Theorien. Handbücher und Literaturgeschichten ordnen NORRIS meist eindeutig in die ZOLA-Nachfolge ein und bezeichnen ihn auch häufig als den amerikanischen Naturalisten schlechthin.[11]

Basis: Evaluationslehre

Auch bei NORRIS stand die theoretische Auseinandersetzung mit der wichtigsten Idee des 19. Jhs., der Evolutionslehre, im Zentrum seines ästhetischen Denkens. Auch er ist von HOWELLS stark beeinflusst, entwickelt aber aus romantischen Ansätzen seine Version des Realismus und Naturalismus. Nur so ist es verständlich, dass er selbst ZOLA als romantischen Schriftsteller verstand, da der seine Themen vor allem aus den sensationellen Randbezirken der menschlichen Gesellschaft bezog.[12] NORRIS lernte die Evolutionstheorie durch die Vermittlung amerikanischer Denker kennen, ähnlich wie GARLAND. Während GARLAND sich stark den ökonomischen und politischen Aspekten zuwandte, wurde NORRIS von Autoren mehr philosophischer und theologischer Ausrichtung geprägt. JOHN FISKE und JOSEPH LE CONTE[13] versuchten, die typisch amerikanischen Positionen des puritanisch unterlegten Gut-Böse-Dualismus und die politisch-aufklärerischen Auffassungen vom freien und selbstverantwortlichen Individuum mit der Entwicklungstheorie zu verbinden und nahmen so dem biologischen Evolutionsgedanken seine deterministische Schärfe.

Amerikanischer Naturalismus

Auf diese Weise entsteht die amerikanische Spielart des Naturalismus, der im Gegensatz zum unausweichlich naturgesetzlich argumentierenden europäischen Naturalismus die Entscheidungsfreiheit und sittliche Verantwortung des Einzelnen bewahrt. LE CONTE sieht die Evolution als Entfaltung des naturimmanenten göttlichen Wesens in immer höheren sittlichen Daseinsformen. *„Norris lernte also Darwins Theorie der Evolution durch Selektion als Theorie der Evolution durch sittlichen und moralischen Fortschritt kennen. Damit wird aber die Basis wesentlich verschoben. Animalische Instinkte und humanitäre Vorstellungen können als Merkmale verschiedener Evolutionsstufen gleichzeitig oder zeitgleich vorkommen,*

---

10 vgl. Garland
11 vgl. Walcutt, S. 114: *„Frank Norris is generally spoken of as America's outstanding naturalistic novelist."*
12 vgl. Norris in Pizer, S. 71
13 vgl. Fiske und Le Conte

sind in einer eindeutigen Wertskala einander zugeordnet und markieren damit den Entwicklungsstand von Norris' Protagonisten."[14]

truth und accuracy

NORRIS entwickelt auf dieser Basis seine Literaturtheorie und konzentriert sie, ähnlich wie HOWELLS und GARLAND, auf zwei sich ergänzende Begriffe. *Truth* zielt auf den Wahrheitsgehalt der Evolutionstheorie im Sinne von LE CONTE, also mit der deutlichen Komponente des moralischen Idealismus. *Accuracy* hingegen bezieht sich auf die genaue Wiedergabe beobachteter Details, was HOWELLS' *material* und dessen exakter Wiedergabe in der Terminologie von HOWELLS, der *verisimilitude*, entspricht. Die außerordentliche Darstellungspräzision von Einzelheiten hat NORRIS den Ruf des exemplarischen naturalistischen Schriftstellers eingetragen, aber im Sinne seines *truth*-Begriffs manipuliert er die Art des Zusammenhanges.[15]

Mc Teague

Dies zeigt sich in seinem bekanntesten Roman *McTeague* (1899), in dem der unbeholfene Dentist ohne Diplom, McTeague, durch Denunziation seine Praxis verliert und, durch seine geizige Frau frustriert, allmählich verkommt und auf eine animalische Entwicklungsstufe zurückfällt. Das Hervorbrechen der animalischen Instinkte ist, auch wegen der dramatischen Wirkung, eines der bevorzugten Themen von NORRIS. Es ist besonders deutlich in *Vandover and the Brute* (posthum 1914), *Moran of the Lady Letty* (1898), noch in *The Pit* (posthum 1903). Allerdings sieht er im Sinne seines *Truth*-Begriffs den animalischen Impuls als moralisch beherrschbar an.

The Octopus

In seinem Roman *The Octopus* (1901) macht er das besonders klar. Der Titel ist eine Metapher für die Eisenbahngesellschaften, die die Farmer durch Pachtverträge und Frachtraten in den Ruin treiben, sie verkörpern die negativen Seiten der kapitalistischen Wirtschaftsordnung und sind Beleg für eine scheinbar deterministische Entwicklung. Aber zum Schluss heißt es dann doch, ganz im Sinne der moralischen Evolution:

... the individual suffers, but the race goes on ... The larger view always and through all shams, all wickednesses, discovers the Truth that will, in the end, prevail, and all things, surely, inevitably, resistlessly work together for good.[16]

5 Stephen Crane (1871–1900)

Einfluss von Howells und Garland

Am 17. August 1891 hielt HAMLIN GARLAND in einem kleinen Städtchen in New Jersey einen Vortrag über den Realismus von WILLIAM DEAN HOWELLS, über den ein knapp zwanzigjähriger Aushilfsreporter in der *New York Tribune* berichtete. So kam STE-

PHEN CRANE schon vor seiner eigenen Schriftstellerkarriere mit der Literaturtheorie von HOWELLS und der GARLAND'schen Variante *veritism* in Berührung. Voller Begeisterung übernahm er die wesentlichen Elemente der beiden Älteren, sah er bei ihnen doch nicht nur die Forderung nach künstlerisch-handwerklichen Fertigkeiten, sondern auch nach einem ehrlichen und verantwortungsvollen Umgang mit dem Dargestellten. Es geht also um mehr als eine wirkungsvolle und überraschende sprachliche Ausdruckskunst, die lediglich auf billige Effekte aus ist. In einem Brief an JOHN N. HILLIARD versucht er 1896, daraus seine eigene Konsequenz zu ziehen:

> I understand that a man is born into the world with his own pair of eyes, and he is not at all responsible for his vision – he is merely responsible for his quality of personal honesty. To keep close to this personal honesty is my supreme ambition.[17]

Wahrhaftigkeit und psychologischer Realismus

CRANE ist also vor allem an der subjektiven Dimension der Realismus-Definitionen von HOWELLS und GARLAND interessiert. *Truth* ist nicht mehr die schlichte HOWELLS'sche Wiedergabe beobachteter Wirklichkeit oder eine naturgesetzliche Prozesshaftigkeit der Evolution wie bei GARLAND und NORRIS, sondern die unbedingte Wahrhaftigkeit der Darstellung eines individuellen Eindrucks von Wirklichkeit. Damit erreicht er auf etwas andere Weise als HENRY JAMES eine Position des psychologischen Realismus, in der es darauf ankommt, durch stilistische Mittel die emotionale Wirkung der Wirklichkeit auf den Protagonisten zu verdeutlichen, in dem sicheren Wissen, dass eine wertfreie und objektive Darstellung der Wirklichkeit nicht möglich ist. In CRANES Romanen entsteht daher durch eher impressionistische Detailbeobachtungen ein Spannungsverhältnis zwischen der subjektiven Wirklichkeitswahrnehmung, auf deren Grundlage die Protagonisten handeln, und der sozialen Realität, die das menschliche Schicksal letztlich bestimmt. Auf diese Weise stehen CRANES Gestalten in einer ausweglosen Situation, die aber keine tragische Dimension gewinnen kann, da sie nicht durch eine bewusste moralisch-ethische Entscheidung herbeigeführt wurde.

Frühe Sketche

In den frühen *Sullivan County Sketches* (1892), die man als erste Experimente und Fingerübungen bezeichnen kann, wird dies zu einer doppelten Realitätsperspektive, die aus diesem Gegensatz

---

14 Schaller in Breinig & Halfmann, S. 164
15 vgl. seine theoretischen Aussagen in „Fiction is Selection" (1897) und „The Mechanics of Fiction" (1901)
16 Norris, *The Octopus...*, S. 361
17 Crane und Hilliard in Stallman & Gilkes, S. 110

resultiert. Hier wirkt natürlich auch das Erbe der Frontier-Tradition des mündlichen Vortrages von *tall-tales*, groteske Übertreibungsgeschichten, fort.

Romane

Schon 1893 kommt CRANE mit seinem als naturalistisch eingestuften Romanerstling *Maggie: A Girl of the Streets* weit darüber hinaus. Maggie wächst im Milieu der New Yorker Slum-Bezirke auf, aber ihre Wahrnehmung ist durch romantisch-sentimentale Klischees von Liebe geprägt und lässt sie ihre Umwelt verschwommen und unscharf wahrnehmen. Über impressionistisch eingesetzter und an GOETHES Farbenlehre geschulter Verwendung von Farbadjektiven versucht CRANE, die psychologische Entwicklung Maggies, die in den Selbstmord führt, dem Leser zu verdeutlichen.

Red Badge of Courage

Auf gleiche Weise stehen in seinem berühmtesten Werk, dem Bürgerkriegsroman *The Red Badge of Courage* (1895), realistische Kampfschilderungen konfrontativ dem antik-mittelalterlichen Heldenideal des Protagonisten Henry Fleming gegenüber. Die Wirklichkeit wird zwar dargestellt, aber aufgrund der jeweiligen idealistischen Vorstellungen entgleitet sie dem Helden der rationalen Kontrolle, und das Handeln wird emotional und irrational. Dennoch ist CRANES Wirklichkeitsgestaltung sozial- und ideologiekritisch befrachtet, aber auch geprägt vom künstlerischen Bemühen, die beiden Pole der HOWELLS'schen Formel „truthful treatment" und „material" in Balance zu halten.

6 Die *muckraker*

Enthüllung sozialer Missstände

Das war anders in den zeitgleichen Romanen um und nach der Jahrhundertwende, die sich besonders der sich rasch wandelnden amerikanischen sozialen Wirklichkeit zuwandten. Bei TWAIN, HOWELLS, GARLAND, NORRIS und CRANE war die Gesellschaft als Ganzes zwar auch das Darstellungsziel, aber es war eingebettet in den grundsätzlichen Zusammenhang erkenntnistheoretischer Fragestellungen, philosophisch-ideologischer Fortschrittstheorien und darstellungstechnisch-narrativer Probleme. Nun treten soziale Themen und Typen unverblümt hervor: das städtische Proletariat und der ausbeuterische Kapitalist; der korrupte Politiker und die machtorientierte Organisation von Parteien; der altmodisch patriarchalische Geschäftsmann und der skrupellose Geschäftemacher; der soziale Aufsteiger und der reiche Müßiggänger; der reformbewegte Idealist und der kriminelle Ganove.

Sozialistische Grundtendenz

Interessant ist bei diesen Romanen die sozialistisch-gewerkschaftliche Grundtendenz, die aber dennoch auf typisch traditionell amerikanischer Weise modifiziert wird. Diese neuen Schriftsteller versuchen, die Fehlentwicklungen der Gesellschaft herauszuarbeiten, gravierende Missstände anzuprangern und kriminelle Machenschaften zu entlarven. Sie betonen zwar auch den Gedanken der Klassensolidarität, aber sie verankern ihn nicht im Marxschen Sinne in der zu überwindenden und vorgegebenen gesellschaftlichen Klassenstruktur, sondern in der individualistischen amerikanisch-demokratischen Tradition. Im Nachhall der Aufklärungsphilosophie hat der amerikanische Liberalismus des 19. Jhs. die alten Werte von Arbeit, Weltklugheit, Sparsamkeit, Ehrlichkeit und Nachbarschaftshilfe betont, um jedem Einzelnen eine faire gesellschaftliche und wirtschaftliche Chance zu geben. Den amerikanischen Glauben an die Kraft des Individuums, die jedem innewohnt, weshalb eine freiheitliche Demokratie ja auch erst möglich und denkbar ist, haben weder Sozialdarwinismus noch Marxismus nachhaltig erschüttern können.

Beharrung der amerikanischen Tradition

Insofern sind die sozialkritischen Romane bei aller Radikalität auch Produkte des amerikanischen sozialen Idealismus, der seine Kraft aus der Doppelwurzel des protestantischen Arbeitsethos und der individualistisch-demokratischen Aufklärungsphilosophie bezieht. Damit geht allerdings ein hohes Maß moralischer Empörung angesichts sozialer Missstände einher, und daher sind diese sozialkritischen Romane ästhetisch und künstlerisch nicht unbedingt bedeutend, aber sie sind politisch-regenerativ wichtig. Sie betonen eindeutig den Aspekt *material* im ökonomischen und *truthful* im politischen Sinn, nicht aber im künstlerischen.

progressivism

Sie gehören in den Kontext des Progressivismus (ca. 1890–1916), der sich bemühte, angesichts industrieller Machtkonzentrationen den *laisser-faire* Liberalismus des 19. Jhs. durch stärkere staatliche Wirtschaftskontrolle zu überwinden. Unter den Präsidenten THEODORE ROOSEVELT, HOWARD TAFT und WOODROW WILSON wurde die Rolle des Staates neu definiert. Das Gemeinwohl wurde über ausufernde Privatinteressen gestellt und die staatliche Kontrolle in Fragen nationaler Bedeutung gesichert.

Naturalismus und Dokumentarismus

Die Neigung des Naturalismus zum Dokumentarischen begünstigte das Zusammenspiel sozialkritischer Tendenzen im Roman mit den auf unmittelbare Wirkung angelegten Reportagen und Serien des nun erstmals in Erscheinung tretenden Enthüllungsjournalismus. In vielen Fällen bildeten die gründlichen Recherchen der Zeitungsleute die stoffliche Grundlage für Erzählungen und Romane mit ,progressiver‘, auf die Reform des liberalen Individualismuskonzepts gerichteter Zielsetzung.

Begriff ,muckraker‘

Als sich 1906 THEODORE ROOSEVELT gegen die sensationslüsternen Angriffe wegen allgemeiner Korruption in Wirtschaft und Politik verwahrte und die Journalisten und Schriftsteller nach einer Figur in JOHN BUNYANS *Pilgrim's Progress* (1684) *muckraker*, d. h. Schmutzaufwühler, nannte, bekam die literarische Bewegung ihren Namen. Als *muckraking movement* ging sie in die Literaturgeschichte ein. Das publizistische Zentrum bildeten die amerikanischen überregionalen Zeitschriften *Everybody's*, *Cosmopolitan*, *Independent Collier's* und vor allem *McClure's*. Die wichtigsten Autoren waren LINCOLN STEFFENS mit seiner Serie *The Struggle for Self-Government*, IDA TARBELL mit der groß angelegten *History of the Standard Oil Company* oder T. W. LAWSON mit *Frenzied Finance*.[18]

David Graham Phillips

Ein wichtiger Romancier der *muckraker* war DAVID GRAHAM PHILLIPS (186–1911). PHILLIPS stammte aus Madison/Indiana, studierte in Princeton, arbeitete in Cincinnati und New York als Journalist und schrieb neben zahlreichen Artikeln gegen die Korruption 23 Romane. Sein erster Roman, *The Great God Success* (1901), schlägt schon sein Thema an. Unter Erfolg („success") versteht er die Anhäufung von Reichtum, auf welche Art auch immer. In seinen späten Werken weitet er den Blick auf die geistig-moralischen Voraussetzungen des materiellen Gewinnstrebens aus und nimmt eine kritische Stellung gegenüber dem unkontrollierten Individualismus ein. Die Themen Arbeit und soziale Verantwortung in *The Second Generation* (1907), die moralische Dimension ehelichen Zusammenlebens in *The Hungry Heart* (1909) und *The Husbands' Story* (1910), oder die Stellung der Frau in dem zweibändigen, posthum 1917 herausgegebenen Roman *Susan Lenox, Her Fall and Her Rise* zeigen, dass PHILLIPS über den Enthüllungsjournalismus in Richtung einer allgemeinen Gesellschaftskritik und amerikanischer Kulturanalyse hinausgewachsen ist.[19] Dennoch leiden seine Romane an der überdeutlichen didaktischen Grundhaltung, die seinem moralisch akzentuierten Reformeifer entspringt.

Robert Herrick

Ähnlich ernst ist der Anspruch des nicht so wirkungsvollen ROBERT HERRICK (1868–1938), dessen Romane und Erzählungen, die vor allem in Chicago spielen, aus einer puritanischen Tradition heraus darstellen, und dessen bekannteste Romane *The Common Lot* (1904) und *The Memoirs of an American Citizen* (1905) die moralisch-politische Reform im Sinne der *muckraker* fordern.

Upton Sinclair

Der bekannteste Romanschriftsteller der Bewegung ist UPTON SINCLAIR (1878–1968), in dessen Werk von 1906 (dem Erscheinungsjahr seines berühmtesten Buches *The Jungle*) bis ca. 1930 (dem Erscheinungsjahr von *Mountain City*, einem Roman über die skrupellose Anhäufung von Geld) praktisch alle Themen des *muckraking movement* gebündelt werden. SINCLAIR schrieb bis in die 1950er Jahre hinein, entfaltete aber nicht mehr die unmittelbare Wirkung seiner früheren Werke.

Sinclair und die *dime novels*	Schon während seiner Studienzeit an der Columbia University, New York, begann SINCLAIR mit dem Schreiben. Billige Unterhaltungsromane (*dime novels*, Groschenromane) mit dem thematischen Schwerpunkt auf dem sozialen Aufsteiger im Stile von HORATIO ALGER (Stichwort: „*from rags to riches*", vom Tellerwäscher zum Millionär) und süßliche Liebesgeschichten (*romances*) trainierten seine Fähigkeit des Aufbaus einer spannenden und raschen, wenn auch oberflächlichen Handlung. Aber auch in diesen seichten Geschichten, die wegen des billigen Papiers, auf dem sie gedruckt werden, als *pulpwood fiction* oder kurz *pulp fiction* bezeichnet werden, entwickelte er die Technik einer effektvollen, wenn auch klischeehaften Milieuschilderung. Die persönliche Bekanntschaft mit dem Sozialisten GEORGE D. HERRON und Auftragsarbeiten für die sozialistische Zeitschrift *Appeal to Reason* führten zu gründlichen Recherchen über die Arbeitsbedingungen an den Schlachthöfen Chicagos und über das Schicksal der ausgebeuteten Einwanderermassen, die gegen Ende des 19. Jhs. vor allem aus Süd- und Osteuropa einströmten, die Slums der Großstädte bevölkerten und ein Heer billigster Industriearbeiter bildeten.
The Jungle	Diese Erfahrungen bilden die Grundlage seines kraftvollsten Romans, *The Jungle* (1906), und in ihm tritt auch sozialistisches Gedankengut deutlich hervor, auch wenn es durch SINCLAIRS unerschütterlichen Idealismus abgemildert wird. Der Roman spielt um 1900 und erzählt die Geschichte von Jurgis Rudkas, der mit seiner Familie und seiner Braut Ona aus Lithauen eingewandert ist und das feudale Europa mit dem Konkurrenzkampf der amerikanischen Industriegesellschaft getauscht hat, angetrieben von den Verheißungen der neuen Welt. Aber in klassisch naturalistischer Manier erweist sich der Druck des kapitalistischen Ausbeutungssystems als stärker als die menschliche Solidarität. In den Schlachthöfen Chicagos, in denen pro Tag 10 000 Rinder und ebensoviele Schweine industriell verarbeitet werden, wird er als Streikbrecher eingesetzt. Ona stirbt im Kindbett, Jurgis verliert durch einen Arbeitsunfall seinen Job, und die Familie versinkt als Opfer des Systems im sozialen Elend. Jurgis begreift allmählich die Gesetzlichkeiten des Systems, findet zur sozialistischen Bewegung, und der Roman schließt mit einem hoffnungsvollen Ausblick, als auf einer Wahlparty ein schönes Mädchen seinen Blick erwidert und in der Auszählung die Stimmen für die Sozialisten rapide steigen.

---

18 vgl. Chalmers, Cook, Hornung
19 vgl. Filler

Gesellschafts-analyse und Propaganda	Der Roman beginnt also mit einer brutalen Gesellschaftsanalyse und endet in reiner Propaganda, die neben sozialistischen Vorstellungen auch vom amerikanischen Optimismus des 19. Jhs. gespeist wird. Er verspricht eine gute Zukunft, wenn erst die jetzigen üblen Zustände durch den demokratischen Idealismus überwunden sein werden. Der Roman macht SINCLAIR mit einem Schlag berühmt und finanziell unabhängig. Auch die politische Wirkung war groß. Präsident ROOSEVELT ordnet eine Überprüfung der Nahrungsmittelgesetze an, und die fleischverarbeitende Industrie führte Reformen durch. Ähnlich gründlich dokumentierte Romane über die Welt der Finanzen, *The Metropolis* (1908), oder die Wirtschaftskonzentration, *King Coal* (1917) und *Oil!* (1927), haben einen solchen gesellschaftlichen Impakt nicht mehr gehabt. Während und nach dem Zweiten Weltkrieg wandte sich SINCLAIR vom Sozialismus ab und schrieb die 11-bändige Reihe *World's End* (1940–1953), dessen Held Lanny Budd wie ein Pikaroheld an den Schauplätzen der Weltpolitik des 20. Jhs. auftaucht.

7 Jack London (1876–1916)

Weltan-schaulicher Naturalismus	Im Gegensatz zu den sozialkritischen Autoren des *muckraker movement*, die die naturalistische Technik der detaillierten Milieuschilderung für die Propagierung gesellschaftlicher Reformen instrumentalisierten, war der Naturalismus von JACK LONDON (1876–1916) und THEODORE DREISER (1871–1945) frei von solchen tagespolitischen Absichten. Im weltanschaulichen Sinne versuchten sie, eine moralisch wertfreie Darstellung und Deutung des Lebens zu geben, beschritten aber unterschiedliche Wege. Während DREISER den Einzelnen von den sozialen und zivilisatorischen Kräften der Gesellschaft und der Großstadt im Gegen- und Zusammenspiel mit den Instinkten der Sexualität bestimmt sah, betrachtete JACK LONDON vor allem die Mächte der wilden Natur in ihrer Wirkung auf das kulturell überprägte Individuum. Entsprechend thematisieren seine Romane die ungebändigte Wildheit der Natur, das abenteuerliche Leben in ungezügelter Freiheit und im Sinne NIETZSCHES die Kraft des Übermenschen. Das Wiedererwachen ursprünglicher Instinkte, die als wirkungsmächtige Konstanten unter der zivilisatorischen Firnis das Überleben sichern, war daher auch eines seiner Themen. LONDON verstand das Leben, gleich ob in der freien Natur oder in der industriellen Gesellschaft, als Krieg eines jeden gegen jeden im Kampf um die Vorherrschaft, um Macht und um die eigene Existenzsicherung. Ähnlich wie bei NORRIS war daher für ihn innerhalb der DARWINSchen Evolutionslehre die Möglichkeit der Regression, des Rückfalls auf eine entwicklungsmäßig primitivere Stufe, prob-

lemlos denkbar und natürlich. Der Begriff Rückfall bleibt bei dieser Beschreibung der weltanschaulichen Position von JACK LONDON allerdings problematisch, weil er eine selbstverständliche evolutionistische Progression suggeriert.

Londons theoretische Grundlagen

Als uneheliches Kind praktisch ohne formale Schulbildung aufgewachsen, erwarb sich LONDON seine Weltsicht im autodidaktischen Studium von DARWIN, HAECKEL, FRAZER, NIETZSCHE, SHAW und MARX. Vor allem NIETZSCHES Idee des Supermanns überprägte und assimilierte in seinem Denken die anderen Konzepte. Daher wurde die urtümliche Vitalität früher oder auch primitiver und instinktiver Entwicklungsstufen für ihn gleichsam zum gemeinsamen Nenner aller Lebensformen. Es gibt in seinem Werk zwar auch die Dimension des sozialen Protests, aber das ist eingebettet in *„its central issue (of) survival, the evolutionary instinct, the law of the tribe and pack, and the justified rights of the winner."*[20]

The Call of the Wild

LONDONS Werk ist entprechend weit gespannt und umfaßt auf der Grundlage der Einsicht in allgemeingültige Lebensgesetzlichkeiten Romane aus der Tierwelt und der menschlichen Gesellschaft. Seine enorm schnelle und breite Produktivität lässt sich am Jahr 1903 gut illustrieren. Es erschienen *The People of the Abyss*, eine aus eigener Anschauung resultierende Darstellung des Londoner Slumlebens, das menschenunwürdige Lebensverhältnisse in der Großstadt lebendig macht, und *The Call of the Wild* (1903). Dies ist der Roman über das Schicksal eines zunächst normalen Hundes, der geraubt und als Schlittenhund nach Alaska verkauft wird. Im Rudel muss er alle seine Kräfte und Instinkte mobilisieren, um zu überleben. Schließlich kann er fliehen und wird nach harten Kämpfen zum Leittier eines Wolfsrudels in der Freiheit der Wildnis.

Rezeption

LONDONS Romane werden heute vor allem als abenteuerliche Unterhaltungsliteratur rezipiert, seine Tiergeschichten, *The Son of the Wolf, Tabs of the Far North* (1900) und die Romane *The Call of the Wild* und *White Fang* (1906) sprechen noch immer vor allem Jugendliche an, die sozialkritischen Romane, z.B. das posthum erschienene Buch *The Iron Heel* (1917) sind dagegen weitgehend in Vergessenheit geraten.

8 Theodore Dreiser (1871–1945)

Irving Babbitt

Der amerikanische Philosoph IRVING BABBITT hat in seinem wichtigen Werk *Reauseau and Romanticism* (1919) ähnlich wie FRANK NORRIS die Romantik und den Naturalismus in einen engen Zusam-

---

20 Bradbury, S. 35

menhang gebracht und beide Bewegungen als die zwei Seiten derselben Medaille bezeichnet. Dies ist eine Erkenntnis, die ziemlich genau Theodore DREISERs künstlerische Entwicklung zusammenfasst.

Biographie

DREISER wird 1871 in Terre Haute/Indiana als 12. von 13 Kindern einer deutschen Einwandererfamilie geboren. Der Vater ist ein bigott-strenger Katholik und beruflich erfolgloser Mann, während die warmherzige und sich aufopfernde Mutter wegen ihrer Selbstlosigkeit DREISERs Ideal der Menschlichkeit verkörpert. Dies um so mehr, als er selbst im naturalistischen Sinne von der deterministischen Gesetzmäßigkeit und moralischen Sinnlosigkeit des Lebens überzeugt ist. In dieser liebevollen Bewunderung steckt allerdings auch schon der unausgesprochene Widerspruch zur Determination, der erst im Spätwerk aufbrechen sollte.

Lehrjahre und philosophische Grundlagen

Im vorletzten seiner autobiographischen Bücher, *A Book about Myself* (1922)[21], berichtet DREISER, er habe 1894, als er in Pittsburgh bei der Zeitung *Dispatch* als Journalist seine Lehrjahre machte, die philosophischen Traktate von THOMAS HENRY HUXLEY, JOHN KYNDALL und HERBERT SPENCER gelesen. Ein Biologe, ein Physiker und ein die DARWINsche Evolutionslehre soziologisch auf die Entwicklung der menschlichen Gesellschaft anwendender Philosoph, das sind die intellektuellen Lehrer für einen jungen Mann, der über die Sinnlosigkeit seines eigenen Lebens nachdachte und keine befriedigende Antwort fand. Die drei Autoren gingen von naturwissenschaftlichen Denkmodellen aus und verneinten eine religiös-ethische oder natürlich-moralische Basis menschlicher Existenz. Entsprechend kam DREISER zu dem Schluss, dass das Leben sinnlos, planlos und seelenlos sei.

Moral als Produkt gesellschaftlicher Bedingungen

Die Freiheit des Willens oder die Idee der Erbsünde sind nichts weiter als Mythen, menschliche Moral ist ein Produkt mechanisch-physiologischer und gesellschaftlich-soziologischer Bedingungen, Zufall regiert die Welt.[22] Diese allgemeine Weltsicht schlägt sich auch in der mangelnden Genauigkeit seiner Begriffe nieder, mit denen er das Geworfensein seiner Figuren beschreiben möchte. Er spricht von „chemisms" und von „forces" und suggeriert damit eine naturalistisch-deterministische Fremdbestimmung. DREISER betont daher auch die biologischen Bedürfnisse des Menschen. Instinkte steuern deren Verhalten, die Sexualität bestimmt seine unmittelbaren Handlungsantriebe, und die sozialen Wertmaßstäbe Geld und Macht sind darüber hinaus das individuelle Leben regierende Faktoren. Um die formende Macht dieser deterministischen Kräfte genau zu zeigen, wählt DREISER auch die alte narrative Technik des auktorialen Erzählers, der sich streng an die Chronologie hält. Auf diese Weise wird deutlich, wie sehr jeder scheinbar noch so unbedeutende Augenblick dazu beiträgt, den Charakter in einem unendlich langsamen akkumulativen Prozess zu bilden und in seinen Besonderheiten unausweichlich und unentrinnbar zu prägen.

Das ist letztlich auch der Grund für die ungeheure Detailgenauigkeit und Faktenfülle seiner Romane, die in der Forschung meist als künstlerischer Mangel und stilistische Schwerfälligkeit kritisiert werden. Tatsächlich versucht DREISER jedoch im naturalistischen Sinne eine lückenlose Dokumentation der den Einzelnen bestimmenden Einflüsse. Auf diese Weise untersucht er auf unbestechliche Weise menschliche Antriebe im Zusammenspiel mit den Regeln sozialer Normen und den Gesetzmäßigkeiten gesellschaftlicher Institutionen. Er akzeptiert, dass die überlieferte Religion keine moralisch verlässliche Grundlage für menschliches Handeln mehr bietet, aber er sieht dennoch die drängende Notwendigkeit für das Individuum, sein Leben nach eigenen Maßstäben zu organisieren und nach Zufriedenheit, Glück und Selbstverwirklichung zu streben. DREISER bleibt also nicht im bloßen Konstatieren der naturalistischen Determination stecken, sondern er sucht darüber hinaus nach einem Lebenssinn. Seine Helden sind daher zwar von übermächtigen Gewalten getriebene, aber auch nach Erfüllung suchende Menschen, die im Erreichen eines ersehnten Zieles jeweils erkennen, dass dies dann doch nicht die erhoffte Vollendung des Strebens war, und die dann weitersuchen müssen und werden. Ihre Verwirrung wird dadurch jedoch gesteigert, dass sie erkennen, dass alles Handeln, ob durch „forces" und „chemisms" angetrieben oder durch bewusstes und planvolles Agieren zielgerichtet, moralische Fragen aufwirft oder doch zumindest berührt. Eine Lösung für dieses Problem gibt es nicht, aber hier wird deutlich, dass selbst der kompromisslose Determinist DREISER vom weltanschaulichen Naturalismus nicht zufriedengestellt werden konnte.

Dies ist ein bei DREISER durchgängig zu beobachtender Zug, und er bestimmt seinen ersten Roman *Sister Carrie* (1900) genauso wie seinen wohl besten, *An American Tragedy* (1925), und den letzten, 1947 posthum veröffentlichten, *The Bulwark* (1916). Allerdings übersetzen DREISERS Charaktere dieses moralische Dilemma in materialistische Zielsetzungen oder soziale Statusfragen und weichen einer möglicherweise sinngebenden ethischen Fundierung menschlichen Handelns immer wieder aus. DREISER sah dies als einen typisch amerikanischen Charakterzug und diskutierte es eingehend in seinem autobiographischen Buch *Dawn* (1931), das seine Jugend- und frühe Erwachsenenzeit darstellt:

---

21 vgl. auch Dreiser, *A Travele...*; *A Hoosier...*; und *Dawn*
22 vgl. Hussman, S. 7ff.

I was beginning to be caught by the American spirit of material advancement. Here was no land or day to be satisfied with well enough. Anyone could legitimately aspire to be anything in America, and nearly all aspired. Not to want to be rich or to be willing and able to work for riches was to write yourself down as a nobody. Material possessions were already the goal as well as the sum of most American life.[23]

American Dream

DREISER stellt seine Weltsicht und damit seine Version des Naturalismus eindeutig in die Tradition des *American Dream*, der die moralisch-idealistische Dimension des 18. Jhs. verloren hat und inzwischen auf die rein materialistische Position des 20. Jhs. reduziert wurde.

Sister Carrie

DREISERS Erstling *Sister Carrie* (1900) führt dies geradezu exemplarisch vor. Die 18-jährige Caroline Meeber folgt den Verlockungen des Magnets Chicago und fährt als naives Mädchen vom Land in die große Stadt, um ihr Glück zu machen. Sie wird schnell die Geliebte des Vertreters Charles Druet, der ihr eine materiell gesicherte Existenz bietet. Bald begreift sie jedoch, dass es noch größere materielle Reichtümer und noch höhere soziale Positionen gibt, und sie wechselt zu dem alternden, aber reichen George W. Hurstwood. Hurstwood, in einer faszinierenden Darstellung von Absicht und Zufall, unterschlägt eine große Summe Geldes, flieht mit Carrie nach New York und versucht, Fuß zu fassen. In einer langen Reihe alternierender Kapitel wird Hurstwoods sozialer Abstieg bis zum Selbstmord im Obdachlosenasyl mit dem Aufstieg Carries zum gefeierten Schauspielstar kontrastiert. Aber auch der materielle und soziale Erfolg hinterlässt kein Gefühl der Befriedigung. Carrie sitzt am Schluss nachdenklich im Schaukelstuhl, aber es ist wie in ihrem Leben. Sie bewegt sich, aber sie kommt nicht ans Ziel, zumal sie dieses nicht einmal definieren kann.

Fremdbestimmung des Menschen

Schon im ersten Roman ist DREISERS naturalistischer Glaube an die Fremdbestimmung des Menschen bei gleichzeitig gestellter und beunruhigender Sinnfrage klar erkennbar. Interessant ist DREISERS Konsequenz in der Verneinung wirklicher menschlicher emotionaler Bindungen. Carrie benutzt die Menschen zur Erreichung ihrer Ziele, ebenso wie sie von den anderen zur Befriedigung eigener Bedürfnisse benutzt wird. In dem Maße, in dem die Charaktere ihre mitmenschlich emotionale Dimension einbüßen, gewinnen die materiellen Dinge an Faszination und Verführungskraft.

The city and the machine, goods and property, have romantic powers, and indeed the capacity to make choices for human beings ... Carry may start out as the 'waif' caught amid forces 'wholly superhuman', but she soon becomes a most effective user of them; as a result, her apparent downfall is actually her energetic ascent.[24]

genteel tradition und Publikations-geschichte	Um 1900, angesichts der *genteel tradition*, der amerikanischen Version viktorianischer Prüderie, war eine solche offensichtliche Belohnung unmoralischen Verhaltens natürlich ein Skandal. FRANK NORRIS, der als Verlagslektor von Doubleday die Annahme des Manuskripts für den Druck empfohlen hatte, begründete die Bedeutung des Romans mit der erstaunlich kompromisslosen naturalistischen Grundtendenz. Der Verleger FRANK DOUBLEDAY versuchte, aufgrund der empörten Reaktion seiner Frau auf die Lektüre des Manuskripts, von dem Vertrag mit DREISER zurückzutreten. Als dies nicht gelang, druckte er das Buch unter Verzicht auf Werbung und weitgehender Vermeidung der Versendung von Rezensionsexemplaren an einflussreiche Zeitschriften und Kritiker. Infolgedessen erreichte *Sister Carrie* die Aufmerksamkeit der amerikanischen Öffentlichkeit nicht. In England erschien es 1901, aber es dauerte weitere sieben Jahre, bis es auch in den USA stärker zur Kenntnis genommen wurde. Aber noch immer wurde der Roman weitgehend als unmoralisch abgelehnt. DREISERS Ruf war dadurch nachhaltig beschädigt.

Um 1900, angesichts der *genteel tradition*, der amerikanischen Version viktorianischer Prüderie, war eine solche offensichtliche Belohnung unmoralischen Verhaltens natürlich ein Skandal. FRANK NORRIS, der als Verlagslektor von Doubleday die Annahme des Manuskripts für den Druck empfohlen hatte, begründete die Bedeutung des Romans mit der erstaunlich kompromisslosen naturalistischen Grundtendenz. Der Verleger FRANK DOUBLEDAY versuchte, aufgrund der empörten Reaktion seiner Frau auf die Lektüre des Manuskripts, von dem Vertrag mit DREISER zurückzutreten. Als dies nicht gelang, druckte er das Buch unter Verzicht auf Werbung und weitgehender Vermeidung der Versendung von Rezensionsexemplaren an einflussreiche Zeitschriften und Kritiker. Infolgedessen erreichte *Sister Carrie* die Aufmerksamkeit der amerikanischen Öffentlichkeit nicht. In England erschien es 1901, aber es dauerte weitere sieben Jahre, bis es auch in den USA stärker zur Kenntnis genommen wurde. Aber noch immer wurde der Roman weitgehend als unmoralisch abgelehnt. DREISERS Ruf war dadurch nachhaltig beschädigt.

Weitere Romane

Dieses Vorurteil belastete auch die Reaktion auf seine späteren Romane *Jennie Gerhardt* (1911), *The Financier* (1912) und *The Titan* (1914). Die letztgenannten Romane sind die ersten beiden einer ambitiösen Trilogie, die die Karriere des skrupellosen Machtmenschen Frank Cowperwood schildert, der ebenfalls von „forces", „chemisms" und „mechanisms" angetrieben wird. Der dritte Roman dieser Reihe, *The Stoic*, erschien erst posthum 1947 und verdeutlicht DREISERS späte Hinwendung zur Religion. Auch in der Trilogie scheint die Detailfülle die Handlungsführung zu überfrachten, aber das ist, wie im Falle von *Sister Carrie*, mit dem naturalistischen Ansatz erklärbar, der den deterministischen Druck, dem der Einzelne ausgesetzt ist, aus dem kumulativen Effekt vieler Kleinigkeiten ableitet. Auch hier wird die beunruhigende Frage nach der Möglichkeit moralischen Handelns unterschwellig spürbar und in *The Stoic* mit der Hinwendung zu christlichen und hinduistischen Vorstellungen als Absage an den krassen Naturalismus formuliert.

An American Tragedy

Erst in den 1920er Jahren erhielt DREISER die ihm gebührende Anerkennung. Die *genteel tradition* war inzwischen überwunden und die Betonung der urtümlichen Gewalt sexueller Anziehungskraft nicht mehr anstößig. Sein großer Roman *An American Tragedy* (1925) ist daher noch einmal ein Zeugnis für den amerikanischen Naturalismus und ein Abschlussdokument zugleich. DREISER greift in diesem massiven Roman, der in drei Bücher gegliedert ist,

---

23 Dreiser, *Dawn*, S. 293
24 Bradbury, S. 29

auf einen Mordfall aus dem Jahre 1906 zurück und stützt sich auf die damalige Artikelserie der Zeitung *New York World* und auf die Prozessakten, die er streckenweise wörtlich übernimmt. Schon der Titel des Romans verrät durch seine Nähe zum Begriff *American Dream*, dass es DREISER nicht nur um die naturalistische Determination menschlichen Handelns geht, sondern auch um eine kritische Bewertung sozialer und kultureller Maßstäbe, die dem Protagonisten Clyde Griffith von der Gesellschaft vorgegeben werden und sein Verhalten bestimmen. Geschildert wird Clydes Entwicklungsweg aus bitterer Armut in die bessere Gesellschaft hinein und darüber hinaus bis zu seiner Hinrichtung auf dem elektrischen Stuhl wegen Mordes.

Frage von Schuld im deterministischen Naturalismus

Die Frage der Schuld steht im Mittelpunkt und verdeutlicht das naturalistische Dilemma. Kann ein Mensch, der ein Spielball seiner Triebe und das Produkt sozialer Umstände ist, überhaupt schuldig sein? Clyde ist hilflos den an ihm zerrenden Kräften ausgeliefert und steht zwischen seiner schwangeren Freundin und dem Mädchen aus reichem Hause, das er heiraten will, um eine angesehene gesellschaftliche Stellung zu erringen. Genau an dieser Stelle wird die Vorstellung des amerikanischen Traums von Reichtum und Erfolg wirkungsmächtig. Während *Sister Carrie* sich gewissenlos der Möglichkeiten des sozialen Aufstiegs bedient, ohne dabei Zufriedenheit zu erlangen, werden in diesem Roman die amerikanischen gesellschaftlichen Werte vor allem im Schlussteil moralisch in Frage gestellt. Auch hier ist die entscheidende Aktion wie im Falle Hurstwoods ein Zufallsereignis. Zwar plant Clyde den Mord an seiner Geliebten, aber während der Bootsfahrt auf einem See kentert das Ruderboot unbeabsichtigt, und Roberta ertrinkt. Auf diese Weise wird der Mord nicht tatsächlich durchgeführt, aber allein die ursprüngliche Absicht reicht aus, um die individuelle Schuldfrage zu stellen und sie gesellschaftlich zu beantworten. Der Roman wird zu einem Buch des sozialen Protests und setzt sich kritisch mit dem auf das rein Materielle reduzierten amerikanischen Traum auseinander. Auf diese Weise geht DREISER weit über den deterministischen Naturalismus hinaus, bleibt aber auch nicht in der Forderung nach sozialer Reform stecken wie die *muckraker*. In der Diskussion amerikanischer kultureller Grundwerte sucht er in typisch amerikanischer Weise, das Verhältnis individueller Verantwortung und gesellschaftlicher Norm zu bestimmen.

Endpunkt einer Entwicklung

Damit ist die Betonung des „material" in HOWELLS' zweiseitiger Bestimmung des schriftstellerischen Tuns *„nothing more and nothing less than a truthful treatment of material"* zu einem vorläufigen Endpunkt gelangt. Es ist eine Entwicklung, die vom naiven Oberflächenrealismus über die soziale Protestliteratur bis hin zum Naturalismus und dessen Überwindung führte.

2 Vom Realismus zum Bewusstseinsstrom

KAPITEL

1 Henry James (1843–1916)

James' Literatur-theorie

In einem Brief an WILLIAM DEAN HOWELLS teilt HENRY JAMES dem Freund seine Reaktion auf dessen Großstadtroman *A Hazard of New Fortunes* (1890) mit und macht damit gleichzeitig seine theoretische Position klar:

> *The novelist is a particular window, ... and it's because you open so well and are hung so close over the street that I could hang out of it all day long ... The usual imbecility of the novel is that the showing and giving simply don't come off – the reader never touches the subject and the subject never touches the reader; the window is no window at all – ... This is why, as a triumph of communication, I hold the HAZARD so rare and strong. You communicate in touches so close, so fine, so true, so droll, so frequent.*[1]

Elemente der Jamesschen Perspektiv-theorie

In diesem freundlichen Kompliment sind im Grunde alle wichtigen Elemente von JAMES' Romantheorie enthalten. Die zentrale Metapher des Romanschriftstellers als Fenster verwendet HENRY JAMES recht häufig.[2] Die Bedeutung wird klar, wenn er in dem für die Gesamtausgabe seiner Werke verfassten Vorwort zu *The Portrait of a Lady* (1881) schreibt:

> *The house of fiction has in short not one window, but a million – ... These apertures, of dissimilar shape and size, hang so, all together, over the human scene that we might have expected of them a greater sameness of report than we find ... But they have this mark of their own that at each of them stands a figure with a pair of eyes, or at least with a fieldglass, which forms, again and again, for observation, a unique instrument, insuring to the person making use of it an impression distinct from every other.*[3]

Metapher „The house of fiction"

Wenn man den Bedeutungsgehalt der Metapher auseinanderfaltet, dann erst wird klar, was HENRY JAMES tatsächlich meint. Der Romanschriftsteller steht an einem Fenster und sieht die Prozession des Lebens auf der Straße vorbeiziehen. Er hat den Anfang

---

1 Lubbock, S. 168
2 vgl. z.B. das Vorwort zu seinem Roman *The Portrait of a Lady*, verfasst für die New Yorker Gesamtausgabe seiner Werke [ab 1910]. Diese *Prefacess* hat Blackmur 1934 unter dem Titel *The Art of the Novel, Critical Prefaces by Henry James* herausgegeben und mit einem zusammenfassenden Vorwort versehen.
3 Blackmur, S. 46

nicht gesehen, und er wird das Ende nicht sehen. Was er vorbeiziehen sieht, ist nur ein Ausschnitt des Ganzen, das er niemals
wird überblicken können. Er steht zudem an einem speziellen
Fenster, das nur einen besonderen Blickwinkel erlaubt. Der Blick
ist auf das Leben gerichtet, und man kann nur wissen, was man
sieht. Das Nachbarfenster ist auf die gleiche Szene hin geöffnet,
aber der Ausschnitt ist ein anderer. Dieselben menschlichen Handlungen oder dieselben Äußerungen emotionaler Befindlichkeiten
haben entsprechend für den Betrachter eine andere perspektivisch
begründete Bedeutung. Ein Autor, der realistisch erzählen will,
muss also versuchen, den Leser in seine eigene Position zu bringen. Er muss ihm das Leben zeigen, wie er es sieht, er muss zeigen
und darf nicht erklären. Die Handlungsmotivationen der beobachteten Menschen in der Prozession des Lebens kann er
ohnehin nicht kennen.

Einfluss von William James

JAMES' Realismus ist insofern wesentlich radikaler als der von
Howells, der noch glaubte, eine authentische Wiedergabe (truthful) der Realität (material) würde die Lebenswirklichkeit erfassen.
HENRY JAMES weiß dagegen, dass eine wertfreie Darstellung der
sozialen Wirklichkeit nicht möglich ist. Er ist hierin sicherlich von
seinem Bruder WILLIAM JAMES beeinflusst, der in seinen *Principles
of Psychology* (1890) davon ausgeht, dass die durch die Sinne auf-
genommene Wahrnehmung die für die Menschen einzig rele-
vante Realität ist. Jede Erfahrung ist somit eine Grundlage für
zukünftiges Verhalten. Es gibt also keine überzeitlichen Prinzipien
moralischer oder weltanschaulicher Natur, von denen Verhal-
tensnormen abgeleitet werden könnten.

stream of consciousness

Vielmehr verbindet sich der momentane Sinneseindruck mit den
vielen vorangegangenen Erfahrungen (*experiences*) zu einem
Bewusstseinskontinuum, das als *stream of consciousness* den
Zusammenhang der Realitätsauffassung des Individuums aus-
macht. Hier werden selbstverständlich kulturelle Konventionen in
Form von Vorprägungen von Wahrnehmungsweisen mitgedacht,
aber erst im Zusammenhang mit den individualtypischen Sehweisen ergibt es eine Grundlage, auf der künftiges Handeln absichtsvoll geschieht. WILLIAM JAMES nennt das Pragmatismus,
weil es auf der Grundlage erfolgreichen bisherigen Handelns
unmittelbar neue Erfahrungen aufnimmt und erfolgversprechen-
des künftiges Handeln vorbereitet.[4] Damit ist allerdings die
Monokausalität menschlichen Verhaltens, abgeleitet von naturalistischen Determinanten, durchbrochen. Die individuelle Perzeption von Welt, so sehr sie auch von kulturellen und gesellschaftlichen Bedingungen bestimmt sein mag, bekommt eine größere,
vielleicht sogar eine entscheidende Bedeutung.

Frage nach dem Realismus unter dieser Voraussetzung

Der Romanschriftsteller kann also nicht wissen, wie der deterministische Naturalismus vorgibt, was für den Protagonisten die das Handeln bestimmende Wirklichkeit tatsächlich ist. Er darf nicht seine eigene Deutung auf eine Handlung quasi aufpfropfen, sondern er muss dem Leser die Handlungen des Helden so zeigen, dass sie aus dessen persönlicher Erfahrung und Situation heraus verständlich werden. Nur dann erreicht der Romancier eine realistische Darstellung. Das geht allerdings weit über die getreue Wiedergabe von Wirklichkeitsdetails (*material*) hinaus und verwirft auch ganz bewusst weltanschauliche Erklärungsmodelle, z. B. den Sozialdarwinismus oder Marxismus, weil sie in ihrer deterministischen Grundtendenz das subjektive Element der Wirklichkeitsperzeption vernachlässigen. LYALL H. POWERS kann daher zu Recht sagen: *James's implicit definition of fiction seems constantly to have been this: a realistic, disinterested, self-contained, artistic representation of life.*[5]

artistic representation of life

Geht man die einzelnen Attribute durch, dann ist „realistic" die getreue Wiedergabe der Wirklichkeit in ihrem Aussehen, wobei die besonderen Bedingungen der Sehweise des Helden, z. B. sentimental, heroisch, emotional, nüchtern usw., mit dargestellt werden müssen; „disinterested" bezieht sich entsprechend auf den Autor, der versuchen muss, seine persönliche Haltung zu unterdrücken. Es geht darum, eigene Interessen oder weltanschauliche Überzeugungen nicht durchscheinen zu lassen, da eine realistische Darstellung nur von der besonderen subjektiven Situation einer am Geschehen beteiligten Person aus möglich ist. Das ist die Perspektive des *point of view*, die eine realistische Darstellung ohne übergreifende auktoriale Allwissenheit verlangt. Das „self-contained" zielt in dieselbe Richtung. Der Begriff wird von JAMES defensiv gebraucht und lehnt jegliche Autoreinmischung in die Darstellung ab. Die Stimme eines Erzählers, der erklärt, das Geschehen offensichtlich ordnet, die Sympathien des Lesers lenkt und deutlich macht, dass der Roman fiktiv ist, geht eindeutig über den Zusammenhang einer dargestellten Welt hinaus und trägt unzulässige Wertungen von außen ein.

Erzähltechnische Konsequenzen

Kehrt man nun zu der Fenstermetapher zurück, dann wird die Aufgabe des Romanciers als besondere technische Schwierigkeit klar. Der Betrachter selbst kann und darf keine Erklärung für die seltsamen Bewegungen in der Prozession des Lebens abgeben, er muss vielmehr versuchen, die besondere Perspektive des von ihm als Handlungsfigur ausgewählten Protagonisten wiederzugeben,

---

4 vgl. Schmidt
5 Powers, S. 126

denn nur aus der subjektiven Situation heraus werden Handlungen einsichtig. Allerdings ist das beobachtete alltägliche Leben so facettenreich und vielschichtig, dass es schon einer besonderen Intelligenz bedarf, um Wichtiges von Unwichtigem zu unterscheiden.

Auswahl von darzustellenden Einzelheiten

Die Aufgabe des literarischen Künstlers ist also vor allem die Selektion. Die eigentliche Frage ist, was aus der Fülle der beobachteten Details der Wirklichkeit, die aus dem Fenster gesehen wird, man dem Leser vor Augen stellt, damit er selbst, quasi als unmittelbarer Beobachter, urteile. Die besondere Problematik literarischer Darstellung ist daher die Frage der Auswahl der dargestellten Einzelheiten oder, handlungsmäßig gesagt, der dargestellten Einzelzüge. Trotz allem Bemühen kommt an dieser Stelle des *„artistic representation of life"* ein sinngebendes Moment hinein, das die persönliche, gesellschaftliche und historische Position des Autors, und wenn er sich auktorial noch so zurückhält, anzeigt und seine moralische Überzeugung verdeutlicht. HENRY JAMES ist sich dieser Schwierigkeiten natürlich bewusst und hat das in seinen theoretischen Schriften immer wieder diskutiert.[6]

Erzähltechnische Überlegungen

Letztlich spitzt sich die Frage, wie erreicht man den Eindruck einer unmittelbaren, direkten und nicht durch den Autor gehaltlich und bedeutungsmäßig gefärbten Darstellung des Lebens, auf erzähltechnische Grundüberlegungen zu. Zunächst einmal, verlangt JAMES, muss sich der Autor Notizen machen, seine Beobachtungen sammeln und immer wieder auf ihre Richtigkeit hin überprüfen. Deshalb weist JAMES in seinen Schriften so häufig auf das Beispiel von ZOLA und BALZAC hin, die beide für ihre Romane umfangreiche Faktensammlungen anlegten. Für JAMES war dies ein sicheres Mittel, nicht in die Fehler der sentimentalen oder romantischen Romantradition zu verfallen, die für ihre raschen und auf Effekte hin angelegten Handlungen keine besondere psychologische und soziale Konsistenz brauchten. Ihr Ziel war ja auch nicht die realistische Darstellung des Lebens.

James' Notebooks

Die *Notebooks* von JAMES bieten daher für das Verständnis von JAMES' Arbeitsweise eine hervorragende Grundlage. Man kann hier im Detail nachverfolgen, wie aus einem Keim *(germ)* die Idee für einen Roman entwickelt wird, wie genaue Beobachtungen das inhaltliche Material liefern, wie in verschiedenen Überlegungen zur möglichen Form die Struktur mehrerer Versionen herausgearbeitet wird, bis schließlich das fertige Manuskript vorliegt, in dem die gewaltige Anstrengung der formgebenden Ziselierarbeit nicht mehr ohne weiteres erkennbar ist, weil Form und Gehalt eine unauflösbare Einheit bilden.[7] Hier wird deutlich, dass JAMES im Verlauf seiner Entwicklung die Entdeckung machte, dass es nicht die Faktenfülle allein war, die eine künstlerisch bedeutende Leistung garantierte, sondern dass es auf die geschickte Auswahl und den gezielten Einsatz der Fakten ankam. Im Mai 1912 schrieb er an HUGH WALPOLE und wies besonders auf diesen Punkt hin:

„form alone"

Don't let anyone persuade you ... that strenuous selection and comparison are not the very essence of art, and that Form is [not] substance to that degree that there is absolutely no substance without it. Form alone takes, and holds, and preserves, substance.[8]

Funktion der Metapher

Das hat natürlich unmittelbare erzähltechnische Konsequenzen. Wenn Form und Gehalt eine Einheit bilden, dann liegt in der Art der Präsentation von Einzelheiten die Bedeutung. Eine einzelne bildhafte Wendung, eine alleinstehende Metapher, und sei sie noch so glücklich gewählt, erreicht niemals die Bedeutungsfülle, die sich ergibt, wenn sie sich z. B. in einem etwas anderen Zusammenhang wiederholt.

Metaphernetz und Symbole

JAMES plädiert entsprechend für die sich wiederholende und erweiternde Metapher und entwickelt vor allem in seinen späteren Romanen ein Netzwerk von metaphorischen Bezügen, das die inhaltliche Bedeutung trägt und unmittelbar anschaulich hervortreten lässt. Auch die Verwendung von Symbolen ist ein wichtiges Mittel, den Leser in der Form das Gemeinte sehen zu lassen, ohne dass der Autor kommentierend vermitteln muss. Das geht aber nur, wenn die Symbole nicht von außen als kulturell festgelegte Chiffren etwa an den Roman herangetragen werden, sondern sich aus dem Textzusammenhang heraus erst als Symbole etablieren und sich organisch entfalten. Durch die behutsame Einführung von Symbolen und durch die leitmotivische Wiederholung, durch Anspielungen und variierend abweichende Verwendung von Metaphern erzielt er einen kumulativen Wirkungseffekt, der den Roman mit lyrischer Expressivität ausstattet, ihn aber zugleich in der direkten Unmittelbarkeit des Zeigens dem Drama annähert. Powers charakterisiert die sich entwickelnde Modernität des Romans bei JAMES mit der zusammenfassenden Beobachtung:

„spatial form"

What that will lead to is a slightly decreased emphasis on the importance of temporal sequence and a correspondingly increased emphasis on the importance of spatial arrangement; fiction would thus approach the condition of painting.[9]

---

6 vgl. die gesammelten Äußerungen in Blackmur
7 vgl. Edel & Powers
8 James, *Letters*, S. 245f.
9 Powers, S. 134

Roman-theorie: *The Art of the Novel*	Die schriftstellerische Entwicklung von HENRY JAMES spiegelt die allmähliche Ausformung seiner Romantheorie wider. Er zeigt damit eine glückliche gegenseitige Durchdringung von Theorie und Praxis, was nicht zuletzt an den *Notebooks* sichtbar wird. Die ab 1907 für die New Yorker Werkausgabe verfassten und von Blackmur später unter dem Titel *The Art of the Novel* (1934) herausgegebenen Vorworte zu den einzelnen Romanen kommentieren diese aus der Sicht des späten James und stellen somit ein einzigartiges romantheoretisches Dokument dar.
Henry James' frühe Werke	Die Romane seiner ersten Schaffensperiode, *Roderick Hudson* (1876), *The American* (1877) und *The Europeans* (1878), sind noch auktorial erzählte Werke und thematisieren die Erfahrungen von Amerikanern in Europa. JAMES, in New York geboren und vor allem in Europa erzogen, verarbeitet hier eigenes Erleben und findet so zu seinem eigentlichen Thema, dem auch von ihm so bezeichneten *international theme*. Doch schon in *The Portrait of a Lady* (1881) behandelt er sein Thema in der Erzähltechnik des *point of view* und lässt durch die perspektivische Erzählweise die in den Figuren ablaufenden Bewusstseinsprozesse unmittelbar hervortreten. Der Zusammenprall zweier Welten, des jungen, naiven und weltoffen-spontanen Amerika mit dem erfahrenen, gesellschaftlich festgefügten und sozial-moralisch berechnenden Europa wird so im erlebenden Bewusstsein der Hauptfigur Isabel Archers dramatisiert.
James' zweite Phase	In der zweiten Phase zieht sich JAMES vom Roman zurück, es entstehen Kurzgeschichten, Reiseberichte, kunsttheoretische Essays und eine Reihe von Theaterstücken, die aber alle keinen Erfolg erzielen konnten. Die Stücke sind als Fingerübungen für die Beherrschung der perspektivischen Erzähltechnik zu verstehen, die sich, um den Autor immer stärker zurückzunehmen, besonders szenisch-dramatischer Mittel und des Dialogs bedienen muss.
Dritte Schaffens-periode	Die bedeutenden Romane seiner dritten Schaffensperiode, die um die Jahrhundertwende einsetzt, sind *The Awkward Age* (1899), *The Wings of the Dove* (1902), *The Ambassadors* (1903) und *The Golden Bowl* (1904). Die Romane des reifen *James* entwickeln die personale Erzählsituation in höchster Konsequenz und werden im Zusammenhang seiner theoretischen Überlegungen zu einflussreichen Beispielen der Romankunst, die bis hin zu den Bewusstseinsstromromanen von JAMES JOYCE, VIRGINIA WOOLF und WILLIAM FAULKNER eine enorme Vorbildwirkung entfalten. Seine Theorie bildet gleichzeitig den Ausgangspunkt für eine weitreichende wissenschaftliche Auseinandersetzung mit der Gattung Roman, die dann im Romanverständnis des *New Criticism* die JAMESschen Prämissen voll ausdifferenziert.

The Awkward Age

Zwei häufig genannte Beispiele mögen das verdeutlichen. In *The Awkward Age* (1899) geht es um die Einführung eines jungen Mädchens in die (Erwachsenen-)Gesellschaft. Der vornehme und komplizierte Beziehungszirkel der Londoner *High Society* bekommt ein neues, junges und hochintelligentes Mitglied, das nun alt genug ist, verheiratet zu werden. Ihr Alter verweist sie in die Zwischenposition zwischen Kind- und Erwachsensein, sie ist also „awkward". Ihre Stellung und soziale Zukunft sind von höchstem Interesse, und entsprechend hat jedes Mitglied der Gesellschaft auch eine andere Meinung, was nun zu geschehen hätte, wer als Heiratskandidat in Frage kommt und wer nicht. Dabei spielen natürlich eigene Interessen der Damen der Gesellschaft – Sicherung des jungen Liebhabers bei den Verheirateten, Hoffnung auf Verheiratung der eigenen Tochter mit vermögenden Junggesellen, Erinnerungen an die eigene Jugend, Verfall der Sitten – bei jeder eine besondere und individuelle Rolle.

Erzähltechnische Mittel

Die Darstellung einer solchen Gesellschaft unter Ausschaltung eines auktorialen Erzählers ist verständlicherweise außerordentlich schwierig. In dem für die Gesamtausgabe geschriebenen Vorwort berichtet JAMES mit berechtigtem Stolz von seiner erzähltechnischen Lösung. Er berichtet, sein erster Entwurf habe aus einer Kreisfigur bestanden:

I drew on a sheet of paper ... the neat figure of a circle consisting of a number of small rounds disposed at equal distance about a central object ... and the small rounds represented so many distinct lamps, as I liked to call them, the function of each of which would be to light with all due intensity one of its aspects.[10]

Das „central object" ist die Debütantin Nanda Brookenham, und die „oval rounds" oder „lamps" sind die Mitglieder der Gesellschaft, in die sie eingeführt wird. Jedes einzelne gesellschaftliche Ereignis, bei dem alle zusammentreffen, wird nun perspektivisch von einer der die Gesamtsituation beleuchtenden „lamps" aus erzählt, und entsprechend taucht aus dem umgebenden Dunkel jeweils nur das im Lichtkegel Aufscheinende auf.

Multiperspektivität

Das zentrale Geschehen, an dem alle teilhaben, das aber jeder abweichend vom anderen beurteilt, wird so aus der Vielzahl von subjektiven Perspektiven dargestellt und dem Leser unter Ausschaltung einer auktorialen Erzählerstimme direkt vor Augen gestellt. Wenn Nanda als Hauptbetroffene zum Abschluss ihre Version erzählt, dann ist das Gesellschaftsgemälde in allen seinen Farbschattierungen und Hell-Dunkel-Tönen komplett. Nun wird auch der Hinweis von Powers verständlich, der moderne Roman

---

10 Blackmur, S. 110

ab JAMES betone das räumliche Arrangement zu Lasten der temporär bestimmten Chronologie. Der geniale Einfall der kreisförmigen Anordnung von Perspektivsegmenten kann aber dennoch erst erfolgreich umgesetzt werden, wenn die jeweiligen personalen Sehweisen mit äußerster Sensibilität und Genauigkeit erfasst und ihre psychologischen Voraussetzungen peinlich exakt beachtet werden.

Perspektiv-kreis

JAMES' Aussage lässt sich graphisch als ein Perspektivkreis von *The Awkward Age* darstellen:

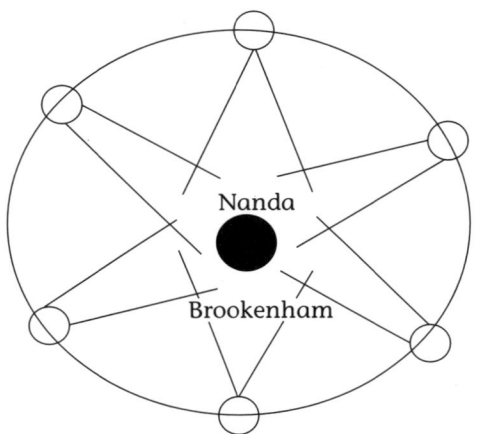

The Ambassadors

Die praktische Durchführung einer personalen Perspektive wird in der *James*forschung fast durchgehend an dem Beispiel von *The Ambassadors* (1903) klargemacht, weil in diesem Roman die Perzeption von gesellschaftlicher Wirklichkeit durch die Hauptfigur auf exemplarische Weise von der psychologischen Nuancierung her durchgehalten wird. Das Geschehen wird aus der Perspektive von Lambert Strether geschildert, der von Mrs. Newsome aus Woollett in Neuengland nach Paris geschickt wird um herauszufinden, warum ihr Sohn Chad seine Rückkehr immer wieder hinauszögert. Der Verdacht, er sei einer leichtfertigen französischen Kokotte auf den Leim gegangen, liegt nahe. Eine wichtige psychologische Voraussetzung ist also – verkürzt gesagt – das *international theme*.

Strethers ästhetische Sehweise

Strether selbst ist ein Mann in mittleren Jahren, der allmählich das bedrückende Gefühl bekommt, das Leben verpasst zu haben. Seine *midlife crisis* ist – modern gesagt – eine weitere psychologische Bedingung für seine Wahrnehmungsweise. Eine dritte ist seine Neigung, beobachtete Szenen, der Gesellschaft oder der Natur, als ästhetische Arrangements aufzunehmen. Lyall Powers arbeitet diesen letzten Aspekt besonders klar heraus:

There are two recurrent figurative motifs in the story, extended development of the saying „all the world's is a stage" and of the tired simile „as pretty as a picture". They are reiterated, of course, in Strether's idiom. From the outset they are presented as figurative utterances; but the simile shifts into metaphor, and the metaphoric becomes – or is too close to actually becoming – the literal.[11]

Motiv-konstanz

Das zweite Buch beginnt mit einem Abendessen von Strether und Maria Gostrey, einer Amerikanerin, die er in Paris getroffen und mit der er sich für das Theater verabredet hat. Sie sitzen im Restaurant seines Hotels an einem kleinen Tisch, und Strether fühlt sich in der netten Gesellschaft und der gepflegten Umgebung ausgesprochen wohl. Obwohl in der Er-Form erzählt wird, ist es doch Strethers Perspektive, die dem Leser vorgeführt wird.

Miss Gostrey had dined with him at his hotel, face to face over a small table on which the lighted candles had rose-coloured shades; and the rose-coloured shades and the small table and the soft fragrance – had anything to his mere sense ever been so soft? – were so many touches in he scarce knew what high picture.[12]

Aufbau der subjektiven Sicht

Die für den Erzählvorgang selektierten Details sind mit Sicherheit realistisch. Die Farbe der Lampenschirme ist zweifellos rosa, aber die unmittelbare Wiederholung und Betonung verleiht dem Faktum auch eine emotionale Bedeutung. Die Nähe von Maria, unmittelbar gegenüber, der feine Duft, alle diese Sinneswahrnehmungen verdichten sich zu dem atmosphärischen Gesamteindruck eines stimmungsvollen Bildes, das sich dem Leser durch die evokative Benennung auch tatsächlich als ein solches darbietet. Wir begreifen, dass Strether seine Umwelt quasi mit einem Weichzeichner wahrnimmt und entspannt freundlich darauf reagiert. Die gehobene Stimmung wird durch den Verlauf des Theaterabends noch gesteigert, und als Chad dann zu Maria Gostrey und Strether stößt, ist es nicht verwunderlich, dass er auf Strether einen äußerst positiven, gereifteren und kultivierteren Eindruck macht als er ihn von Woollett her in Erinnerung hat.[13]

Aufbau des Charakters über Sehweise

Das so beglückend empfundene Abendessen und der bezaubernde Theaterabend dienen im Grunde lediglich der Vorbereitung des ersten Zusammentreffens von Strether und Chad in Europa und erklären Strethers unkritische und wohlmeinende Haltung gegenüber dem jungen Mann. Die in der Erzählung mitgeteilten Fakten sind nicht der eigentliche Erzählgegenstand, sondern nur impres-

---

11 Powers, S. 144; im folgenden referiere ich ein knappes Beispiel in Anlehnung an Powers.
12 James, *Novels and...*, S. 50
13 ebd., S. 53

sionistische Details, deren unterschwellige Bedeutung der Leser atmosphärisch aufnehmen und sich merken muss, damit die nachfolgenden Absätze und Kapitel das angestrebte Gesamtbild vervollständigen können.

Dramatisierter Bewusstseinsprozess

Auf diese Weise löst sich die Darstellung im JAMESschen Roman von der auktorialen Erzählerstimme und nähert sich in der *spatial form* der dramatisierten Unmittelbarkeit eines Bewusstseinsprozesses, den der Leser direkt beobachtet, weil er gezeigt und nicht erzählt wird.

Psychologischer Realismus

JAMES initiiert somit in Theorie und Praxis den psychologischen Realismus, der in der Romanentwicklung des 20. Jhs. eine so wichtige Rolle spielt und im Bewusstseinsstromroman von JAMES JOYCE, VIRGINIA WOOLF, FORD MADOX FORD und WILLIAM FAULKNER virtuose Höhepunkte erreicht. Die Begriffe *material* und *truthful treatment* der HOWELLS'schen Formel erlangen eine signifikante Sinnvertauschung. Das *material* sozialer Bedingungen ist nicht mehr selbst Gegenstand der Darstellung, sondern wird im wahrsten Sinne zum ‚Bau'-material für die wahrheitsgetreue Präsentation *truthful treatment* menschlichen Bewusstseins in der Form der Wirklichkeitswahrnehmung.

2 Exkurs: Zur Typologie des Romans

Roman – Drama

HENRY JAMES hat in seinen ersten Romanen Erfahrungen mit der auktorialen Erzählsituation gesammelt. In seinen theoretischen Äußerungen hat er dazu angemerkt, dass das vermittelte Erzählen dem Leser die Wirklichkeit nicht direkt darbietet und dass es dadurch zu einem beträchtlichen Realitätsverlust kommt. Das Drama dagegen führt die Handlung unmittelbar vor, und der Dialog ist das wirklich gesprochene Wort. Die Forderung nach einer realistischen Darstellung führte ihn schließlich zu Experimenten mit der dramatischen Dialogisierung seiner Romane und letztlich zur Entdeckung des *point of view*. In letzter Konsequenz bedeutete das den Verzicht auf den auktorialen Erzähler selbst, und der Schwerpunkt des Interesses verschob sich von der äußeren Handlung auf die Bewusstseinsprozesse des Handelnden. JAMES wurde dabei von dem starken Interesse des schriftstellernden Praktikers an den formalen Bedingungen und Möglichkeiten der literarischen Gattung geleitet. Die Voraussetzung dafür war jedoch seine Überzeugung, dass die Vielschichtigkeit und Komplexität der modernen industrialisierten Welt die Gültigkeit einer umfassenden und distanzierten auktorialen Weltsicht nicht mehr zuließ, weil die Sicherheit einer alles zusammenschließenden Deutung der Wirklichkeit unmöglich geworden war.

<table>
<tr>
<td>

**Erkenntnis-
prozess statt
Erkenntnis-
gegenstand**

</td>
<td>

Logischerweise verlagerte sich damit das Interesse vom Erkennt-
nisgegenstand weg zum Erkenntnisprozess und seinen Vorausset-
zungen hin. Aus dem ‚was‘ wurde ein ‚wie‘ und ein ‚warum aus-
gerechnet so‘. Deshalb konnten die traditionellen Versuche realis-
tischer und naturalistischer Weltdarstellung JAMES auch nicht so
recht überzeugen. Ihm ging es vielmehr darum, die Unmöglich-
keit eines geschlossenen Weltbildes zu akzeptieren und die Parti-
kularisierungstendenzen in den jeweils individuellen Wahrneh-
mungsweisen der Menschen anzuerkennen. Eine realistische
Wirklichkeitsdarstellung konnte eine künstlerische Echtheit nur
beanspruchen, wenn sie die individuelle Bedingtheit und die Sub-
jektivität der Wahrnehmung dem Leser unmittelbar verdeutlichte.
Für den Künstler JAMES war dies daher auch keine soziologische,
ökonomische oder weltanschauliche Problematik, sondern eine
ganz handfeste formale Frage. Form und Inhalt, das erkannte er,
bildeten eine untrennbare Einheit.

</td>
</tr>
<tr>
<td>

**New Criticism
und Werk-
immanenz**

</td>
<td>

Von JAMES' Ansätzen her und von seinen theoretischen Schriften
vielfältig angeregt, hat sich dann auch eine literaturwissen-
schaftliche Richtung entwickelt, die sich in den 1920er, besonders
in den 1930er und 1940er Jahren darum bemühte, den Roman
aus seinen strukturellen und formalen Bedingungen heraus zu
verstehen. Untersuchungen dieser Art gehören in den wissen-
schaftsgeschichtlichen Zusammenhang des *New Criticism*, oder,
wie die zeitlich versetzte deutsche Parallelbewegung heißt, in den
Kontext der ‚Werkimmanenz‘. Die Studien von J.W. BEACH, *The
Method of Henry James* (1918), und von PERCY LUBBOCK, *The Craft
of Fiction* (1921), sind die ersten in einer langen Reihe von Unter-
suchungen, die den Roman als literarische Form von seinen struk-
turellen Eigenheiten her verstehen wollen. Der analysierende
Blick richtet sich allein auf den literarischen Text und dessen
autonome Struktur. Das methodische Verfahren des *close reading*
spart alle textfremden oder textfernen Aspekte aus. So spielt z. B.
die Geschichte, etwa als Sozialgeschichte, Ideengeschichte oder
Literaturgeschichte, keine Rolle, auch Fragen der Autorenbio-
graphie oder der Literatursoziologie werden bewusst ausgeklam-
mert.

</td>
</tr>
<tr>
<td>

**Amerika-
nische
New Critics**

</td>
<td>

I. A. RICHARDS und sein Schüler WILLIAM EMPSON fordern seit den
1920er Jahren in England die ausschließlich intrinsische Beschäf-
tigung mit dem Text und üben damit einen entscheidenden Ein-
fluss auf den amerikanischen *New Criticism* aus. Die führenden
Vertreter, JOHN CROWE RANSOM, ALLEN TATE, W.K. WIMSATT,
ROBERT PENN WARREN und CLEANTH BROOKS, arbeiten in zahlrei-
chen Einzelanalysen literarischer Texte die besonderen formalen
Merkmale der Textstrukturen heraus,[14] und vor allem BROOKS
betont die besondere Bedeutung der Form und der Komposition,

</td>
</tr>
</table>

der sich der Inhalt unter- bzw. einfügt, so dass eine untrennbare Einheit entsteht.

Deutsche Werkimmanenz

Es ist einleuchtend, dass die theoretischen Überlegungen von HENRY JAMES hier besonders befruchtend gewirkt haben. Während die amerikanischen *New Critics* sich fast ausschließlich auf jeweils einen individuellen Text bezogen, versuchten die Literaturwissenschaftler im deutschsprachigen Raum (wegen der sich gegenüber ausländischen Einflüssen abschottenden Kulturpolitik des Nationalsozialismus gewann die ‚Werkimmanenz' erst nach dem Zweiten Weltkrieg an Bedeutung, bei beiden trat diese Richtung ihren Siegeszug durch die Universitäten vor allem in den 1950er Jahren an), zu übergreifenden und zusammenfassenden Kategorien zu kommen.[15]

Drei Erzählsituationen nach Stanzel

Vor allem FRANZ STANZEL versucht, ausgehend von den Erzählhaltungen im Roman, zu einer Definition von einzelnen Romantypen zu kommen. Seine Ausgangsfrage ‚Wer erzählt den Roman?' liegt den JAMESschen Überlegungen zur Erzählperspektive so nahe, dass seine Orientierung an dem Roman *The Ambassadors* für die Herausarbeitung eines seiner Typen nicht verwundert. STANZEL unterscheidet mit Blick *„auf die in einem Roman vorherrschende Erzählsituation"*[16] drei Romantypen, den ‚auktorialen Roman', den ‚Ich-Roman' und den ‚personalen Roman'. Er nennt diese drei Formen Grundtypen, die sich in einem Typenkreis anordnen lassen, um so zu verdeutlichen, dass es fließende Übergänge und nahezu unbegrenzte Variationsmöglichkeiten gibt. Der auktionale und der personale Roman sind in der Er-Form geschrieben, der Ich-Roman kann in zwei Formen unterschieden werden, *„je nachdem, ob der Erzählakt in der Darstellung ausgeführt wird, oder ob bloß das erlebende Ich in die Vorstellung des Lesers eindringt"*.[17] Der Briefroman wäre dann eine Sonderform mit dargestelltem Erzählakt. STANZELs Typenkreis sieht so aus:[18]

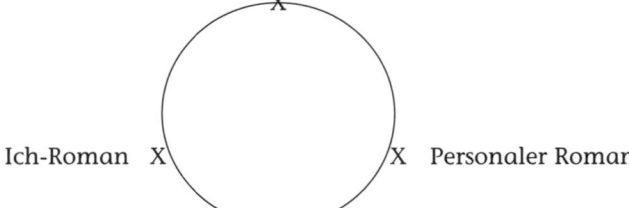

Auktorialer Roman

Ich-Roman X — X Personaler Roman

Auktorialer Roman	Im auktorialen Roman gibt es einen allwissenden Erzähler, der die dargestellte Welt überblickt, das Geschehen lenkt und – sich mit seiner eigenen Stimme einmischend – kommentiert. Sein Welt- und Werteverständnis bestimmen daher das Sinngefüge des Romans. Die beobachtete Welt ist das Objektmaterial, das möglichst genau wiedergegeben werden muss.
Personaler Roman	Der Erzähler kann aber auch seine deutliche Präsenz mehr und mehr zurücknehmen, auch seine Verfügungsgewalt über Raum und Zeit aufgeben und die dargestellte Wirklichkeit im Sinne einer mehr psychologischen Verlässlichkeit aus der Sicht einer Romanfigur schildern. Der Leser glaubt dann, *„ähnlich wie beim Schauspiel vor der dargebotenen Szene zu stehen".*[19] Im personalen Roman werden Vorgänge unmittelbar dargeboten, und die Bewusstseinsinhalte werden genau fassbar. Es ist dies die JAMESsche Schwerpunktverlagerung vom *material* zum *truthful treatment*, die ein Kennzeichen der Moderne des frühen 20. Jhs. ist.
Ich-Roman	Vom auktorialen Roman aus ist aber die Bewegung in die andere Richtung des Kreises ebenso möglich. Der auktoriale Erzähler, der außerhalb der dargestellten Welt steht, tritt nun in diese hinein, und aus dem ‚Er-Bezug' wird ein ‚Ich-Bezug'. Der Ich-Erzähler gerät durch die Nachzeitigkeit des Erzählaktes im Verhältnis zum Erzählten in eine eigenartige Spannung zu sich selbst. Er schildert das eigene Erleben, und aus der Warte des inzwischen älteren und gereiften Menschen wird im Ich-Roman das eigene Handeln zudem gewertet. Denkbar sind zwei Extremfälle, einmal die Horizonteinengung auf die dargestellte Welt, dann nähert sich der Ich-Roman dem personalen Roman, zum anderen kann es aber auch zu einer selbstreferentiellen Haltung kommen, die aus dem Spannungsverhältnis zwischen erzähltem Ich und erzählendem Ich heraus den Erzählvorgang selbst thematisiert. Das wäre dann eher die Position der Postmoderne.
Übergänge zwischen den Typen	Der Vorteil des STANZELschen Typenkreises liegt darin, dass die *„Möglichkeit der bruchlos kontinuierlichen Abwandlung jedes einzelnen Romantyps in die anderen"*[20] möglich ist. Seine Grundtypen sind also keine hermetisch abgeschlossenen Formen, sondern idealtypische Annahmen, die die formalen Konsequenzen der vom Autor

---

14 vgl. Halfmann
15 vgl. z.B. Kayser; Staiger; Lämmert und Stanzel.
16 Stanzel, S. 161
17 ebd.
18 ebd., S. 163
19 ebd., S. 162
20 ebd., S. 163

gewählten Erzählsituationen veranschaulichen. Literaturhistorisch ist das Schema ebenfalls hilfreich, weil es zeigt, wie sich im historischen Verlauf der künstlerischen Erarbeitung erzählerischer Verfahren eine typologisch fassbare Schwerpunktverlagerung von einem Grundtyp zum anderen hin ergibt.

3 Der psychologische Gesellschaftsroman: Rückschau und Aufbruch

Henry James und der psych. Gesellschaftsroman

Das außerordentliche Interesse, das JAMES vor allem bei den *New Critics* gefunden hat und das seine literaturhistorische Bedeutung für die Entwicklung des modernen amerikanischen Romans betonte, ließ eine ganze Reihe von zeitgenössischen Autoren als unter seinem unmittelbaren Einfluss stehend erscheinen. Tatsächlich waren fast alle mit ihm bekannt, verkehrten mit ihm freundschaftlich oder korrespondierten wenigstens mit ihm, auch teilten sie viele seiner Ansichten. So erkannten sie die Bedeutung der Form an, sahen die Wichtigkeit der psychologisch exakten Charakterdarstellung, bezogen aber ihre Figuren nicht so wie JAMES auf den perspektivisch dargebotenen gesamtgesellschaftlichen Hintergrund, sondern griffen eher auf traditionelle Typen der Gesellschaftsdarstellung zurück. Ein melancholischer Ton durchzieht viele Werke, und trotz satirischer und ironischer Angriffe auf die engen moralischen Vorstellungen der *genteel tradition*, der amerikanischen Version des Viktorianismus, erkennt man eine geheime Sehnsucht nach der guten alten Zeit, die durch die Industrialisierung und durch die ökonomischen Aufsteiger aus den Fugen geraten ist.

Weibliche Autoren *of manners* vs. romantisierende Männer

JOHN O. MCCORMICK spricht von seinem ‚elegischen Realismus' von vor allem femininer Sensibilität.[21] Und in der Tat sind die wichtigsten Autoren Frauen, ELLEN GLASGOW, EDITH WHARTON, WILLA CATHER und ZONA GALE, während die Männer, JAMES BRANCH CABELL, JOSEPH HERGESHEIMER und JOHN ERSKINE, trotz der bissigen Ironie CABELLS deutliche epigonale Züge aufweisen und nostalgisch romantisierend erzählen.

Edith Wharton

Es gibt also Ähnlichkeiten mit JAMES, aber man kann keinesfalls von einer JAMES-Schule sprechen. Das ist auch und besonders bei EDITH WHARTON der Fall, obwohl von Anfang an die Kritik eine Verwandtschaft zwischen WHARTONS und JAMES' Erzählungen hervorgehoben hat. Sie hat sich immer wieder darüber beklagt und in der Autobiographie *A Backward Glance* (1934) ihre künstlerische Eigenständigkeit betont. In *The Writing of Fiction* (1925) fasst sie ihre eigenen theoretischen Ansichten zusammen und merkt kritisch an, dass JAMES in seiner späten Phase sich allzu stark mit formalen Fragen beschäftigt habe, ohne seine Erkenntnis auch künstlerisch praktisch umzusetzen. Ihn und andere sah sie als ästhetische Pioniere, die intellektuelle Häuser errichtet hätten, *„for the next generation to live in"*.[22]

stream of consciousness Experimente vs. naturalist. *slice-of-life*

Dennoch weist gerade diese Schrift WHARTON als eine Übergangsfigur aus. Sie konnte sich mit den erzähltechnischen Experimenten des *stream of consciousness* nicht anfreunden, und sie lehnte ebenso die naturalistische *slice-of-life*-Technik ab, die den Einzelnen zu stark von einer ökonomischen und sozialen Determination her bestimmt und ihn seiner menschlichen Würde und zugleich der menschlichen Tragik beraubt. Sie plädiert für die Verfeinerung konventioneller Erzählweisen, um die moralische Dürre und gesellschaftliche Vergröberung der neuen Zeit zu erfassen. Damit erweist sie sich als eindeutig konservativer als HENRY JAMES, und ihre Einordnung in SPILLERS amerikanischer Literaturgeschichte in das Kapitel „Fiction sums up a Century" ist nicht unberechtigt.[23]

Biographie

EDITH WHARTON entstammte einer reichen New Yorker Familie und gehörte durch Geburt und reiche Heirat zu den aristokratischen Familien im amerikanischen Sinne: alteingesessen, reich, sozial gegen Emporkömmlinge abgeschlossen. Die Zeit ihrer Kindheit verbrachte die Familie größtenteils in Europa, um der Inflation in Amerika im Gefolge des Bürgerkrieges zu entgehen. Auf eine andere Art als JAMES kommt sie so zu dem *international theme*, indem sie ihre ironisch-satirischen Darstellungen der reichen New Yorker Gesellschaft mit europäischen Sitten und Anschauungen kontrastiert. Für sie bestand das kultivierte Leben im Zusammentreffen von Bildung und Reichtum, und auch deshalb musste sie alle gesellschaftlichen Tendenzen ablehnen, die einen schnellen Reichtum ohne gleichzeitigen Bildungserwerb ermöglichten. Diese Grundhaltung zeigt sich auch darin, dass EDITH WHARTON Bücher über Innenarchitektur, italienische Villen und Landschaftsgärtnerei schrieb und erst in ihrem 40. Lebensjahr den ersten Roman *The Valley of Decision* (1902) veröffentlichte. Ihr eigentliches Thema war der soziale Wandel in New York und besonders dessen Auswirkung auf die gehobene ‚aristokratische' Gesellschaft.

The House of Mirth

The House of Mirth (1905) stellt entsprechend zwei gesellschaftliche Gruppen der High Society gegenüber, die alteingesessene reiche Schicht und die ungeschliffenen Neureichen und Empor-

---

21 vgl. McCormick, S. 37
22 Wharton, *The Writing . . .*, S. 117
23 vgl. Spiller, S. 1208–1212

kömmlinge. EDITH WHARTON hat im Rückblick gesagt, dass dieser Roman für sie ein Meilenstein in der Entwicklung gewesen sei. Um die Verlagstermine mit Scribner's einzuhalten, musste sie sich einer strengen und täglichen Selbstdisziplin unterwerfen, und das führte zu einer sehr klaren Romanstruktur mit der Konzentration auf eine zentrale Figur und einer Beschränkung auf nur wenige, aber wichtige Themen. Lily Bart, die Heldin, stammt aus einer der vornehmsten Familien, steht nach dem Tode ihrer Eltern jedoch völlig mittellos da. Der Roman schildert ihren allmählichen sozialen Abstieg, bis sie schließlich, von einer Prostituierten aufgenommen, stirbt. Das Thema der engstirnigen, moraltriefenden und letztlich zerstörerischen Grundhaltung der sogenannten feinen Gesellschaft wird ausbalanciert von dem zweiten Thema, dem der allmählichen Selbständigwerdung Lilys, so dass sie ihre Selbstachtung bewahren kann.

The Age of Innocence

The Age of Innocence (1920) wird gemeinhin als ihr bester Roman angesehen, obwohl die melancholische und elegische Stimmung sehr viel stärker hervortritt als in den früheren, in denen die Gesellschaftsanalyse dominanter ist. Es ist die Geschichte einer tragischen Liebe. Newland Archer steht zwischen zwei Frauen, May Welland, die er heiratet, und Ellen Olenska, die er liebt. Ellen ist unangepasst und rebelliert gegen den Moralkodex der Gesellschaft, aber sie ist reich, so dass ihr das Schicksal von Lily Bart erspart bleibt. Sie zieht sich schließlich nach Europa zurück, um der spießigen Enge der amerikanischen Gesellschaft zu entkommen. Archer, als er endlich frei ist, findet jedoch auch dann nicht die Kraft, die moralischen Bedenken zu überwinden und Ellen zu heiraten. Der Roman errang den Pulitzer Preis 1921, ist aber dennoch ein nostalgischer Rückblick auf die 1870er Jahre, die mit einer selbstsüchtigen Unschuld gleichgesetzt werden.

Wharton und der Regionalismus

EDITH WHARTON ist trotz ihrer milden satirischen Haltung eine Autorin, die sich nicht mit den Werten der amerikanischen Erfahrung – Individualismus, amerikanischer Traum, Erfolg um jeden Preis – auseinandersetzt, sondern den Einzelnen noch eingebunden und geprägt sieht von einem festgefügten gesellschaftlichen Kontext. In dieser Hinsicht bleibt ihre erzähltechnische Virtuosität eben doch eher in der *local-color*-Tradition des Regionalismus stecken.

Ellen Glasgow

Dies ist noch deutlicher bei ELLEN GLASGOW. Sie stammt aus einer alten Aristokratenfamilie Virginias und verbrachte ihr Leben, unterbrochen durch einen längeren Aufenthalt in New York und mehreren Europareisen, in Richmond/Virginia.

Tradition des alten Südens

Sie wuchs in eine literarische Tradition hinein, die in trivialer Weise die aristokratisch-edle Welt des Südens vor dem Bürgerkrieg beschwor und sentimentale Romane über ritterliche Männer, schöne und leidenschaftliche Frauen, ergebene Sklaven und Diener und verbrecherische Yankees verfasste. MARGRET MITCHELLS *Gone With The Wind* (1936) ist ein spätes, aber das berühmteste Beispiel.[24] In ihren Romanen versuchte Glasgow, das realistische Gegenbild zu zeichnen, und bemühte sich um eine Ironisierung der südstaatlichen Wertvorstellungen.

Glasgows Romane als Gegenentwurf

Eine Reihe von Romanen, *The Battle-Ground* (1902), *The Deliverance* (1904), *The Wheel of Life* (1906) oder *Virginia* (1913), erregten zwar öffentliche Aufmerksamkeit, aber erst *Barren Ground* (1925) brachte einen Durchbruch. Hier wendet GLASGOW sich von der aristokratischen Gesellschaftsschicht ab und den einfachen Leuten zu, die mit der menschlichen Fähigkeit des Durchhaltens und Duldens auf dem „dürren Boden" ausharren und eine einfache Menschlichkeit leben. Die Aufmerksamkeit, die sie mit diesem Roman erregte, verflog jedoch relativ rasch, und heute kennen Gebildete zwar noch ihren Namen, aber nur Spezialisten die Romane.

Zona Gale

Ganz ähnlich verhält es sich mit ZONA GALE, die aus Wisconsin stammt und literarisch aus der *local-color-school* kommt. Sie erhielt ihre journalistische Schulung in Milwaukee und New York und machte sich dann als Schriftstellerin unabhängig. Bekannt sind heute nur noch die Romane *Birth* (1918) und *Miss Lulu Bett* (1920), weil sie durch Umarbeitungen zu Dramen ein breiteres Publikum erreichten. *Miss Lulu Bett* erhielt bezeichnenderweise 1921 lediglich in der dramatisierten Form den Pulitzer Preis.

Willa Cather: Frontiererfahrung als Thema

Ganz anders ist das bei dem Werk der in Virginia geborenen, aber in Nebraska aufgewachsenen WILLA CATHER. Ihre Romane sind zwar ebenfalls von der Atmosphäre ihrer Heimat in der *local-color*-Tradition geprägt, aber sie greift auf tieferliegende amerikanische historische Erfahrungen zurück, die aufgrund der chronologisch späten Frontiersituation Nebraskas noch sehr lebendig sind. CATHERS Romane spiegeln ganz im Sinne der Turner-Thesis die sich im Vordringen nach Westen ständig wiederholende amerikanische Erfahrung der Inbesitznahme des Landes, der Konsolidierung der bäuerlichen Gesellschaft und der schließlichen Umgestaltung eines Territoriums in einen der Staaten der USA.

Cather und McClure's Magazine

WILLA CATHER studierte an der Universität Nebraska, arbeitete dann bei *McClure's* in New York und kam so mit der *muckraker*-Bewegung in Berührung. Darüber hinaus war *McClure's* auch eine literarische Zeitschrift, die die verschiedenen Strömungen zu Wort

---

24 vgl. McCormick, S. 38

kommen ließ. Auf diese Weise lernte CATHER auch die modernistischen Tendenzen kennen. Sie empfand HENRY JAMES als zu romantisch, schätzte aber seine Orientierung an französischen Vorbildern, vor allem an FLAUBERT. Aus dieser Tradition lernte sie, die Handlung von den Charakteren und ihrer gesellschaftlichen Verankerung her zu entwickeln, und deshalb sind ihre Romane nicht als Handlungszusammenhänge, sondern als Charakterstudien in Erinnerung.

Cathers Romane

1912 verließ sie *McClure's* und widmete sich fortan der Schriftstellerei. Ihre wichtigsten Bücher sind die Romane *O Pioneers!* (1913), *The Song of the Lark* (1915), *My Ántonia* (1918), die Kurzgeschichtensammlung *Youth and the Bright Medusa* (1920 und die Romane *A Last Lady* (1923), *Death Comes for the Archbishop* (1927) und *Shadows on the Rock* (1931).

Cathers theoretischer Ansatz

In ihrer Essay-Sammlung *Not Under Forty* (1936) reflektiert sie über literarische Kunst und stellt fest, dass ein Autor sich dem Material zuwenden müsse, das ihm von seiner Erfahrung her am nächsten liegt; diese Erfahrung muss er auf der Basis universeller menschlicher Gefühle darstellen. Man muss so viel wie möglich über die ‚conditio humana' erfassen, und was dann zählt, ist die sorgfältige Auswahl der dargestellten Details, denn Kunst ist *„expression, expression, always expression"*. Nur dann schafft der Romanschriftsteller ein Werk von Dauer.[25] Hier wird deutlich, was sie HENRY JAMES verdankt, aber sie zeigt in diesen Essays auch, wie sehr sie von EDITH WHARTON und – was die Stoffwahl angeht – von der wichtigsten Schriftstellerin der *local-color*-Tradition des 19. Jhs., SARAH ORNE JEWETT, beeinflusst worden ist.

O Pioneers!

Ihre besten Werke sind daher auch Schilderungen des Lebens im Westen der USA, besonders Nebraskas. In *O Pioneers!* (1913) lassen sich norwegische Siedler in Nebraska nieder und ringen dem Land ihren Lebensunterhalt ab. Es ist die Geschichte einer starken jungen Frau, Alexandra Bergson, die dem Land ihren Stempel aufdrückt und trotz ihrer kraftlosen und wenig hilfreichen Brüder aus kümmerlichen Anfängen eine reiche Farm aufbaut. Aber dieser Kraftakt kostet auch menschliche Opfer. Als reine Erfolgsgeschichte wäre der Roman ins Triviale abgeglitten. Frühe Rezensionen hatten den Eindruck, der Roman zerfalle in zwei Teile und schildere im zweiten die tragische Liebesgeschichte zwischen Alexandras jüngstem Bruder Emil und Marie Shabata und Alexandra geriete völlig aus dem Blick. Allerdings ist dies weniger ein Bruch als eine Akzentverschiebung vom materiellen Erfolg weg zum menschlichen Leiden hin, beides als zwei Seiten derselben Medaille. Alexandra bleibt nämlich auch in der zweiten Hälfte präsent, zumal sie in den jüngeren Bruder große Hoffnungen setzt, dass er die Farm einst weiterführt. Sein und Maries Tod beenden den Roman mit einem melancholischen Schlussakkord.

My Ántonia

Auch die folgenden Romane, besonders *My Ántonia* (1918), schildern das Pionierleben auf den Farmen im Westen und erreichten eine beträchtliche Popularität, nicht zuletzt, weil sie scheinbar direkt auf den amerikanischen Mythos der Westbesiedlung des 19. Jhs. zurückgriffen. Aber ganz so einfach ist das Werk von WILLA CATHER denn doch nicht.

Formexperimente in der Tradition von James

Sie experimentiert immer wieder mit der Form. Selektion, Suggestion, Metapherverknüpfungen, Aufbau von Symbolen aus dem erzählten Zusammenhang heraus, das sind alles erzähltechnische Überlegungen in der JAMESschen Tradition. ELIZABETH SHEPLEY SERGEANT verweist in ihrer CATHER-Biographie in diesem Zusammenhang auf eine eindrucksvolle Begebenheit. Im Frühjahr 1916 diskutierte sie mit CATHER, die mit der Arbeit an *My Ántonia* begonnen hatte, Probleme der Form. Plötzlich lehnte sich CATHER nach vorn und stellte eine Schale mit Blumen mitten auf den leeren Tisch und sagte: *„I want my new heroine to be like this, like a rare object...which one may examine from all sides. ...because she is the story.“*[26] Entsprechend wählt CATHER, ganz im Stile von JAMES, einen unvoreingenommenen Erzähler, Jim Burden, der Ántonia als Kind kennt, nach Jahren wiedersieht und ihr dann als älterer Mann wieder begegnet. Seine Lebenserfahrung hat ihn verändert, und auch Ántonia ist nicht dieselbe geblieben. Auf diese Weise gelingt CATHER ein perspektivischer Blick, der sich – psychologisch genau begründet – jeweils verändert hat und andere Seinsschichten bloßlegt. Darüber hinaus wird so, trotz der äußerlichen Wahrung der Lebenschronologie, die episodische Struktur des Romans gewahrt. All dies weist WILLA CATHER als eine moderne Schriftstellerin aus, die viele erzähltechnische Einsichten HENRY JAMES verdankt, thematisch weit ins 19. Jh. zurückreicht und strukturell innovativ vorwärtsgerichtet ist.

4 Gertrude Stein (1874–1946)

Biographie

GERTRUDE STEIN stammt aus einer reichen deutsch-jüdischen Familie in Allegheny, Pennsylvania, und verbrachte bis 1878 ihre Kindheit in Wien und Paris. Ab 1893 studierte sie am Harvard Annex, das später zum Radcliffe College umbenannt wurde. Dort arbeitete sie im psychologischen Labor von HUGO MÜNSTERBERG und kam durch ihn mit WILLIAM JAMES, der sich für die psycho-

---

25 vgl. Cather, *Not Under...*, S. 91–92
26 Sergeant, S. 139

logischen Voraussetzungen von Erkenntnis und Handeln interessierte, in Kontakt. Auf diese Weise kam sie mit der neuen philosophischen Richtung des Pragmatismus, vertreten durch WILLIAM JAMES, GEORGE SANTAYANA und JOSIAH ROYCE, in Berührung.

William James und seine Theorie der Wahrnehmung

Vor allem JAMES kam zu der Auffassung, dass es für die menschliche Wahrnehmung keine materiell fest und objektivierbare Wirklichkeit geben könne, sondern es sich um multiple, subjektive Welten handele, die das Individuum wahrnimmt. Psychologisch gesehen, ist die Wahrnehmung jedoch immer an den jeweiligen Augenblick gebunden und damit präsentisch. Die Vorstellung von einer Wirklichkeit entsteht also aufgrund der intensiven und unmittelbaren Erfahrung durch ein erkennendes Ich. Dieses erkennende Ich ist die eigentliche Konstante und verknüpft die vielen jeweils präsentischen Erfahrungsmomente zu einem, wie JAMES sagt, *stream of consciousness*. In seinem großen Werk *The Principles of Psychology* (1890) führt er dazu aus, dass die Veränderungen, die in der wahrgenommenen Welt von einem Augenblick zum nächsten nicht abrupt sind, sondern im Bewusstsein als ein Kontinuum, als ein Strom erscheinen, mit *„a quality of warmth, intimacy, and immediacy"*.[27] Damit wird jedoch die traditionelle chronologische Zeitvorstellung aufgehoben, denn *„die Qualität der ‚Wärme' ist ein Merkmal, das dem ‚present thought', dem Vollzug der augenblicklichen Existenz, zukommt"*.[28] Es ist einsichtig, dass diese psychologischen und philosophischen Erkenntnisse in Verbindung mit den erzähltechnischen Überlegungen von HENRY JAMES später in der ästhetischen Theorie und schriftstellerischen Praxis von GERTRUDE STEIN eine entscheidende Rolle spielten.

Expatriates und Avantgarde

Ein Medizinstudium an der John Hopkins Universität brach sie ohne Examen ab und ließ sich 1903 mit ihrem Bruder Leo, einem Kunsthistoriker, in 27, rue de Fleurus in Paris nieder und lebte dort bis zu ihrem Tode am 27. Juli 1946. Der Salon der Steins wurde der intellektuelle Mittelpunkt der amerikanischen Exilliteratur nach dem Ersten Weltkrieg, der *expatriates*, und darüber hinaus zum Zentrum der europäischen künstlerischen Avantgarde. GERTRUDE STEIN förderte die Maler PICASSO, MATISSE, BRAQUE u. a., diskutierte künstlerische Probleme mit den Komponisten ARNOLD SCHÖNBERG und IGOR STRAVINSKY und pflegte den Schriftstellerkreis, dem außer den expatriierten Amerikanern ERNEST HEMINGWAY, SHERWOOD ANDERSON, JOHN DOS PASSOS, F. SCOTT FITZGERALD, EZRA POUND, T. S. ELIOT und THORNTON WILDER auch die Europäer JAMES JOYCE, GUILLAUME APOLLINAIRE, JEAN COCTEAU und JUAN GRIS angehörten.

Perspektivismus und Subjektivität

HENRY JAMES, PAUL CÉZANNE und GUSTAV MAHLER hatten, jeder auf seine Weise, die Grenzen der traditionellen Kunst und in der konsequenten Anwendung der Perspektivität ein hohes Maß an

Subjektivität erreicht, aber sie waren nicht so weit gegangen, den Strukturzusammenhang der dargestellten, gezeigten und gefühlten Welt zu zertrümmern. GERTRUDE STEIN wurde für die junge Künstlergeneration nun so etwas wie ein Guru, der aus den alten Traditionen kommend den Mut hatte, auf der Grundlage neuer psychologischer und philosophischer Forschung neue Wege zu gehen und radikale Experimente zu wagen. JAMES z. B. hatte gezeigt, dass bei der untrennbaren Einheit von Form und Inhalt der Form eine integrale Funktion in der Entwicklung einer moralischen Position zukam. Nun war es nur noch ein kleiner Schritt bis zu der Feststellung, dass der Künstler von allen gesellschaftlichen und moralischen Zwängen frei sei. Er war frei in der Entwicklung neuer Formen, neuer Farbkombinationen, neuer Klänge und neuer Weltentwürfe. Es kam vor allem auf die Intensität und Expressivität der Darstellung an.

Steins Werke

In der theoretischen Durchdringung und in der experimentellen Erprobung von neuen Techniken spielte GERTRUDE STEIN eine besondere Rolle. Von ihren erzählenden Werken sind besonders wichtig: *Three Lives* (1909), *The Making of Americans* (geschr. 1906–1908, gedruckt 1925), *A Long Gay Book* (1932) und *The Autobiography of Alice B. Toklas* (1933). Die entscheidenden theoretischen Schriften sind: *Composition as Explanation* (1926; es sind Vorlesungen, die sie an den Universitäten Oxford und Cambridge hielt), *How to Write* (1931, Erläuterungen von Stilproblemen) und *Lectures in America* (1935, Vorträge zur Ästhetik, die sie auf einer triumphalen Vortragsreise durch die Staaten hielt).

Three Lives

Three Lives (1909) besteht aus drei langen Erzählungen, „The Good Anna", „Melanctha" und „The Gentle Lena". Jede dieser Geschichten erzählt Einzelheiten aus dem Leben eines Dienstmädchens und entwirft so ein psychologisches Portrait. Das literarische Vorbild ist FLAUBERT (*Trois Contes*, 1877), und seine naturalistischen Vorstellungen spielen eine gewisse Rolle, aber STEIN versucht, das Bewusstsein der einfachen Mädchen als eigentlich determinierende Konstante darzustellen, nicht jedoch die soziale Umwelt. Es geht ihr nicht um das Erzählen von Geschichten mit einer eindeutigen Handlung. Allein diese Absicht macht den Einfluss der Brüder James deutlich und führt GERTRUDE STEIN zu den ersten noch relativ einfachen und dadurch gut identifizierbaren modernistischen Erzähl- und Stilstrategien.

---

27 W. James, S. 158
28 Schmidt, S. 11

prägende Rolle des Bewusstseins	Geht man von WILLIAM JAMES' Überlegungen zum *stream of consiousness* aus, dann spielt die natürliche und gesellschaftliche Umwelt für das Bewusstsein keine wirklich prägende Rolle, sondern die eigentliche Dominante, die auch Vergangenheit und Gegenwart verknüpft, ist die Kontinuität des subjektiv erkennenden Individuums. Eine Determiniertheit besteht dann aber nicht in den Umwelteinflüssen, wie DREISER und andere Naturalisten annehmen, sondern in dem psychologischen Typus des Individuums, der sich, durch Lebenserfahrung etwa, auch nicht ändert.
Verzicht auf Entwicklung	GERTRUDE STEIN nahm an, dass die psychologische und charakterliche Disposition des Menschen konstant ist, und entsprechend gibt es bei ihren literarischen Figuren auch keine Entwicklung, sie bleiben wer und was sie sind. Bei einer sozialen und menschlichen Interaktion treffen daher ihrer Meinung nach lediglich verschiedene Welten aufeinander, und das ist das eigentlich Interessante. Folgerichtig versucht Stein, in *Three Lives* eine Erzählstrategie zu entwickeln, die die Persönlichkeitstypen zeigt und auf eine chronologische Handlungsentwicklung verzichtet. Dennoch ist die Geschichte als ,story' in den drei Erzählungen nicht so konsequent getilgt wie in den späteren *The Making of Americans* und *A Long Gay Book*.
,deutsche Typen'	„The Good Anna" erzählt von einem aus Deutschland eingewanderten Dienstmädchen, das in Bridgeport (der biographische Bezug ist wahrscheinlich Baltimore) bei Miss Mathilda eine Anstellung gefunden hat. Anna verkörpert den gutmütigen, pedantischen, rechthaberischen ,deutschen Typ'. Auch Lena in „The Gentle Lena" ist deutschstämmig, aber sanft, ein wenig stumpf und vor allem gehorsam, ein zweiter ,deutscher Typ'. „Melanctha" ist ein farbiges Dienstmädchen, und GERTRUDE STEIN konzentriert sich sehr stark auf die rassischen Merkmale, so wie sie den psychologischen Typus des Negers versteht. So spielt hier der Anteil von ,weißem Blut' eine große Rolle in der Ausprägung eines psychologischen Mischtyps. STEIN war keine Rassistin, aber die potentielle Gefahr einer solchen Typenlehre ist evident. Tatsächlich geht es STEIN aber nur um die Voraussetzungen des individuellen Aufbaus der subjektiven Weltwahrnehmungen. Melancthas Rolle als Dienstmädchen hat in der Darstellung fast keine Bedeutung, es geht eher um das sexuelle Erwachen des jungen Mädchens, das eine Beziehung zu einem verheirateten farbigen Arzt eingeht, später eine weitere Liebschaft erlebt und schließlich an Schwindsucht stirbt.
individuelles Bewusstsein im Zentrum	Die Sprache in allen drei Geschichten ist entsprechend der geistigen Schlichtheit der Protagonisten einfach, praktisch auf ,basic English' reduziert. Individuelle Wahrnehmungsschärfe und sprach-

liche Exaktheit werden so erstmals in unmittelbare Beziehung gesetzt, ja die Wahrnehmung kann nicht differenzierter sein als die sprachliche Ausdruckskompetenz. Das individuelle Bewusstsein rückt so direkt in das Zentrum der Erzählungen. In *Three Lives* erleichtern die durchschimmernden Lebensgeschichten noch die Orientierung des Lesers, in den späteren Werken ist das nicht mehr so. Dennoch sind die innovativen und für die literarische Entwicklung des späteren 20. Jhs. so wichtigen Neuerungen struktureller und stilistischer Art hier schon erkennbar.

episodischer Aufbau

„The Good Anna" und „The Gentle Lena" sind strukturell im Höchstmaß episodisch aufgebaut und folgen keinem chronologisch linearen Handlungsverlauf, sondern entwerfen allein durch die Akkumulation der Episoden und durch die grundsätzliche Wiederholung von Wahrnehmungsweisen der Figuren ein flächiges Porträt bestimmter psychologischer Typen.

Wiederholung als Stilmittel

Verschiedene Arten von Wiederholungen sind daher in *Three Lives* außerordentlich zahlreich. Schon JAMES hatte in *The Ambassadors* die Wiederholung des Wortes „rose" gezielt eingesetzt, um Strethers ‚unrealistische' Wahrnehmung aus der Stimmung heraus zu erklären. STEIN nutzt dasselbe Stilmittel jedoch viel konsequenter. Wenn ein Wort häufig genug verwendet wird, noch dazu im extrem einfachen sprachlichen Umfeld, dann verliert es allmählich seine eigentliche lexikalische Bedeutung insoweit, als es emotionale Schattierungen desjenigen aufnimmt, der es hilflos immer wieder gebraucht, weil er sich nicht differenzierter ausdrücken kann. Für den Leser entsteht so der Eindruck einer sprachlichen Beschwörung, die die Simplizität des vorgeführten Bewusstseins betont, im Leser aber dessen differenziertere Wahrnehmung und sprachliche Kompetenz abruft, so dass sich die enge lexikalische Bedeutung des Wortes weitet und die intellektuelle Einfachheit des Protagonisten im Kontrast zum Leserbewusstsein unmittelbar einsichtig wird.

Figurendarstellung

Die fiktiven Charaktere werden somit nicht mehr primär im Zusammenspiel mit ihrer Umwelt sichtbar, sondern deduktiv aus ihrem psychologischen Typ abgeleitet. Daraus folgt als künstlerische Konsequenz, dass zur Darstellung eines Charakters die Wiedergabe seines Verhaltens in den verschiedensten Situationen nötig ist. Dieses ist aber wegen der unveränderlichen psychologischen Struktur immer gleich.

‚-ing'-Form als Stilzug zur Charakterisierung

Die englische Sprache bietet hierfür die grammatische Besonderheit des ‚present participle' (‚-ing'-Form), mit der nicht nur der präsentische Verlauf einer Handlung, sondern auch seine ständige Wiederholung hervorgehoben werden kann. Voraussetzung dafür ist jedoch die absolute Beschränkung auf die Formen des Verbes, denn alle Substantive oder gar Attribute und Adjektive sind differenzierende, charakterisierende oder schmückende nähere Bestimmungen des Sachverhalts und nicht Reflexe der unmittelbaren direkten Wahrnehmung. Insofern ist die grammatische Form, die einen fortwährenden Prozess der bewusstseinsrelevanten Wahrnehmung wiedergibt, das geeignete stilistische Mittel für einen Erzähler. Darüber hinaus ist die Wiedergabe der sich wiederholenden Sprechsequenzen der Protagonisten in ihrem individuellen Rhythmus ein Symbol für den konstanten psychologischen Typ. Melancthas Charakter ist daher durch ihren genetisch-rassischen Mischtypus bestimmt, unabhängig von ihren sozialen Bedingungen. Entsprechend gleichförmig bleibt ihre Sprache. In *Three Lives* sind die strukturellen und stilistischen Erneuerungen GERTRUDE STEINS schon sichtbar, in den späteren Werken werden sie dann bis in die Extrempositionen vorangetrieben, so dass eine Orientierung an einer Handlungslinie nicht mehr nötig und möglich ist.

Tradition und fortdauernde Innovation

GERTRUDE STEIN ist das herausragende Beispiel für einen Determinismus, der nicht von sozialen Bedingungen herkommt, sondern genetisch bestimmt ist. Insofern führt sie auf radikale Weise die HOWELLS'schen Positionen des *material* und des *truthful treatment* zusammen. Ihre fortdauernde Wirkung hingegen lag auf dem strukturell-formalen und stilistischen, nicht aber auf dem psychologisch-weltanschaulichen Gebiet.

5 William Faulkner (1897–1962)

Einordnung und Biographie

Generationsmäßig passt WILLIAM FAULKNER zu der berühmten *lost generation*, biographisch aber eher nicht. Ein Jahr älter als HEMINGWAY und ein Jahr jünger als FITZGERALD und DOS PASSOS gehörte auch er der Generation an, für die der Erste Weltkrieg der Anlass zum Ausdruck einer patriotischen Gesinnung war. Er meldete sich als Kriegsfreiwilliger zur Royal Air Force, um gegen Deutschland und Österreich die angelsächsischen Ideale zu verteidigen, aber während die anderen nach dem Kriegseintritt der USA in Europa an die Front in Frankreich oder dann in Italien kamen, blieb er im Pilotentraining in Kanada bis zum Kriegsschluss. Und während die anderen, desillusioniert – durch den doch nicht chevaleresken Kriegseinsatz und den Verrat an den amerikanisch-demokratischen Idealen während der Friedensverhandlungen in Versailles – in Paris als *expatriates* Mitglieder der künstlerischen Bohéme im Umkreis des Salons von GERTRUDE STEIN wurden, versuchte sich FAULKNER als Student. Als ‚Veteran' erhielt er eine Sondergenehmigung für das Studium an der Uni-

versität von Mississippi in Oxford, seiner Heimatstadt. Er studierte Französisch und Literatur und verließ die Universität ohne Abschluss. Er arbeitete in einer Reihe von Aushilfsjobs, unter anderem in der Position des Universitätspostmeisters. Seine Neugierde führte ihn zur Lektüre der ihm anvertrauten Briefe und zur Aufgabe des Postens.

Faulkners literaturhistorische Position

Der Einfluss der literarischen Tradition von JAMES bis STEIN ist – anders als bei seinen Zeitgenossen – biographisch bei ihm nicht direkt nachzuweisen, aus seinem Werk aber abzuleiten. Er bleibt jedoch ein Autor, der auf doppelte Weise wahrgenommen wird. Viele sehen ihn als einen großen Erben der regionalistischen amerikanischen Tradition des Südens. Er entstammte einer Familie südstaatlicher Gouverneure und hoher Militärs, und die sklavenhalterische Plantagentradition war stark. Sein Thema war die psychisch so aufgeladene und schwierige Situation der Südstaaten nach dem Bürgerkrieg angesichts der radikalen politischen, soziologischen und industriellen Umgestaltung während der post-bellum Epoche. Er wird daher auch als herausragender Repräsentant der ungeheuer produktiven und innovativen Südstaatenliteratur bis WALKER PERCY verstanden. Eine zweite Sehweise nimmt ihn als modernistischen Experimentator wahr, der das formale Experiment der JAMES und STEIN selbst über JAMES JOYCE hinausführt, so dass er in die internationale Linie PROUST, JOYCE, VIRGINIA WOOLF gestellt werden muss und von einigen sogar als Überwinder des *stream of consciousness* gefeiert und als ‚fast' postmoderner Autor eingeschätzt wird.[29]

amerikanischer Süden als Raum universeller Erfahrungen

FAULKNER selbst sah sich – ein wenig kokettierend – als einfacher Privatmann und Bauer, als ein erdverwurzelter Mensch, der über zeitlose Werte schrieb. In dieser Einschätzung deutet er die Doppelperspektive und zugleich ihre Zusammengehörigkeit an. Der amerikanische Süden, die vertraute landschaftliche, historische und kulturelle Region ist sein Material, der Raum, in dem universelle Erfahrungen gemacht werden – wie überall woanders auch. Aber er kannte diesen Raum halt am besten, und deshalb blieb er dabei. Jedoch hätte eine traditionell realistische oder naturalistische Darstellung den Blick auf die überzeitliche Dimension und Bedeutung der jeweiligen Erfahrung verstellt. So musste er Formen finden und erproben, die beides gleichzeitig leisteten, die Darstellung des Partikularen und des Universellen.

---

29 vgl. Meindl, *Der amerikanische Roman...*, S. 65–88

Faulkner und Sherwood Anderson	FAULKNER ging früh nach New Orleans und traf dort bei der *New Orleans Times Picayune* auf SHERWOOD ANDERSON und eine kleine Künstlerkolonie. Seine Lektüre führte ihn zu romantischen Gedichten, vor allem KEATS, und zu modernen Texten, so zu ELIOTS *The Waste Land*. Seine ersten Schreibversuche waren in der Lyrik, aber er wandte sich in den *New Orleans Sketches* (für die Sonntagsbeilage der *Picayune* geschrieben, 1958 als Sammlung veröffentlicht) der Prosa zu und legte nach diesen Fingerübungen mit *Soldier's Pay* (1926) und *Mosquitos* (1927) seine ersten Romane vor. Auch dies sind Werke mit den Merkmalen der Lehrzeit, im Aufbau unsicher, in der Charakterisierung der Figuren unbeholfen. Aber sie zeigen mit der Suche nach überzeitlicher KEATS'scher Schönheit in der grauen modernen Nachkriegswelt einen ersten Versuch, Gegensätze zusammenzuzwingen.
wichtigste Schaffensperiode 1929–1936	Nach dieser ersten Entwicklungsphase begann mit dem Roman *Sartoris* (1929) FAULKNERS fruchtbarste Schaffensperiode, in der er seine wichtigsten Romane, *The Sound and the Fury* (1929), *As I Lay Dying* (1930), *Light in August* (1932) und *Absalom, Absalom!* (1936), schrieb. In diesen Werken entwirft und bevölkert er sein berühmtes Yoknapatawpha County, und hier wagt er seine bahnbrechenden formalen Experimente, die ihn zum wohl größten amerikanischen Romancier des 20. Jhs. machten. Diese Romane sind von einer großen Zahl von Kurzgeschichten begleitet, die ebenfalls ihren Stoff aus der gleichen fiktiven Region entnehmen und in den kurzgeschichtstypischen Einzelereignissen allgemeinmenschliche Erfahrungskonstanten darstellen.
Snopes Trilogie	In FAULKNERS dritter Phase sind die Erzählungen in der Sammlung *Go Down Moses* (1942) noch außerordentliche formale Experimente, aber in den Romanen, vor allem der Snopes-Trilogie *The Hamlet* (1940), *The Town* (1958) und *The Mansion* (1959) sowie in seinem letzten Roman *The Reivers* (1962), findet er zu einem satirisch-komödiantischen Ton und zu traditionelleren Erzählkonventionen zurück.
historische Gesamterfahrung des amerikanischen Südens	Inhaltlich wird jedoch in diesen Romanen und Erzählungen die ,Geschichte' des Yoknapatawpha County vervollständigt. Sie reicht nun von der ursprünglichen paradiesischen pastoralen Zeit (in den kurzen Erzählungen) über die Landnahme durch die Weißen (schon in den Romanen der Hauptphase), die Erfahrung des Bürgerkriegs und der Zerstörung der Lebensform des Südens (vor allem Hauptphase) bis zur materialistischen und industriellen neuen Zeit (letzte Phase). Aber diese chronologisch ordnende Aufzählung ist dennoch falsch. Es geht FAULKNER nicht um lineare Geschichte, sei sie politisch linear oder soziologisch, es geht ihm um die menschliche Erfahrung, die in einem geographischen

Raum verankert und zugleich überzeitlich, atmosphärisch und kumulativ universell ist. Dem Leser seines Gesamtwerkes stellt sich daher auch das Yoknapatawpha County als räumlicher und zutiefst menschlicher Gesamtzusammenhang dar, in dem die historisch-zeitliche Dimension in der Bewusstseinsgleichzeitigkeit aufgehoben ist.

Faulkner als Modernist

Insofern gehört FAULKNER uneingeschränkt in den modernistischen Zusammenhang von GERTRUDE STEIN, T. S. ELIOT und, in der Überwindung des Bewusstseinsstroms, der auf ein Einzelbewusstsein zielt, über sie hinausgehend von JAMES JOYCE, MARCEL PROUST und VIRGINIA WOOLF.

Nobelpreis-rede

Der Schlüssel zum Verständnis des zunächst widersprüchlichen Doppelaspekts – regionaler Schriftsteller und innovativer Experimentator – liegt in der inzwischen berühmten Nobelpreisrede FAULKNERS von 1950. Er geht aus von der Feststellung, Ziel jeder dichterischen Tätigkeit müsse sein die Darstellung der *„old verities and truths of the heart, the old universal truths lacking which any story is ephemeral and doomed – love and honor and pity and pride and compassion and sacrifice"*. Diese ‚alten' Werte könnten jedoch als konservative Mahnung aufgefasst werden, und wohl auch deshalb ist der Rest seiner Rede eine Bekräftigung und Verankerung dieser Werte in der einzigartigen menschlichen Natur: *„I believe that man will not merely endure: he will prevail ... because he has a soul, a spirit capable of compassion and sacrifice and endurance."*[30]

ewige menschliche Werte

Wichtig ist, dass FAULKNER, ohne zu religiösen oder weltanschaulichen Systemen Zuflucht zu nehmen, von unveränderlichen und damit statisch fixierten Qualitäten menschlicher Existenz ausgeht, auf die sich die tragischen, qualvollen, komischen oder alltäglichen Erfahrungen in letzter Bedeutung beziehen lassen. Das Besondere des zeitlich gebundenen und vergänglichen Alltagslebens ist dabei, dass in ihm die dauernden menschlichen Werte durchscheinen, ohne dass es den Menschen bewusst wird.

symbolisches Verfahren

Der Künstler muss nun erzählerische Strategien finden, die diese Art des im Besonderen aufscheinenden Allgemeinen dem Leser bewusst machen. Die hier deutlich werdende unvermittelte Nähe zum GOETHESchen Symbolbegriff macht klar, dass FAULKNERS Absicht in einer uralten Tradition der Kunst steht und er das Problem lediglich unter den Voraussetzungen seiner Zeit innovativ durchspielt. Aber gerade in dieser intuitiven Rückbesinnung und experimentellen Kraft beruht seine Größe.

---

30 vgl. Hoffman & Vickery, S. 347–348

Faulkners Synthese	HENRY JAMES hatte vor allem ‚interne Bezugssysteme' des Textes favorisiert, z. B. Metapher- und Motivgitter und aus dem Kontext heraus sich etablierende Symbole. In den 1920er Jahren traten dann verstärkt ‚externe Bezugssysteme' in den Vordergrund, etwa der antike Odysseusmythos bei JOYCE oder die Gralssuche bei ELIOT in *The Waste Land*.[31] FAULKNER kombiniert beide Techniken.
The Sound and the Fury	*The Sound and the Fury* (1929) z. B. besteht aus vier Teilen. Die drei Brüder der Compson Familie, Benjy, Quentin und Jason, und die Negermammy Dilsey erzählen je aus ihrer Perspektive die relativ einfache Oberflächengeschichte, die in der individuellen, unterschiedlich angelegten Wahrnehmung zersplittert wird und über Assoziationstechniken und *stream-of-consiousness*-Verfahren zunächst nahezu unverständlich bleibt. Erzählt wird die Desintegration der Familie und ihrer aristokratischen Tradition nach dem Bürgerkrieg. Dabei spielen die psychologischen Kombinationen innerhalb des Familienverbandes eine größere Rolle als die tatsächliche historische Entwicklung. Caddy, die einzige Tochter der Compsons, ist der emotionale Bezugspunkt der Brüder; ihre auch sexuelle Rebellion gegen die traditionellen Werte der Südstaaten wird für alle drei, jedoch auf sehr unterschiedliche Art und Weise, zu einem existentiellen Problem.
Romantitel	Der Romantitel eröffnet mit seinem Verweis auf Shakespeares *Macbeth*, V. 5, 24 schon ein erstes ‚externes Bezugssystem'. Macbeth sagt dort in seinem letzten Monolog: *„Life's but a walking shadow; a poor player, That struts and frets his hour on the stage, And then is heard no more: It is a tale, Told by an idiot, full of sound and fury, Signifying nothing."*
die Welt des Idioten: Benjy	Der erste Teil, aus der Perspektive des Idioten Benjy dargeboten, führt eine Welt reiner Sinneswahrnehmung ohne die abstrakten Ordnungskategorien Raum und Zeit vor. Der 33-jährige Benjy ist auf dem Reifestand eines Dreijährigen stehengeblieben, für den es eine Vergangenheit als Vor-zeit nicht gibt. Erinnerung und gegenwärtige Sinneswahrnehmung fallen zusammen. Gerüche, Farben, Blumen lösen bei ihm einfache Reaktionen aus, die sich jeweils gleichbleiben. Wenn die Schwester sich ihm liebevoll zuwendet, riecht sie nach Bäumen, wenn sie böse – auch im moralischen Sinn – ist, nicht. Der Baumgeruch evoziert auch umgekehrt das Gefühl der emotionalen Geborgenheit. Für den Leser ist der externe Systembezug auf das von einem Idioten erzählte Leben eine notwendige Orientierungshilfe ebenso wie die ‚internen Bezugssysteme' der wiederkehrenden Motivgitter Gerüche, Farben, Blumen und Geräusche. Ein zweites externes Bezugssystem wird mit dem ‚Christusalter' von Benjy angedeutet und mit den Überschriften der einzelnen Teile vertieft. Die Titel der Sektionen

sind Daten aus dem Jahre 1928, die alle in der Osterwoche liegen, Karfreitag, Ostersamstag, Ostersonntag und Gründonnerstag.[32]

Innere Monologe/ Individueller Sprachstil	Die ersten drei Sektionen sind innere Monologe der Brüder, und in jedem dieser Teile passt FAULKNER den Sprachstil, die Bildhaftigkeit und die assoziativen Zeitsprünge und Episodenverbindungen aus vierzig Jahren Compson-Geschichte der psychologischen Struktur des Wahrnehmenden an. So ergeben sich interne Bezugssysteme der sinnlichen Wahrnehmung (Benjy), der obsessiven Ehr- und Reinheitsvorstellungen gepaart mit abstrakten Überlegungen zum Wesen der Zeit (Quentin) und des Materialismus als egoistisch berechnendes Profitstreben (Jason). Der gemeinsame Konvergenzpunkt ist die Schwester Caddy, und so sind alle drei inneren Monologe qualvoll involvierte Auseinandersetzungen mit Caddys die eigenen Vorstellungen verletzender Verhaltensweise, die den Einbruch der modernen Welt in das traditionelle südstaatliche Wertgefüge darstellt.
die normale Neger- mammy	In der vierten, auktorial erzählten Sektion, steht die Negermammy Dilsey im Mittelpunkt, und aus ihrer zwar fürsorglichen, aber doch distanzierten Sicht werden alle Episoden in einen geordneten Zusammenhang gebracht. Das Titeldatum, der 8. April 1928, ist ein Donnerstag, die Oktave von Corpus Christi, in der römisch-katholischen Kirche wird dieser Tag zur Erinnerung an die Eucharistie gefeiert.
Bildhaftigkeit als formale Besonderheit	Auffällig ist in diesem Roman, aber auch in allen anderen, dass die internen Bezugssysteme immer wieder auf bildliche oder tableauartige Szenen hinsteuern, in denen die Dynamik einer Bewegung in der gespannten Statik eines Bildes festgehalten wird. Formal sind es oft gegenübergestellte Gegensätze, die wie in einer photographischen Momentaufnahme während ihrer Auseinandersetzung festgehalten werden. Die *juxtapositions* sind häufig stilistisch bis zum Oxymoron hin sinnfällig verknappt. Für FAULKNERS Darstellungskunst ergibt sich somit eine deutliche Verknüpfung von externen Bezugssystemen (mythische, großräumige, die Zeitgebundenheit aufhebende Verweise) mit internen Bezugssystemen (aus der *point-of-view* und Bewusstseinsstromtechnik resultierende Metapher- und Motivgitter) und Bildern (die Bewegung aufhebende *juxtapositions*) bis hinein in stilistische Besonderheiten (Oxymoron).

---

31 T.S. Eliot nannte dies die *mythical method* und hielt das für das wichtigste dichterische Verfahren der Zukunft. Vgl. Eliot, „Ulysses, Order and Myth", *The Dial*, S. 202
32 vgl. hierzu die Interpretation von Carvel

Faulkners Humanismus und Ästhetik	FAULKNERS in der Nobelpreisrede geäußerte humanistische Auffassung von der unveränderlichen und besonderen geistig-moralischen Konstitution des Menschen ist der inhaltliche Grund für seinen ständigen Versuch, die historisch-zeitliche Gebundenheit des individuellen Lebens auf das unveränderlich Menschliche hin durchsichtig zu machen. In vielen Äußerungen hat FAULKNER dies gesagt, am prägnantesten in einem berühmten Interview: *„The aim of every artist is to arrest motion, which is life, by artificial means and hold it fixed so that a hundred years later, when a stranger looks at it, it moves again since it is life."*[33]
Faulkners literaturgeschichtliche Bedeutung	FAULKNER hat, von einem idealistischen Menschenbild herkommend, die modernistischen Erzähltechniken, so wie sie sich von JAMES' *point-of-view* bis zum *stream-of-consciousness* als internationale literarische Formen entwickelt haben, vollendet und zugleich überwunden. Für ihn ist das rein subjektive Weltbild, das sich in der individuellen Wahrnehmungsperspektive aufbaut, im wahrsten Sinne des Wortes nicht der Weisheit letzter Schluss. Die historische Erfahrung seiner südstaatlichen Heimatregion hat ihm gezeigt, dass es allgemeingültige und überzeitliche menschliche Qualitäten gibt, nämlich *„compassion and sacrifice and endurance"*. Diese Qualitäten äußern sich jedoch nur in den flüchtigen Augenblicken der historischen Lebensrealität, und sie müssen von jedem Einzelnen in seiner individuellen Erfahrung neu erkämpft und erworben werden.

---

33 Stein, S. 139

3
KAPITEL

Formales Experiment
und sozialkritischer Realismus

1 Historische und geistesgeschichtliche Entwicklung bis zum Zweiten Weltkrieg

Eintritt ins 20. Jh.: das moderne Amerika

Am 1. Mai 1893 öffnete die „World's Columbia Exposition" in Chicago ihre Pforten. Diese als Weltausstellung von Chicago bekannt gewordene Veranstaltung blieb sechs Monate geöffnet und sollte an die Entdeckung Amerikas durch Kolumbus vierhundert Jahre früher erinnern und verdeutlichen, welche Entwicklung seither in der Neuen Welt stattgefunden hatte. Die Weltausstellung war Rückschau nur insofern, als Frederick Jackson Turner mit seiner berühmten Hypothese das Ende der bisherigen Entwicklung verkündete, sie war jedoch viel mehr die selbstbewusste Demonstration der materiellen und technologischen Kraft der USA, die sie im 20. Jh. zur überragenden Weltmacht werden ließ. Die in unserem Jahrhundert immer stärker heraustretenden Charakterzüge des modernen Amerika waren schon präsent: der wirtschaftlich dominante Industriekomplex mit weltweit führender Technologie; die aufgrund des Arbeitskräftebedarfs wild wuchernde Urbanisierung mit ihrer raschen Zergliederung in ethnische Wohnviertel, Reichen- und Slumviertel sowie steigender Kriminalität; die Kapitalkonzentration in Banken und Versicherungen und ihre steigende Kontrolle über das wirtschaftliche Leben des Einzelnen; die den Kontinent überspannenden Transportnetze der Eisenbahn und – in Ansätzen – der Straßen; die rasante Entwicklung der Kommunikationssysteme, zunächst im Druckmedium, dann im Telegraphen, Telephon und Radio. Fünf Jahre nach der Weltausstellung in Chicago fügte der Spanisch-Amerikanische Krieg noch das Element des Imperialismus hinzu und vervollständigte die Kurzcharakteristik einer Großmacht des 20. Jhs.[1]

Henry Adams

In seiner berühmten in der dritten Person geschriebenen Autobiographie *The Education of Henry Adams* (1907) identifiziert HENRY ADAMS in seiner Betrachtung der Weltausstellung den Dynamo als das eigentliche Symbol der neuen Zeit. Der Dynamo produziert Elektrizität und treibt alle möglichen Maschinen und damit Entwicklungen an. Das einheitliche und geschlossene Weltbild, in dem jeder und jedes seinen festen Platz hatte und das ADAMS für das Mittelalter in der Jungfrau Maria als Bezugspunkt symbolisiert sah, ist nun zersplittert und wird von zentripetalen Kräften

---

1 vgl. Lauter et al., S. 3b

auseinandergerissen.[2] Der Untertitel seiner Autobiographie, *A Study of Twentieth Century Multiplicity*, ist daher kritischer Befund und Andeutung einer Klage über die Sinnlosigkeit der modernen Kultur zugleich.

Erster Weltkrieg und inneramerikanische Reaktion

Der Erste Weltkrieg wurde dann zur größten sozialen und ökonomischen Erschütterung seit dem Bürgerkrieg. Um die nötige nationale Kräftebündelung zu erreichen, wurden wirtschaftliche Regelungen erlassen und die bürgerlichen Freiheitsrechte beschnitten. Wenige Tage nach der Kriegserklärung an Deutschland setzte Präsident Wilson ein „Committee on Public Information" ein, das die öffentliche Meinung auf einen Pro-Krieg-Kurs einschwören sollte. Der Kongress billigte ein Wehrpflichtgesetz, das vierundzwanzig Millionen junge Männer erfasste, von denen drei Millionen eingezogen wurden. Das Anti-Spionage-Gesetz von 1917 stellte jegliche Anti-Kriegs-Äußerung unter Strafe und wurde 1918 von einem Anti-Aufruhr-Gesetz „Sedition Act" noch verschärft.

Kriegswirtschaft

Auch die Wirtschaft wurde rasch auf Kriegsproduktion umgestellt. Per Gesetz wurden öffentliche Kriegsanleihen aufgelegt und die Gelder der Rüstungsindustrie zugewiesen. Der Handel wurde nach Kriegsprioritäten durch Preisbindungen und Kaufverträge reguliert, ein „National War Labor Board" sollte Arbeitskämpfe und Streiks unterbinden. Der internationale Handel wurde über ein vom „War Trade Board" überwachtes Lizenzsystem kontrolliert, und die privaten Eisenbahnen wurden zur Gewährleistung effizienterer Transporte von Rüstungsgütern einer Regierungskontrolle unterworfen. Das System der *home front* funktionierte so gut, dass die Mittelmächte Deutschland und Österreich der amerikanischen Materialmacht schnell unterlagen.

Kriegsende: „return to normalcy"

Mit dem Kriegsschluss ging für die USA eine Epoche der inneren Reformen und Umwälzungen und der äußeren Verwicklungen in die europäischen Machtkämpfe zu Ende. WARREN G. HARDING zog in den Präsidentschaftswahlkampf mit einer Rede, in der er die Rückkehr zur Normalität, „return to normalcy", der Vor-Wilson-Ära versprach. Es ging um die Rückkehr zur Zufriedenheit, zum ruhigen Nationalstolz und zur Besinnung auf innenpolitische Aufgaben, es ging um *„complacency, nationalism, and isolationism"*. HARDING erzielte einen überwältigenden Wahlsieg und prägte damit die amerikanische Grundstimmung des Jahrzehnts. Zunächst jedoch führte die Wirtschaftsumstellung auf Friedensproduktion zu einer scharfen, aber kurzen Rezession im Jahre 1921, von der sich Amerika mit Ausnahme der Landwirtschaft rasch erholte.

'Roaring Twenties' oder 'Jazz Age'	Vom Herbst 1918 bis zum schwarzen Freitag 1929, der die große Depression auslöste, durchliefen die USA einen unglaublichen Stimmungswandel. Die ernste und gedrückte Kriegsstimmung wurde schnell von der Partyatmosphäre der 'Golden Twenties' und des *Jazz Age* abgelöst. In den 1920er Jahren wurde das Übertreten von Gesetzen zum Volkssport und die Kriminellen zu Helden, ehe der Börsenkrach von 1929 dies alles jäh beendete und die soziale Frage durch Arbeitslosigkeit und wirtschaftliche Verelendung zum dominierenden Thema der 1930er Jahre wurde.
Prohibition	Am Beispiel des Gesetzes zum Verbot von Alkohol kann man dieses Paradox der 1920er Jahre gut erklären. Zur Durchsetzung des 18. Amendment (Zusatz zur amerikanischen Verfassung), in dem Herstellung, Besitz, Verkauf und Transport von Alkohol untersagt wurde, erließ der Kongress am 28. Oktober 1919 das „National Prohibition Enforcement Act". Die das Gesetz ratifizierenden Parlamente der Einzelstaaten waren zu der Zeit mehrheitlich von Abgeordneten ländlicher Gebiete dominiert. In den industriellen Ballungsgebieten und den Städten stieß das Gesetz eher auf Ablehnung. Bald galt dort der Alkoholschmuggel als Kavaliersdelikt, bei dem sich zudem riesige Gewinne erzielen ließen. Das Alkoholbrennen, der Schmuggel und Verkauf brauchten eher eine gut eingespielte Organisation, und so bildeten sich Banden, die von hartgesottenen Bossen wie Al Capone in Chicago geführt wurden und eine gewisse Sympathie in der Bevölkerung genossen. Das 21. Amendment von 1933 hob das 18. auf und beendete die Zeit der Prohibition.
Isolationismus	Der weitgehende Rückzug der Politik auf innenpolitische Fragen veränderte aber auch das gesellschaftliche Klima in den USA. Es sah zwar so aus, als sei die Konzentration auf Wirtschaftswachstum, technologische Weiterentwicklung und Ausweitung des Handels eine logische Fortführung der amerikanischen Betonung individueller Freiheit und persönlicher Entfaltungsmöglichkeit, aber die Zeit war auch geprägt von Entwicklungen, die mit dem Argument der Sicherung individueller Freiheiten diese beschnitten.
Red Scare und Ku-Klux-Klan	Die wichtigste Maßnahme war die Abwehr subversiver kommunistischer Agitation, die von 1918–1920 zu der hysterischen *Big Red Scare* führte, als die Polizei tausende von politischen Exzentrikern und ein paar Kommunisten inhaftierte. Nach dem Zweiten Weltkrieg schwappte in der sogenannten 'McCarthy-Era' eine weitere Welle dieser Art über das Land. Parallel dazu entwickelte die faschistische Bewegung des Ku-Klux-Klan einen erheblichen Druck auf Katholiken, Juden und Neger und erreichte sogar einen

---

2 vgl. Adams

relativ großen politischen Einfluss in den Parlamenten einiger Südstaaten, ehe sie durch gezielte polizeiliche Ermittlungen eingedämmt wurde. Immerhin sind die *Red Scare* und der Ku-Klux-Klan Indikatoren einer Abschottung gegenüber äußeren Einflüssen und eines Rückzuges auf missverstandene amerikanische Werte. Der amerikanische Nationalismus äußerte sich auch in der Einwanderungsgesetzgebung. Nord- und Westeuropäer wurden eindeutig bevorzugt, und damit wurde eine nationale Identität auf der Basis der frühen anglo-europäischen Immigration favorisiert.

Konsumgesellschaft

Dennoch war die auf der Oberfläche als „return zu normalcy" zu verstehende Entwicklung in Wirklichkeit revolutionär. Die auf Friedenszeitproduktion umgestellte Industrie befriedigte nicht mehr nur die normalen Bedürfnisse, sondern veränderte die USA zur ersten verbraucherorientierten Gesellschaft, die im raschen Umsatz technologischer Produkte ihren wirtschaftlichen Erfolg sah. Das veränderte die Einkommensstrukturen. Dienstleistungen z. B. erzielten immer bessere Entgelte, die Städte gewannen eine größere Bedeutung, Haushaltstechnologien wie Radio, Telephon, Kühlschränke veränderten den Alltag, das Familienauto brachte eine ungeahnte individuelle Mobilität und der Straßenbau Beschäftigung.

Folgen der zweiten industriellen Revolution: Film und Massensport

Als Ergebnis dieser zweiten industriellen Revolution stieg die Freizeit der Menschen und die Bedeutung der Unterhaltungsindustrie. Schon um 1914 hatte das Kino einen erstaunlichen Einfluss auf gesellschaftliche Verhaltensweisen und auf die Mode. Filmgrößen wie FRANCIS X. BUSHMAN, DOUGLAS FAIRBANKS, MARY PICKFORD und CHARLIE CHAPLIN wurden zu Stars und imitierten Vorbildern, und die Einführung des Tonfilms 1927 machte das Kino zur populärsten Unterhaltung. Film und Radio entwickelten sich zu den wichtigsten Medien, die die sprachliche und kulturelle Identität der USA beförderten. Gleichzeitig entstanden Organisationen, die Mannschaftssportarten in wettbewerbsorientierten Ligen zusammenfassten und so auch hier einen Unterhaltungswert schafften. Bezogen auf die Bevölkerung, wurde Sport zum Zuschauerereignis und Sportgrößen ebenfalls zu Stars.

Börsenkrach, Weltwirtschaftskrise 1929 und *New Deal*

Der große Börsenkrach von 1929 entwickelte sich zu einer tiefen und langandauernden Rezession, die wegen der Rückforderung kurzfristiger internationaler Kredite auch auf Europa übergriff. Fabriken und Banken schlossen, die landwirtschaftliche Industrie brach zusammen und die Schwerindustrie fiel auf ca. 12% der Produktionskapazität zurück. Die Arbeitslosenzahlen schnellten hoch, und die Präsidentschaftswahlen von 1932 beendeten mit dem erdrutschartigen Sieg FRANKLIN D. ROOSEVELTS das ‚republikanische' Jahrzehnt der ,complacency'. ROOSEVELTS *New Deal* der ersten und der *Second New Deal* seiner zweiten Amtsperiode führten eine Reformgesetzgebung konsequent durch, die den Handlungsspielraum der Wirtschaft genau benannte und durch staatliche Aufbauprogramme und durch Einführung sozialer Versicherungssysteme die allmähliche ökonomische Erholung einleitete.[3]

red decade

Die sozialen Probleme, die um die Jahrhundertwende und dann während der *muckraker*-Bewegung die Literatur thematisch dominiert hatten, waren durch den Ersten Weltkrieg und die *Golden Twenties* ein wenig in den Hintergrund geraten, aber nie völlig verschwunden und traten in den 1930er Jahren so stark hervor, dass man von der *red decade* spricht. Nach der Russischen Revolution 1917 wurde der Ruf nach einer proletarischen Literatur auch in den USA laut und vor allem von MICHAEL GOLD vertreten.

Jüdische Immigrantenliteratur

Die sozialkritische Literatur fand zunächst bei den ethnischen Minderheiten ihren Platz, z. B. in der jüdischen Immigrantenliteratur, etwa bei Abraham Cahan mit dem Roman *The Rise of David Levinski* schon 1917. Auch die Literatur der Schwarzen in der sogenannten *Harlem Renaissance* nahm sich des Themas an. Eine grundsätzliche Auseinandersetzung mit dem amerikanischen kapitalistischen System wurde durch einen aufsehenerregenden Justizfall ausgelöst und fand ihren Niederschlag in einer Reihe von Romanen, vor allem dann der 1930er Jahre. Zwei italienische Anarchisten, NICOLA SACCO und BARTHOLOMEO VANZETTI wurden am 5. Mai 1920 auf dem Höhepunkt der *Red Scare* wegen Mordes an einem Zahlmeister und dem Wachmann einer Schuhfabrik in South Braintree, Mass. verhaftet. In einem reinen Indizienprozess wurden sie zum Tode verurteilt. Es bildeten sich Petitionskomitees, die hier ein rein politisches Urteil sahen und eine internationale Protestwelle organisierten. Die linke Intelligenz sah einen klaren Fall politischer Verfolgung, der der amerikanisch freiheitlich-demokratischen Tradition widersprach, und fühlte sich bestätigt, als 1927 ein Untersuchungsausschuss das Urteil bestätigte und SACCO und VANZETTI am 23. August 1927 hingerichtet wurden.

Aufleben der naturalistischen Tradition

Eine Erneuerung progressiver Haltungen und eine Revitalisierung der naturalistischen Tradition und des Enthüllungsjournalismus im Stile der *muckraker* fand dennoch erst nach dem Einsetzen der großen Depression statt. Autoren, die zwischenzeitlich in der Versenkung verschwunden waren, meldeten sich zurück, zum Beispiel UPTON SINCLAIR und THEODORE DREISER, andere wie SHERWOOD ANDERSON und JOHN DOS PASSOS, MICHAEL GOLD oder

---

3 vgl. zur Geschichte der USA Angermann und Heideking.

RICHARD WRIGHT traten hervor. Die linksgerichtete Zeitschrift *New Masses* förderte Autoren aus der Arbeiterklasse, der „John Reed Club" junger Schriftsteller verbreitete sich rasch in den großen Städten, und sein Slogan *„Art Is a Class Weapon"* fand regen Zuspruch.

Partisan Review

Linke New Yorker Juden gründeten das Kampfblatt *Partisan Review*, das stalinistische Positionen vertrat. Erst die Säuberungsprozesse Stalins 1937 ließen Zweifel daran aufkommen, ob der Marxismus wirklich eine kultur- und literaturbefördernde und befreiende Bewegung sei. Aus den literarischen Auseinandersetzungen und den literaturtheoretischen Debatten verschwand allmählich der ideologische Pulverdampf, und die Entwicklung von James bis Faulkner wurde, auch befördert durch die sich an den Universitäten durchsetzenden *New Critics*, systematisch und ernsthaft untersucht. Die Unterzeichnung des Hitler-Stalin-Paktes 1939 brachte den Kommunismus in den USA endgültig in Misskredit und beendete praktisch den Versuch, in den USA eine proletarische Literatur als Haupttradition zu verankern.

Ambivalentes Bild der *red decade*

Insofern ist das Bild der sogenannten *red decade* so eindeutig marxistisch eben doch nicht. Die formalen und stilistischen Experimente der JAMES-Tradition brachen nicht einfach ab, und gerade FAULKNER schrieb seine wichtigsten experimentellen Werke in den 1930er Jahren. HEMINGWAY setzte die Stilversuche von GERTRUDE STEIN fort. JOHN DOS PASSOS entwickelte trotz seiner politisch eindeutigen Haltung expressionistische Tendenzen weiter. Die bedrückende soziale Realität der 1930er Jahre war natürlich das *material* für die Literatur, aber die individuelle Erfahrung dieser Wirklichkeit bleibt auch ein Anliegen, und so beginnt in dieser neuen Literatur das *truthful treatment* mit dem *material* zu konvergieren, und die in beiden Strömungen entwickelten Darstellungstechniken sind nicht mehr nur Ausdruck einer bestimmten Weltsicht, sondern sie sind zum selbstverständlichen handwerklichen Rüstzeug der Autoren geworden.

2 Naturalistische Variationen: Von Sherwood Anderson zu John Steinbeck

Tendenzen vor dem Ersten Weltkrieg

Die Epoche vor dem Ersten Weltkrieg hatte sich den drängenden sozialen Problemen der USA gestellt, die Gefährdung des Individuums durch die rasante Industrialisierung literarisch im Realismus und der ersten Phase des Naturalismus herausgearbeitet und die Begleitthemen Urbanisierung, Slumbildung, Einwandererelend und Korruption in diesen Zusammenhang eingeordnet. HOWELLS, NORRIS, CRANE und DREISER hatten darüber hinaus die

Frage nach der Gültigkeit überkommener Wertvorstellungen wie die des *American Dream* gestellt und damit die *genteel tradition* angegriffen. HAMLIN GARLAND und – nicht ganz so scharf – ZONA GALE hatten das amerikanische Landleben auf der Farm, im Dorf und in der Kleinstadt kritisch und ironisierend dargestellt. HILFER kommentiert die sich aus diesen Ansätzen entwickelnde allgemeine amerikanische Kulturkritik so:

> *The revolt against the genteel tradition and the second revolt from the village begins in this decade; in the course of the twenties the revolt becomes public, consolidated, established: an accomplished revolution.*[4]

Neuere Themen des naturalistischen Romans	In den 1930er Jahren verband sich diese ‚Revolution' mit verschiedenen sozialistischen Ideologieansätzen, ethnischen Emanzipationsbestrebungen und mit vertrauten Schemata der deterministischen Evolution. Es bleibt aber der Anspruch erhalten, dass der Roman – auf der Grundlage einer die Gesellschaft als Untersuchungsobjekt verstehenden kulturellen und sozialen Analyse – die moderne Wirklichkeit der USA darstellt.
formale Experimente	Trotz aufsehenerregender formaler Experimente in Richtung Symbolismus (SHERWOOD ANDERSON, F. SCOTT FITZGERALD und in anderer Weise ERNEST HEMINGWAY), Montagetechnik (JOHN DOS PASSOS), Portrait (JAMES T. FARRELL), Autobiographie (THOMAS WOLFE) und lyrisch-rhythmischen Wiederholungen (JOHN STEINBECK) bleibt der Subjekt-Objekt-Bezug und der realistisch/naturalistische Glaube an die Darstellbarkeit der sozialen Welt erhalten. Das ist der Unterschied zur literarischen Entwicklungslinie vom *point of view* zum Bewusstseinsstrom, aber die Stilexperimente kündigen auch hier schon erste Bedenken an.
protestantische Ethik und der Kapitalismus	Die Grundlagen der *genteel tradition* reichen in die puritanisch-calvinistischen Wurzeln der USA zurück. Allerdings hat sich das alte Sündenbewusstsein der Puritaner in eine allgemeinere Form von akzeptiertem gesellschaftlichen Verhalten, gegen das man nicht verstoßen darf, gewandelt, und die Furcht vor dem Richtspruch Gottes, die MAX WEBER so eindrucksvoll in ihrer Wirkung auf die protestantische Arbeitsethik beschrieb, hat sich zur säkularen Akzeptanz des Profitstrebens im kapitalistischen Amerika verwandelt. Das Ergebnis ist eine Mischung aus sozialer Kälte und moralischer Selbstgerechtigkeit.
amerikanischer Optimismus	Gestützt wird dieser die amerikanische Mentalität prägende Zusammenhang durch die Erfahrungen der Pionierzeit und durch die das 19. Jh. hindurch anhaltende Phase der Besiedlung des

---

4 Hilfer, S. 111

Westens. Der Wildnis einen Lebensraum und einen Lebensunterhalt abzuringen, erforderte alle Energie und körperliche und geistige Kraft. Aber es ist gelungen, und in den ländlichen Gebieten der USA ist in den ersten Jahrzehnten des 20. Jhs. diese historische Erfahrung die Grundlage eines optimistischen amerikanischen Selbstbewusstseins, das auf Tatkraft ausgerichtet und zukunftsorientiert ist, aber keinen großen Wert auf künstlerische Kreativität und kulturelle Tradition legt.

Van Wyck Brooks und andere Kulturkritiker

Diesen komplexen Zusammenhang versucht VAN WYCK BROOKS in einer ganzen Reihe von Büchern darzustellen, *America's Coming of Age* (1915), *Letters and Leadership* (1918), *The Literary Life in America* (1921), *The Ordeal of Mark Twain* (1920), *The Pilgrimage of Henry James* (1925) und *Emerson and Others* (1932). WALDO FRANK, RANDOLPH BOURNE und H. L. MENCKEN untersuchten in ihren Büchern dieselben Phänomene mit ähnlichen Ergebnissen. MENCKEN kreierte in seinen Schriften für diese Form amerikanischen Spießbürgertums den ironischen Begriff ‚booboisie‘, eine Mischung aus Bourgeoisie und dem amerikanischen Slangwort *boob* für Dummkopf. Die wortschöpferische Spielerei weist auch auf MENCKENS sprachwissenschaftliche Bedeutung hin, die durch sein das amerikanische gegenüber dem britischen Englisch aufwertende Werk *The Amerikan Language* (1919) dokumentiert wird.

Lyrik und Drama

Dieser kultur- und sozialkritische Ansatz fand in der Literatur zuerst in der Lyrik ihren Niederschlag, die wichtigsten Dichter waren ROBERT FROST, WILLIAM CARLOS WILLIAMS, WALLACE STEVENS, MARIANNE MOORE, EDGAR LEE MASTERS, VACHEL LINDSAY und CARL SANDBERG. Beeinflusst von europäischen Experimentierbühnen, entstand dann das *Little Theatre Movement*, deren Gruppen mit den kommerziellen Broadway- und Tourneetheatern und ihren Unterhaltungsstücken unzufrieden waren. Die wichtigste dieser Gruppen waren die Provincetown Players, die z. B. EUGENE O'NEILL und SUSAN GLASPELL hervorbrachten und Stücke moderner Autoren mit sozialkritischer Tendenz inszenierten.

Spoon River Anthology

Es ist bezeichnend, dass der Roman trotz der naturalistischen Tradition von NORRIS bis DREISER diese neuen Impulse erst relativ spät aufnahm und seine naturwissenschaftlich-sozialdarwinistische Sicht um das kulturkritisch-soziologische Element erweiterte. Und der Anstoß von der Lyrik her ist hier direkt nachweisbar. In den freirhythmischen reimlosen Versen der *Spoon River Anthology* (1915) von EDGAR LEE MASTERS erzählen die Toten einer Kleinstadt am Spoon River aus ihrem Leben und entlarven die in die Grabsteine gemeißelten Worte und Sentenzen aus dem Dunstkreis der *genteel tradition* als pure Heuchelei.

Sherwood Anderson

SHERWOOD ANDERSON (1876–1941) schrieb die ersten Kurzgeschichten, die später als *Winesburg, Ohio: a Group of Tales of Ohio Small-Town Life* (1919) erschienen, kurz nachdem er die *Spoon River Anthology* gelesen hatte. MASTERS hatte vorgeführt, dass einzelne Charaktere durch ihre kritische Reflexion über die moralische Enge und soziale Bindung in einer kleinen Stadt eine kulturkritische Gesamtaussage machen konnten. Diesem Strukturmuster fügte ANDERSON noch die Figur des beobachtenden jungen Journalisten George Willard als Verbindungsglied der einzelnen Erzählungen hinzu[5], dessen Intelligenz die unartikulierten und unbewussten gesellschaftlich-moralischen Antriebe der Protagonisten der jeweiligen Geschichte enthüllt. Trotz der pointierten Zuspitzung der Kurzgeschichte bekommt *Winesburg, Ohio* auf diese Weise eine romanhafte Konsistenz und kulturkritische Stoßrichtung gegen die bigotte Enge der typischen amerikanischen Kleinstadt im ersten Viertel des 20. Jhs. ANDERSONS Gesellschaftskritik geht somit über die Absichten der *muckraker* und über den Ansatz des ursprünglichen Naturalismus hinaus. Die Auffassung, wirtschaftliche Existenzbedingungen formten monokausal menschliche Schicksale und Charaktere, wird durch eine umfassendere Kulturanalyse ergänzt, in der auch Glaubensüberzeugungen und ideologische Vorstellungen eine prägende Wirkung entfalten.

Einfluß Freuds

Unter dem Einfluss von SIGMUND FREUD, dessen tiefenpsychologische Analysen ein neues Menschenbild entwarfen und die in Amerika auf eine ungeheure Resonanz stießen, versucht Anderson auch im unvollkommenen menschlichen Wesen selbst Erklärungen für die Brüchigkeit und moralische Fragwürdigkeit menschlichen Lebens zu finden. Das Erlebnis des Ersten Weltkrieges, den er als ein sinnloses gegenseitiges Abschlachten der Völker empfand, verstärkte seine Desillusionierung und machte ihn zu einem Anreger und literarischen Vorbild für die spätere Generation von Romanschriftstellern wie HEMINGWAY, FITZGERALD, FAULKNER, DOS PASSOS, THOMAS WOLFE und STEINBECK.

lost generation

Es ist die Generation, die GERTRUDE STEIN gegenüber HEMINGWAY als *lost generation* bezeichnet hat. Sie waren idealistisch und ahnungslos in die mörderischen Schlachten des Ersten Weltkrieges gezogen und kehrten deprimiert und emotional zutiefst erschüttert nach Hause zurück oder drifteten jahrelang unruhig durch Europa, um die schrecklichen Erlebnisse aufzuarbeiten. Das traumatische Kriegserlebnis führte zu einer Hellsichtigkeit, die durch die gesellschaftliche Fassade menschlicher Existenz hindurchstieß und tiefsitzende emotionale Antriebe aufzuspüren ver-

---

5 vgl. Phillips, S. 16/17

suchte. Der völkermordende Wahnsinn des Krieges verwies auf Abgründe der menschlichen Seele, die nicht mehr nur gesellschaftlich erklärbar waren, sondern auf den alten Gut-Böse-Dualismus zu verweisen schienen. Auch deshalb äußert sich diese *lost generation* in einer Vielzahl von formalen Neuansätzen in der Literatur. Das Gefühl der Verlorenheit soll formal gebändigt und so beherrschbar werden.

Zwei Richtungen

Dennoch lassen sich zwei grobe Richtungen erkennen, eine, schon dargestellt, folgt der Jamesschen Tradition vom *point of view* zum Bewusstseinsstrom und findet in FAULKNER die höchstentwickelte Ausprägung; die andere ist mehr realistisch-gesellschaftlich orientiert und versucht, den Zusammenhang und die Interdependenz von Gesellschaftsstruktur und menschlicher Moralentwicklung in immer neuen Formexperimenten zu erfassen. Insofern kann man die Werke von ANDERSON, LEWIS, FITZGERALD, HEMINGWAY, DOS PASSOS, JAMES T. FARRELL und STEINBECK als naturalistische Variationen bezeichnen, die sich deutlich von den ideologisch fixierten Romanen der *red decade* der 1930er Jahre abheben.

1 Sherwood Anderson, der große Anreger

Biographie

ANDERSON stammte aus einer Kleinstadt in Ohio, die noch eine Generation zuvor Pioniergebiet war. Er gehörte praktisch zur Generation von CRANE, NORRIS, DREISER und GERTRUDE STEIN, begann aber erst sehr spät und unter dem Eindruck der zeitgenössischen amerikanischen Kulturkritik zu schreiben. Seit seinem 14. Lebensjahr übte er ständig wechselnde Berufe aus und ließ sich als Geschäftsmann in Ohio nieder. Ohne erkennbaren Anlass verließ er seine Familie, um als Schriftsteller in Chicago zu leben. Eine Europareise brachte ihn in Kontakt mit GERTRUDE STEIN und führte ihn zu einer impressionistisch sparsamen Erzähltechnik. Seine Menschendarstellung ist trotz seines Dementis stark von SIGMUND FREUDS Tiefenanalyse beeinflusst. Er konzentriert sich daher auf die Darstellung abnormer, seelisch verwundeter und triebhafter Menschen, die in der durch Industrialisierung und Mechanisierung unberechenbar gewordenen sozialen Umwelt ihren Ankergrund verloren haben. 1924 ging er für kurze Zeit nach New Orleans, wo er schnell zum Mittelpunkt einer kleinen Künstlerkolonie wurde und unter anderen auch WILLIAM FAULKNER stark beeinflusste.

Kurzgeschichtensammlungen und Romane

ANDERSONS besondere Begabung war die Kurzgeschichte, und die Kurzgeschichtensammlungen *The Triumph of the Egg* (1922), *Horses and Men* (1923) und *Death in the Woods* (1933) sind auch generell besser als seine Romane *Many Marriages* (1923) und

Dark Laughter (1925), die ebenfalls um die schon in *Winesburg, Ohio* angeklungenen Themen kreisen, aber im Sinne von D. H. LAWRENCE in der nicht unterdrückten Sexualität eine Befreiung von den repressiven Zwängen der Gesellschaft sehen. Insofern geht ANDERSONS gesellschaftliche Analyse vom Einzelnen aus, in dem gesellschaftliche Normen und internalisierte moralische Verhaltensmuster psychische Deformationen produzieren.

grotesques **und psychische Deformationen**

ANDERSONS Figuren werden so zu menschlichen Zerrbildern, er selbst nennt sie ,*grotesques*', deren menschliche Kreativität verschüttet wird und die sich ängstlich an die einfache Wahrheit der amerikanischen Kleinstadtmoral klammern. Gefördert durch die Kurzgeschichtenstruktur, aber auch durch die episodische Form der Romane, werden so bestimmte idiosynkratische Verhaltensweisen zu Symbolen der gesellschaftlichen Wirklichkeit, und Momente plötzlicher Selbsterkenntnis geraten zur schmerzlichen Erfahrung der eigenen Ohnmacht gegenüber der normierenden Kraft der sozialen Umgebung. Auf diese Weise verschiebt ANDERSON den Analyseschwerpunkt des amerikanischen Naturalismus von äußeren ökonomischen Bedingungen auf die normierenden psychischen Zwänge der kulturellen Tradition.

symbolische Verdichtung

Diese Blickwinkeländerung führte ihn jedoch nicht zur fragmentierenden Technik der die subjektive Wahrnehmung betonenden Erzählperspektive oder des Bewusstseinsstroms, sondern zur symbolischen Verdichtung. Und hierin liegt seine eigentliche Bedeutung, denn er eröffnet dem Naturalismus damit neue ästhetische Dimensionen, die allerdings den Begriff Naturalismus aus der naturwissenschaftlichen Determination herausführen und eine soziologische und kulturelle an die Stelle setzen. Damit wird der Naturalismus als literaturtheoretischer Terminus jedoch unscharf und langfristig fragwürdig.

Andersons Einfluss

ANDERSON führte ein unstetes Wanderleben, und sein Tod in Panama 1941, Folge einer Bauchfellentzündung, ist dafür ein adäquater Ausdruck. HEMINGWAY und FAULKNER haben beide den wichtigen Einfluss ANDERSONS auf ihr Werk betont und in gutmütigen Parodien auf *Dark Laughter* gleichzeitig ihre Eigenständigkeit betont. Aber es ist dennoch bemerkenswert, dass ANDERSON für beide Traditionen, die realistisch-naturalistische, der HEMINGWAY angehört, und die *point-of-view*-Bewusstseinsstromentwicklung, der FAULKNER angehört, eine große Bedeutung hatte. Vielleicht ist dies auch ein Hinweis darauf, dass beide Strömungen fast an ihrem Ende angelangt waren und sich ästhetisch aufeinander zu bewegten.

2 Sinclair Lewis und die „revolt from the village"

<table>
<tr><td>

**ameri-
kanische
Kleinstadt**

</td><td>

SHERWOOD ANDERSON und SINCLAIR LEWIS werden meist zueinander in Beziehung gesetzt, weil beide die Lebenswirklichkeit in der kleinen amerikanischen Stadt zu ihrem Thema machten. Bradbury erfasst den Zusammenhang und den Unterschied in einer zutreffenden Beobachtung: „*Both developed beyond naturalism, but in two different directions. Anderson's primary quest was towards form; Lewis was always drawn towards the cult of the American fact, though he was to turn naturalism into a mechanism of modern social satire.*"6

</td></tr>
<tr><td>

**Faktenfülle
statt Symbol**

</td><td>

Während ANDERSONS Menschendarstellung zur sinnfälligen Bildhaftigkeit gesellschaftlicher und kultureller Zwänge drängte, breitete LEWIS eine ungeheure Detailmenge aus, um in der stereotypen Verhaltensweise seiner Figuren die normierende Kraft des bigotten und puritanischen, alten Siedlermythen nostalgisch nachhängenden, Amerika in endloser Wiederholung zu zeigen. Bis zu einem gewissen Grade ähnelt er in der Faktenfülle THEODORE DREISER, doch dessen Charaktere werden durch das Getriebensein von gesellschaftlichen und numinosen ‚forces' zu tragischen Gestalten, während LEWIS' Kleinstädter in ihrer simplen Art und gelegentlichen pathetischen Naivität und Plattheit zu Karikaturen geraten.

</td></tr>
<tr><td>

**soziologi-
scher Natu-
ralismus in
Lewis'
Romanen**

</td><td>

Nicht zuletzt deshalb ist öfters festgestellt worden, dass im Unterschied zum stärker naturwissenschaftlich orientierten Naturalismus der vorangegangenen Generation der neuere der 1920er und 1930er Jahre soziologisch ausgerichtet ist. SINCLAIR LEWIS wurde 1885 in Sauk Center, Minnesota, geboren, studierte in Yale und arbeitete seit 1908 publizistisch. Sein erster Roman *Our Mr. Wrenn* (1914) blieb weitgehend unbeachtet, vier weitere folgten, ehe er mit *Main Street* (1920) einen riesigen Erfolg hatte und ein weltweites Publikum erreichte. In den 1920er Jahren schrieb er seine besten Romane, *Babbitt* (1922), *Arrowsmith* (1925), *Elmer Gantry* (1927) und *Dodsworth* (1929).

</td></tr>
<tr><td>

Nobelpreis

</td><td>

1930 erhielt er als erster Amerikaner den Nobelpreis für Literatur, eine Auszeichnung, die von amerikanischen Kritikern, die seine Bücher als journalistisch oberflächlich einschätzen, verlegen als Anerkennung für die gesamte amerikanische Literatur der Zeit interpretiert wurde. Die den 1920er Jahren folgenden Romane sind in der Tat wenig bedeutend, aber LEWIS hat in den 1920er Jahren doch die wichtigsten Charakterzüge Amerikas kritisch-satirisch entlarvt. Er starb 1951 in Rom.

</td></tr>
<tr><td>

Main Street

</td><td>

LEWIS stellte dem Roman *Main Street* (1920) eine verallgemeinernde Charakterisierung des Schauplatzes der Handlung in fünf Absätzen voran, in denen seine eigentliche Absicht deutlich hervortritt. Die Anfangssätze der Absätze machen die satirische

</td></tr>
</table>

Stoßrichtung klar: *„This is America – a town of a few thousand . . .*
The town is . . . 'Gopher Prairie' . . . But its Main Street is the continua-
tion of Main Streets everywhere . . . Main Street is the climax of civi-
lization . . . Our railway station is the final aspiration of architecture . . .
Such is our comfortable tradition and sure faith."[7]

**Thema
‚Kleinstadt'**

Das eigentliche Thema des Romans ist also die Kleinstadt in ihrem
spießigen und stolzen Selbstbewusstsein als Repräsentant des allgemeinen amerikanischen zivilisatorischen Selbstwertgefühls. Es
ist daher schon überraschend, dass die meisten Literaturkritiker
dies ungenügend herausstellen und die schwache Handlungsstruktur und vergröbernde Charakterzeichnung bemängeln. In
der Tat ist die Geschichte äußerst schlicht. Carol Kennicott, ein
typisches Produkt der *genteel tradition*, hat nach Gopher Prairie
geheiratet und ist von der Primitivität des Ortes entsetzt. Sie versucht, das kulturelle Leben anzukurbeln, soziale Dienste einzu-
führen, Kunstausstellungen und Literaturkurse zu organisieren,
und leidet unter der intellektuellen Trägheit der Menschen, auch
wenn sie ihre Gutmütigkeit schätzen lernt. Sie selbst hat allerdings
auch nur eine oberflächliche und rudimentäre Bildung, und ihre
Selbstüberschätzung birgt den Keim des Misserfolges. Frustriert
verlässt sie ihren Mann, kommt aber nach einem Jahr zurück und
nimmt ihren Platz als normale und angepasste Frau in Gopher
Prairie ein.

**typische
Verhaltens-
muster**

Die Stärke des Romans liegt also nicht in der Struktur oder Charakterdarstellung, sondern in der vollständigen Wiedergabe typi-
scher Verhaltensmuster in der Kleinstadt, die auf den Nachhall der
puritanischen und Pioniertraditionen, dem Klub- und Vereinswe-
sen, kirchlicher Moral- und repressiver Sexualvorstellungen beru-
hen und im Nachbarschaftsverhältnis und im Klatsch Kontrollin-
stanzen besitzen. Der Erfolg des Romans beruht wesentlich auf
LEWIS' intimer Kenntnis dieser gesellschaftlichen und ideologischen Mechanismen und auf dem Wiedererkennungseffekt durch
den Leser.

**Soziologie:
Thorstein
Veblen und
*conspicuous
consumption***

In den 1920er Jahren machte die Methodik soziologischer Untersuchungen, mit denen man den raschen Wandel in der amerikanischen Gesellschaft erfassen wollte, gewaltige Fortschritte.
H. L. MENCKEN war natürlich in diesem Zusammenhang ein
großer Anreger für LEWIS, nicht zuletzt auch wegen seines Zynismus, in dem LEWIS sprachliche Vorbilder für seinen satirischen Stil
fand. Aber auch THORSTEIN VEBLENS *The Theory of the Leisure Class*

---

6 Bradbury, S. 66
7 Lewis, *Main Street,* vorgeschaltete nicht nummerierte Seite

(1899) und andere Schriften dieses Soziologen, Wirtschaftswissenschaftlers und Analytikers der Schicht der Reichen und Superreichen waren wichtig. Sein Begriff der ,*conspicuous consumption*' ist berühmt geworden und bezeichnet den ostentativen Verbrauch von Luxusgütern durch die Reichen, die auf diese Weise ihren Wohlstand zeigen wollen. Darüber hinaus weist der Terminus auf den Wandel der USA zur Konsumgesellschaft hin. Damit geraten natürlich auch die tradierten Werte des ursprünglichen Amerika in Gefahr, und so ist es sicher kein Zufall, dass Miles Bjorstam, der politische Radikalist von Gopher Prairie, Veblen in seinem Bücherschrank stehen hat.

Babbitt

In seinem nächsten Roman *Babbitt* (1922) wendet sich LEWIS der Wirtschaft zu und stellt den Grundstücksmakler George Follansbee Babbitt in den Mittelpunkt. Er ist ein einflussreicher Mann im Zenith einer aufstrebenden mittelgroßen Stadt. Babbitt genießt seinen wirtschaftlichen Erfolg und prahlt mit seinem Reichtum, hat aber von Kunst, Religion, Geschichte oder Literatur keine Ahnung, und in seiner Naivität durchschaut er nicht einmal den gesellschaftlichen Zirkel, in dem er lebt. LEWIS hat das Milieu genau recherchiert und vermag, in den Dialogen die selbstgefällige kulturelle Primitivität bis in Nuancen hinein genau darzustellen. Es ist die gleiche Mentalität wie in *Main Street*, die hier sichtbar wird, nur versetzt in den Zusammenhang einer Stadt. So wie ,main street' als sprachliche Kennzeichnung der engstirnigen amerikanischen Kleinstadt in den Weiten des Westens in den allgemeinen Sprachgebrauch eingegangen ist, so ist ,babbittry' zum Synonym der spießbürgerlichen Konventionalität der Mittelklasse geworden.

Weitere Romane

In *Arrowsmith* (1925) wechselt LEWIS den Blickwinkel. Der idealistische Arzt Martin Arrowsmith erlebt in verschiedenen Ämtern die dumm-geschäftstüchtige Arroganz der amerikanischen Gesellschaft und zieht sich verbittert auf eine kleine Landpraxis zurück. *Elmer Gantry* (1927) erzählt die Geschichte eines areligiösen und skrupellos-verschlagenen Auferweckungspredigers, und *Dodsworth* (1929) konfrontiert die amerikanische Mittelklassenmentalität eines reichen Geschäftsmannes mit den Raffinessen und Fallstricken der europäischen Gesellschaft während eines ausgedehnten Europaaufenthalts.

Lewis' Romane als Zyklus

LEWIS' Romane der 1920er Jahre können zusammengenommen durchaus als ein Zyklus verstanden werden, der auf der Grundlage soziologischer Recherchen ein flächiges und satirisch zugespitztes Bild der amerikanischen Gesellschaft entwirft. Dieses Bild ist so umfassend und detailgenau, dass die Romane trotz ihrer künstlerischen Einfachheit eine große und fortdauernde Wirkung hatten. Das lag nicht zuletzt an der gründlichen soziologischen

Recherche, die jedem seiner Romane voranging, sondern auch daran, dass die Leser die dargestellte Wirklichkeit wiedererkannten und als ihrer eigenen Lebenserfahrung adäquat akzeptierten. LEWIS ließ die Recherchen häufig von Mitarbeitern machen, die mit den Methoden der Feldforschung arbeiteten und ihm die Ergebnisse als Rohmaterial für die Fiktionalisierung lieferten. Im Grunde ist das das Verfahren, das viele moderne Autoren der *nonfiction novel* anwenden, oder auch Verfasser von Serien von historischen Romanen, die das Geschehen nur aufbereiten, die Details sich aber von professionellen Historikern erarbeiten lassen. Die Gefahr dabei ist, dass solche Darstellungen zwar unterhaltsam sind, aber aus dem Zusammenhang anspruchsvoller Kunst ausscheiden und ins Triviale abgleiten. JAMES A. MICHENER und seine historischen Romane sind dafür sicherlich ein gutes modernes Beispiel. Diese wissenschaftliche Methode, die die Gefahr einer oberflächlichen Charakterisierung und schwacher menschlicher Handlungsmotivation in der Darstellung birgt, mag dazu beigetragen haben, dass LEWIS' Erzählton trotz dramatischer Flüssigkeit nüchtern, distanziert und satirisch wurde. Es ist diese Haltung, die z. B. SHERWOOD ANDERSON abstieß. LEWIS sei, stellt er fest, *„never tender about anything or anybody, never human.“*[8]

3 F. Scott Fitzgerald (1896–1940): Chronist des *Jazz Age*

Kritik am *American Dream*

Den Vorwurf der unbeteiligten, mit einem Schuss Satire versetzten Nüchternheit konnte man dagegen F. SCOTT FITZGERALD nicht machen. Aber er teilte mit LEWIS durchaus die ablehnende Skepsis hinsichtlich bestimmter dominanter Charakteristika der amerikanischen Gesellschaft. So sah auch er die negativen Wirkungen des auf das rein Materialistische verkürzten *American Dream*, auch er sah die Gefahren, die von einer bigotten und engstirnigen viktorianisch-puritanischen Moral ausgehen konnten, aber er war von den gesellschaftlichen und geistigen Gegensätzen der Zeit selbst gleichzeitig fasziniert und abgestoßen. In einem hohen Maße lebte er diese Spannungen aus, verkörperte sie und wurde auf diese Weise ein getreuer Chronist seiner Zeit. Statt soziologische Befunde fiktiv einzukleiden oder naturgesetzliche Abläufe in scheinbar deterministischen gesellschaftlichen Entwicklungen aufzuzeigen, spitzt FITZGERALD die beobachteten und selbst erfahrenen Auflösungserscheinungen oder tradierten Konventionen in dramatischen Handlungen zu und verdichtet sie zu symbolischen Sinnbildern.

---

8 vgl. Anderson, „Cotton Mill", S. 8

Struktur der Erzählungen und Bildsymbol	Die Struktur seiner Erzählungen weist immer wieder bildhafte Ruhepunkte auf, in denen die Handlung zum Stillstand kommt und in denen in einem Bildsymbol die spannungsvollen Gegensätze sichtbar werden, ehe sie handlungsmächtig das Geschehen weiter vorantreiben. In gewisser Weise erinnert das künstlerische Verfahren an FAULKNERS Bildlichkeit, aber bei FITZGERALD bleibt es stark an die Analyse der gesellschaftlichen Wirklichkeit gebunden und versucht nicht, auf allgemeinmenschliche Qualitäten abzuheben. FITZGERALD ist ein symbolistisch arbeitender Realist und Naturalist, der die menschlichen Handlungsantriebe aus den materiellen und moralischen Bedingungen der Gesellschaft heraus erklärt. Es ist daher nicht überraschend, dass FITZGERALD auch als Kurzgeschichtenautor erfolgreich war und sich zeitweise ganz auf die Arbeit für Zeitschriften konzentrierte. Überwiegend wird dies mit seinem aufwendigen Lebensstil in Verbindung gebracht, für dessen Finanzierung er auf einen stetigen und raschen Geldfluss angewiesen war. Immerhin bekam er in den 1930er Jahren im Schnitt 4000 Dollar für eine Kurzgeschichte.
Affinität zur Kurzgeschichte	Man sollte aber nicht übersehen, dass seine auf symbolische Bildlichkeit zustrebende Darstellungstechnik eine besondere Affinität zur Kürze aufweist. Die Kurzgeschichte ist daher für FITZGERALD die eigentliche literarische Form. Das lässt sich auch an den besonderen Strukturmerkmalen seiner Romane zeigen. Zu seinen Lebzeiten erschienen vier Kurzgeschichtensammlungen, *Flappers and Philosophers* (1920), *Tales of the Jazz Age* (1922), *All the Sad Young Men* (1926) und *Taps at Reveille* (1935). MALCOLM COWLEY bemühte sich, FITZGERALD stärker in das öffentliche Bewusstsein zu heben und gab 1951 als umfassende Sammlung *The Stories of F. Scott Fitzgerald* heraus, und 1957 veröffentlichte ARTHUR MIZENER unter dem Titel *Afternoon of an Author* bisher unbekannte Kurzgeschichten und Skizzen FITZGERALDS.
Biographie	FITZGERALD wurde 1896 in St. Paul, Minnesota, geboren. Seine Kindheit verbrachte er in dieser Stadt des mittleren Westens, in dem der alte Pioniergeist noch eine lebendige und prägende Erinnerung war. Sein Großvater mütterlicherseits war ein *self-made-man* gewesen, der es zu einem ansehnlichen Vermögen gebracht hatte, von dem noch die Familie Fitzgerald zehren konnte. Die Tradition des *American Dream* war also sozusagen Familienerbe. 1913 begann er ein später abgebrochenes Studium in Princeton und wurde damit, wie so viele (HOWELLS, GARLAND, DREISER, ANDERSON, LEWIS u. a.) ein Westerner, der sich dem verführerisch reichen Osten zuwandte und die Widersprüche in der amerikanischen Gesellschaft zwischen traditionellen Werten und sozialer Wirklichkeit selbst erlebte. Am 20. März 1920 heiratete er Zelda Sayre

aus Montgomery, Alabama, und begann damit eine turbulente Ehe, deren Exzesse rasch öffentliche Aufmerksamkeit erregten.

This Side
of Paradise

Sechs Tage später erschien FITZGERALDS erster Roman, *This Side of Paradise* (1920) und entpuppte sich als ein ungeheurer Erfolg. Der dreiundzwanzigjährige Autor wurde über Nacht zu einer Berühmtheit, denn hier beschrieb ein junger Mann seine Generation und ihr neues Lebensgefühl. Der Gegensatz von *This Side of Paradise* zu LEWIS' *Main Street*, im gleichen Jahr erschienen und ebenso erfolgreich, ist enorm. Die satirische Distanz von LEWIS steht hier einem involvierten Stil gegenüber, der die Ratlosigkeit der unruhigen Nachkriegsjugend exakt wiedergibt und in den hektischen, lebenshungrigen Episoden der Romanhandlung auslebt.

lost
generation
Charakter

Amory Blaine ist die typische Verkörperung der *lost generation*, ehrgeizig, unruhig, sexuell aktiv, vergeblich auf der Suche nach dauerhaften Werten. So wie die jungen desillusionierten Helden der Exilamerikaner, *expatriates*, ziellos durch Europa driften und ihre Rebellion gegen die Konventionen in sexuellen und alkoholischen Exzessen demonstrieren, so vertrödelt Amory seine Studienjahre mit sinnlosen Studentenulks, endlosen Diskussionen und Liebeshändeln. Als Sohn reicher Eltern aus dem mittleren Westen sind ihm – wie FITZGERALD selbst – die alten amerikanischen Werte vermittelt worden, und nun steht er fasziniert und ratlos zugleich vor der Nachkriegsüberflussgesellschaft, in der es alles ohne moralische Verpflichtung und verantwortungsvoller Konsequenz zu geben scheint. Der Roman beschreibt letztlich in der romantischen Tradition der *novel of quest* (Erkenntnisroman) die vergebliche Sinnsuche Amorys und endet in einem pathetischen sprachlichen Gestus, der von NIETZSCHE beeinflusst ist, die hilflose Ratlosigkeit der modernen Jugend formuliert und als Ausdruck des Lebensgefühls der *lost generation* gelten kann: *the spirit of the past brooding over a new generation, the chosen youth from the muddled, unchastened world, still fed romantically on the mistakes and half-forgotten dreams of dead statesmen and poets. Here was a new generation, shouting the old cries, learning the old creeds, through a revery of long days and nights; destined finally to go out into that dirty gray turmoil to follow love and pride; a new generation dedicated more than the last to the fear of poverty and the worship of success; grown up to find all Gods dead, all wars fought, all faiths in man shaken*[9].

Themen-
katalog

Hier werden alle Themen FITZGERALDS angesprochen, die in seinen späteren Romanen viel wirksamer dargestellt werden: Werteverlust, Erfolgs- und Profitstreben, Wurzellosigkeit, verantwortungsloser korrupter Reichtum, kalte berechnende Schönheit. Hier

---

9 Fitzgerald, *This Side of ...*, S. 255

zeigt sich eine erstaunliche Parallele zu den *angry young men* in England nach dem Zweiten Weltkrieg, aber auch zu der sinnsuchenden Hoffnungslosigkeit in SAUL BELLOWS *Dangling Men* (1944). Auch der zweite Roman von FITZGERALD, *The Beautiful and Damned* (1922) kreist um das Problem von Schönheit, Reichtum, Sinnleere und Oberflächlichkeit. Wie in dem ersten Roman verhindert jugendliches Pathos eine überzeugende und tiefgreifende gesellschaftliche Kritik, aber es wird doch deutlich, dass ererbter statt verdienter Reichtum die Gefahr birgt, die moralische Verantwortungsdimension des *American Dream* zu verstellen und die Menschen zu eitlen, verwöhnten, oberflächlichen und rücksichtslosen Egoisten zu machen.

The Great Gatsby, Tender Is The Night und The Last Tycoon

Diesen Zusammenhang erhellt FITZGERALD in den späteren Romanen und Kurzgeschichten in einer künstlerisch brillanten Form. Sein berühmtester Roman war *The Great Gatsby* (1925), in dem er durch eine raffinierte Erzählstrategie die ambivalente Haltung der amerikanischen Gesellschaft zum Reichtum nuanciert darstellte. *Tender Is the Night* (1934) beschäftigt sich ebenfalls mit dem zentralen Problem der moralischen und sexuellen Haltlosigkeit der Reichen, diesmal gespiegelt an dem Idealisten Dick Diver, der durch seine Ehe mit der reichen Frau Nicole ebenfalls, wie sein Name sagt, in die Sinnleere der modernen Gesellschaft eintaucht. In dem letzten unvollendeten Roman, *The Last Tycoon* (als Fragment posthum 1941 erschienen), nutzt FITZGERALD seine Erfahrungen als Drehbuchautor in Hollywood und verlegt den Schauplatz des Romans in die glitzernde Scheinwelt des Films. Sein Thema jedoch bleibt auch hier das Verlorenheitsgefühl des desillusionierten modernen Menschen in der von inzwischen hohl gewordenen Vorstellungen geprägten amerikanischen Gesellschaft. Allerdings war dieses Thema nach den Erfahrungen der Weltwirtschaftskrise, der Massenarbeitslosigkeit und der staatlichen Kontrollversuche durch ROOSEVELTS *New Deal* inzwischen nicht mehr aktuell.

Zeitgebundenheit

FITZGERALD erschien nun als ein altmodischer, sehr zeitgebundener Autor, der rasch aus dem öffentlichen Bewusstsein verschwand und erst in den 1950er Jahren eine Renaissance erlebte. Das lag dann aber daran, dass die literaturwissenschaftliche Richtung des *New Criticism* FITZGERALDS außergewöhnliche Kunst, eine bedeutsame Romanstruktur zu entwerfen und durchzuhalten, erkannte. Die strukturelle Balance setzte sich in der effektvollen Plazierung aus dem Zusammenhang heraus entwickelter Symbole und einer besonderen stilistischen Brillanz fort. Man kann diese künstlerische Absicht an den vielen Änderungen des Textes von *The Great Gatsby* erkennen, die FITZGERALD noch beim Korrekturlesen in den Druckfahnen vorgenommen hat. Das Ergebnis ist jedenfalls ein außergewöhnlich eindrucksvoller Roman, der dem Leser in Form von bildlichen Vorstellungen in Erinnerung bleibt und den T. S. ELIOT als ersten Fortschritt der Romankunst seit HENRY JAMES rühmte.

Struktur von The Great Gatsby

Die Handlung von *The Great Gatsby* entwickelt sich äußerst langsam und in kleinen Schritten, es ist, als verharre das Geschehen immer wieder in einem szenisch-tableauartigen Stillstand, um ein visuelles Bild zur nachdenklichen Betrachtung durch den Leser zu schaffen. Ganz allmählich streben die Ereignisse einem gewaltsamen Höhepunkt zu, und der Roman endet dann schnell in einem ironischen Schlusskommentar, der das Wesen der amerikanischen historischen Erfahrung zu einem allgemeinmenschlichen Mythos verklärt. Die Geschichte von Jay Gatsby, einem *self-made* Millionär, dessen Reichtum dubiosen Quellen entstammt, wird von Nick Carraway erzählt. Gatsby versucht in romantischer Ausschließlichkeit, seine Jugendliebe, Nicks Cousine, Daisy Fay, die inzwischen mit dem reichen Tom Buchanan verheiratet ist, zurückzugewinnen. Nicks Flirt mit Daisys Freundin Jordan Baker und Toms Verhältnis mit Myrtle Wilson, der Frau eines Tankstellenpächters, bilden parallele Handlungsstränge. Myrtle wird von Gatsbys Wagen, gesteuert von Daisy, totgefahren, und Tom erzählt Wilson, Gatsby sei der Fahrer gewesen. Wilson bringt daraufhin Gatsby um und begeht Selbstmord. Zur Beerdigung Gatsbys erscheinen nur ein paar Diener und Nick. Daisy und Tom sind unbekümmert verreist. Der Roman endet mit einer Meditation Nicks über die Geschichte und Gegenwart der Neuen Welt, die in der Form einem Prosagedicht ähnelt.

Ost-West-Gegensatz in den USA

Die Hauptfiguren des Romans stammen alle aus dem mittleren Westen der USA, in dem nach allgemeiner Meinung die ursprünglichen Tugenden Amerikas noch eine Rolle spielen, und treffen an der Ostküste, dem urbanen und korrupten Sündenbabel, wieder zusammen. Die melodramatische Handlung und der simple Gut-Böse-Dualismus deuten im Grunde auf eine triviale Geschichte hin. In den meisten frühen Interpretationen wird daher auch darauf hingewiesen, dass der Roman Gut und Böse im traditionellen Land-Stadt-Gegensatz thematisiert und diese konventionelle Zivilisationskritik mit dem korrumpierten *American Dream* verknüpft und symbolisch überhöht. Bemerkenswert bliebe dabei allerdings das besondere strukturelle und stilistische Geschick des Autors.

Moralischer Wandel

Doch ganz so einfach und inhaltlich flach ist der Roman nicht. Auch der amerikanische Westen oder die ländliche Welt hat – wie schon LEWIS gezeigt hat – längst seine moralische Unschuld verloren, und die Vorfahren Nick Carraways, der Buchanans und

Gatsbys haben die alte Moral über Bord geworfen. Nicks Familie hat ihren Besitz und ihre gesellschaftliche Stellung ererbt, so wie Tom Buchanan den Familienreichtum ohne das Gefühl einer moralischen Verpflichtung verlebt, und so wie Gatsby sich durch kriminelle Machenschaften seinen Teil rücksichtslos und amoralisch nimmt.

Schauplätze

Die Schauplätze der Handlung des Romans „West Egg", „East Egg", „The Valley of this Ashes" und „The City" verweisen daher nur vordergründig auf die konventionellen ethischen Antinomien, unterscheiden sich voneinander tatsächlich aber nur graduell. „West Egg", der Wohnort Nicks und Gatsbys, behauptet nur noch unvollkommen die alten amerikanischen Tugenden, „East Egg" symbolisiert mit dem herrenhausähnlichen Besitz der Buchanans die usurpierte gesellschaftliche Stellung einer Geldaristokratie, das „Valley of the Ashes" macht das dumpfe und sinnleere Schicksal der ausgebeuteten Massen augenfällig, und die „City" mit ihren Hochhäusern und Bankpalästen ist die Chiffre der Finanzwelt, die nichts mehr selbst produziert, aber durch dubiose Manipulationen immer reicher wird.

Häuser und Figuren als Symbole

Schon durch die Beschreibungen der verschiedenen Häuser wird die differenzierte und kritische Haltung FITZGERALDS gegenüber der Gesellschaft deutlich. Die Gebäude werden zu Symbolen, an denen sich die amerikanische Realität erkennen lässt. Die Neigung zur symbolischen Verdichtung geht bis in die Figurendarstellung hinein. Daisy, auf deutsch Gänseblümchen, wird als schöne goldblonde Frau im weißen Kleid dargestellt, und die goldfarbene Mitte kennzeichnet ihre gedankenlose materialistische Ausrichtung. Die Beschreibung Toms, der breitbeinig in Reitstiefeln, die von seinen strammen Waden fast gesprengt werden, auf der Treppe steht und seine enormen Muskeln unter seinem Hemd spielen lässt, zeugt von seiner animalischen und rücksichtslosen Kraft.

Erzählerfigur

Diese eindrucksvollen bildhaften Darstellungen kennzeichnen in ihrer Abfolge die eigentlich bedeutende Entwicklung in diesem Roman, nämlich die wachsende Einsicht Nick Carraways in den Zustand der amerikanischen Gesellschaft. Nick erzählt die Ereignisse aus einem zeitlichen Abstand von zwei Jahren, nachdem er nach Hause in den Westen zurückgekehrt ist und alles nochmals überdenkt. Er achtet dabei besonders darauf, die moralischen Gegensätze herauszuarbeiten, und erkennt dabei, dass sich die amerikanische Gesellschaft insgesamt, nicht nur die des amoralischen Ostens, negativ entwickelt. Die symbolische Bilderfolge ist ein Beleg für seine wachsende Einsicht in die gesamtgesellschaftlichen Bedingungen. Er begreift, dass Amerika seine ursprüngli-

che Unschuld verloren hat. Das hängt wiederum mit dem nicht selbst erarbeiteten ererbten Reichtum zusammen.

‚Roaring Twenties'

Schönheit und Reichtum hatten für FITZGERALD aufgrund ihrer Wirkung auf die Welt eine korrumpierende Macht und eine Affinität zum Bösen. Das ist für ihn das beherrschende Thema der ‚Roaring Twenties', der ‚goldenen zwanziger Jahre'. Der wirtschaftliche Aufschwung ist eine Scheinblüte, das sorglose Festtagsleben nur amoralische Schwäche. Allerdings übt die moderne Glitzerwelt auch eine ungeheure verführerische Faszination aus, und FITZGERALD kostete dieses Leben auch während seiner langen Frankreichaufenthalte bis zum Exzess aus. Insofern ist er tatsächlich ein getreuer Chronist des Lebensgefühls des ‚Jazz Age', das er als moralisch fragwürdig analysierte, dem er und seine Frau Zelda zugleich aber verfallen waren. Aus dieser schmerzlichen Ambivalenz der eigenen Erfahrung stammt die packende und involvierte künstlerische Verarbeitung der modernen Wirklichkeit in seinen Romanen.

Kritik am American Dream

Der amerikanische Traum, den DREISERS tragische Helden sich verzweifelt und vergebens verwirklichen wollen, gerät FITZGERALD zum moralischen Alptraum, weil er auf das Materielle und den ungehemmten Genuss verkürzt wird. Ursprünglich verkörpert der amerikanische Traum den Glauben an die Individualität, die persönliche Freiheit und die eigene Kraft, sich aus einfachen Anfängen zu Reichtum und Glück emporarbeiten zu können. Im Schlagwort vom ‚Amerika als Land der unbegrenzten Möglichkeiten' ist der Chancenreichtum für den Einzelnen in der Neuen Welt angedeutet, aber ohne den Bezug auf die eigentliche moralische und weltanschauliche Dimension.

Benjamin Franklins Version des American Dream

Eine frühe, folgenreiche und besonders klare Darstellung des American Dream gibt BENJAMIN FRANKLIN in seiner Autobiography (1771 begonnen, erst 1818 in den USA veröffentlicht, später als in England, Frankreich und Deutschland). Hier stehen die beiden Wurzeln, die puritanische Moral und die aufklärerische utilitaristische Weltzugewandtheit noch in einem ausgewogenen Verhältnis zueinander. FRANKLIN vertritt nicht mehr eine transzendente religiöse Zielvorstellung als Sinn menschlichen Lebens, sondern ganz pragmatisch innerweltlich das Erlangen von Lebensglück (‚felicity'). ‚Felicity' beruht jedoch auf zwei Voraussetzungen, Reichtum (‚affluence') und gesellschaftlichem Ansehen (‚reputation'). Diese kann man, wie sein eigenes Beispiel zeigt, durch Anstrengungen erreichen. Fleiß (‚industry') und Sparsamkeit (‚frugality') führen zu Reichtum, während man Ansehen nur dadurch erlangen kann, indem man anderen Gutes tut, ‚to do good'. In dem ‚to do good' steckt noch die ganze puritanische Morallehre, verbindet sich aber mit aufklärerischen und pragmatischen Ansätzen zu einem geschlossenen System.[10] Dieses Konzept lässt sich graphisch gut darstellen:

$$\text{felicity} \begin{cases} \text{affluence} \longleftarrow \text{industry, frugality} \\ \text{reputation} \longleftarrow \text{to do good} \end{cases}$$

Franklins Wertesystem

In einem neuen, jungen Land ohne festgefügte gesellschaftliche Schichtungen ist dies sicherlich ein brauchbares und überzeugendes Modell, das eine prägende Anziehungskraft auf die Menschen ausübt. Somit stellt FRANKLINS Wertesystem eine wesentliche Deutung der ursprünglichen amerikanischen Erfahrung dar, die sogar bis heute wirksam geblieben ist. An der amerikanischen Mittelstandsmoral kann man das noch immer ablesen. Die freiheitliche demokratische Verfassung garantiert den individuellen Spielraum, in dem Arbeit, Fleiß und tadelloses Verhalten den sozialen Aufstieg ermöglichen.

Wegbrechen der moralischen Basis

Trotz der prägenden Wirkung erwies sich spätestens mit der industriellen Revolution die Brüchigkeit des Konzepts. Die Städte boten als Finanzzentren und Industriestandorte neue Möglichkeiten des schnellen Verdienstes, das Agrarland verkam zum Spekulationsobjekt, und man musste den Reichtum nicht mehr selbst erarbeiten, man konnte ihn ererben. FRANKLINS Schema verlor in der gesellschaftlichen Realität die moralisch-ethische Grundlage, und aus 'felicity' wurde 'amusement', das seine Basis im Reichtum hatte und sich um das Ansehen in der Gesellschaft nicht mehr scherte.

Geistesgeschichtliche Dimension des Themas

Hier nun war ein Thema, das die geistigen und sittlichen Grundlagen der amerikanischen Gesellschaft berührte und damit weit über eine realistisch-naturalistische Oberflächendarstellung der Gesellschaft hinausging, aber auf eine eingehende Analyse der gesellschaftlichen Zustände nicht verzichten konnte. Es ist daher nicht zufällig, dass Gatsbys Vater dem Erzähler Nick Carraway nach der Beerdigung ein Buch zeigt, auf dessen leerer letzter Seite der junge Jay Gatsby ganz im Stile Franklins einen rigorosen Tagesarbeitsplan und gute Vorsätze für die Zukunft notiert hatte. Die damit verbundene ursprüngliche Absicht war klar, aber ironischerweise hat Gatsby seinen Reichtum anders, auf kriminelle Weise, erworben. Allein das ist ein entlarvender Kommentar zur neuen Zeit. FITZGERALD hat damit die historische und geistesgeschichtliche Dimension des Themas erfasst, das natürlich auch schon vor ihm in der amerikanischen Literatur eine Rolle spielte. Aber er stellte es in eine geschichtliche Perspektive und machte es zu einem Maßstab für den Zustand der Gesellschaft. Es ist ein Thema, das bis zum Ende des 20. Jhs. in der amerikanischen Literatur eine große Rolle spielt und alle Gattungen erfasst hat.

Vision des Paradieses	Nick sitzt am Ende des Romans abends am Strand und schaut nach Manhattan hinüber. In seinen Gedanken versetzt er sich zurück in die Zeit, als holländische Seeleute die Insel zum ersten Male erblickten. Hier in diesem grünen idyllischen Ort sollte und könnte man ein Paradies für die Menschen schaffen, das schien ursprünglich das Versprechen der Zukunft. Und sie schritten zur Tat, und in der Absicht aufzubauen, zerstörten sie. Aber die Menschen werden dennoch, von dieser utopischen Hoffnung angetrieben, weitermachen: *„So we beat on, boats against the current, borne back ceaselessly into the past."* [11]
Oswald Spenglers Kulturpessimismus	In diesem Romanende kommt ein Kulturpessimismus zum Ausdruck, der für die Autoren der *lost generation* typisch ist, und für den FITZGERALD zwei Jahre später (1927) in der Lektüre von OSWALD SPENGLERS *Untergang des Abendlandes* eine Bestätigung fand. Hier war eine Begründung für seine Skepsis gegenüber der Macht des Geldes, und hier wurde die historische Dimension der Degeneration und des Zerfalls der Zivilisation aufgezeigt. In *The Great Gatsby* stand die Kritik an der materialistischen Verflachung des amerikanischen Traums im Mittelpunkt, nach der Lektüre Spenglers weitet sich FITZGERALDS Blick auf die gesamte abendländische Kultur.
Kritik an der ganzen westlichen Welt in *Tender is the Night*	Der Roman *Tender is the Night* (1934) ist ein noch ehrgeizigeres Buch, denn Dick Diver, der idealistische Psychiater, der Hohepriester der modernen psychoanalytischen Magie, der die Patienten vor sich selbst retten will, scheitert an den materiellen Verführungen der Welt. Er steigt durch Heirat in die soziale Oberschicht auf, verliert seinen Idealismus, seine Begabung und versinkt im Alkohol und im Amusement, das die großen Parties in Europa bieten. Der Einfluss FREUDS ist unübersehbar, die Schauplätze Europa und die USA verweisen auf den gesamten Zusammenhang der westlichen Zivilisationstradition, und Divers Scheitern ist nichts als der moralische Zusammenbruch der Gesellschaft im Sinne SPENGLERS. Zugleich ist der Roman aber auch eine Darstellung der eigenen Erfahrungen. Schließlich war FITZGERALD jahrelang in Frankreich herumgezeunert und hatte sich der Verführungen der Gesellschaft und des Alkohols ergeben. FITZGERALD sah den Gegensatz zwischen Idealismus und Materialismus, zwischen romantischer Weltoffenheit und selbstbezogenem dekadenten Genussstreben als das entscheidende Problem Amerikas in seiner Zeit. Ganz im Sinne SPENCERS sah er in seinem Spätwerk auch eine unausweichliche historische Entwicklung zum Materialismus hin und damit hin zum Untergang aller ursprünglichen amerikanischen Werte.

---

10 vgl. Link, „Schlüsselbegriffe der Autobiographie Benjamin Franklins", in: ders., S. 26–40
11 Fitzgerald, *The Great Gatsby*, S. 186

4 Ernest Hemingway (1899–1961): im Stil gebanntes Chaos

Stil

In einem Interview im Jahre 1940 hat HEMINGWAY betont, dass die Stilregeln der Zeitung *Kansas City Star*, bei der er 1917 seine journalistischen Lehrjahre begann, für ihn von besonderer Bedeutung waren: „*Those were the best rules I ever learned for the business of writing. No man with any talent, who feels and writes truly about the thing he is trying to say, can fail to write well if he abides by them.*"[12] Die Regeln, die HEMINGWAY meint, sind schlicht: „*Use short sentences. Use short first paragraphs. Use vigorous English, not forgetting to strive for smoothness. Be positive, not negative.*"[13]

Eisberg-metapher

In *Death in the Afternoon* (1932), Betrachtungen zur Ästhetik des spanischen Stierkampfes, sagt er über die emotionale Wirkung des Todesstoßes: „*The dignity of the movement of an iceberg is due to only one-eighth of it being above water.*" Umgekehrt heißt das, die majestätische Langsamkeit kommt von der unsichtbaren Masse, die dem Eisberg seine furchteinflößende Würde gibt. Auf das Leben bezogen, ist dann das sichtbare Handeln eines Menschen nur der reine Ausdruck der verdeckten inneren seelischen und psychologischen Antriebe. Im Zusammenhang mit HEMINGWAYS Interviewäußerung bekommt nun das „*feels and writes truly*" ein stärkeres Gewicht als die zur Kürze mahnenden Stilregeln. Hat der Autor die tatsächliche Bedeutung der äußerlich sichtbaren Handlung erfasst – und das meint HEMINGWAY mit seinem häufig verwendeten Lieblingswort ‚true‘ –, dann muss er versuchen, dies so exakt wie möglich wiederzugeben und das Eigentliche des Augenblicks sprachlich zu bauen. Da jedes Wort im Leser Assoziationen und emotionale Reaktionen abruft, kommt es darauf an, die Sprache von allen überflüssigen Adjektiven zu reinigen, um das eine Achtel des Eisberges möglichst klar und direkt die verborgenen sieben Achtel mitrepräsentieren zu lassen.

Stilistischer Gegensatz zu Fitzgerald

Während FITZGERALD mit ungeheurem sprachlichen Aufwand in seinen Romanen Symbole etabliert, die in ihren vielen Facetten die Ambiguität der modernen Erfahrung repräsentieren, beschränkt sich HEMINGWAY auf einen eindeutigen und objektivierenden Stil. Er streicht Attribute wann immer es geht, seine Sätze sind kurz und stehen in parataktischen Reihen nebeneinander. Er vermeidet die verknüpfenden logisch-zeitlichen Beziehungen hypotaktischer Haupt-Nebensatz-Konstruktionen. Benannte Gegensätze werden isoliert und erreichen gerade dadurch häufig eine symbolische Verweiskraft auf Verlust, Sterilität und innere persönliche Einsamkeit. Der Eindruck des konsequenten Realismus und Materialismus, den HEMINGWAYS Stil erweckt, täuscht, denn die dargestellten Details und Handlungszüge werden im Eliotschen Sinne zu *objective correlatives* einer psychologischen Befindlichkeit, die nach außen projiziert wird.

genaue Orts-angaben als Metaphern	Deshalb legt HEMINGWAY in seinen Erzählungen und Romanen auch einen so extrem großen Wert auf genaue Angaben zu Raum und Zeit, geographischem Ort und jahreszeitlicher Festlegung. Denn *„this outward world is effective precisely because it is a total metaphor for an inward and psychic condition, as the reader fills the empty spaces and the area of implied pain and hysteria.“*[14]
Stilformen der Moderne	HEMINGWAYS Stil ist, wie FAULKNERS Bewusstseinsstrom, LEWIS' soziologisch-satirische Distanz oder FITZGERALDS symbolistische Verfahren, ein Versuch, die veränderte und chaotische moderne Welt in der Kunst formal zu bändigen und in überschaubare Ordnungsmuster zu zwingen. Dies ist das gemeinsame Kennzeichen aller Dichter und Schriftsteller der Moderne, und T. S. ELIOT beschreibt dies am Beispiel von JAMES JOYCE, der in der Parallelsetzung der Handlung seines *Ulysses* (1922) zum antiken Mythos eine Überschaubarkeit der disparaten modernen Erfahrung erreichen will: *„It is simply a way of controlling, of ordering, of giving a shape and a significance to the immense panorama of futility and anarchy which is contemporary history ... It is, I seriously believe, a step toward making the modern world possible for art.“*[15]
Biographie	ERNEST MILLER HEMINGWAY wurde 1899 als Sohn eines Landarztes in Oak Park, Illinois, geboren. 1917 begann er als Reporter des *Kansas City Star* seine journalistische Laufbahn, meldete sich als Sanitätsfreiwilliger zum Kriegsdienst und wurde 1918 in Italien schwer verwundet. Für ihn war das das Schlüsselerlebnis einer existentiellen Bedrohung, und er versuchte, diese Konfrontation mit dem Tode immer wieder in stilisierten und ritualisierten Wiederholungen nachzuvollziehen. Der Stierkampf, das Boxen, die Großwildjagd und die Hochseefischerei wurden für ihn Sinnbilder einer unmittelbaren und ständig vom Tode bedrohten Lebenswirklichkeit. Seine Romanhelden und auch er selbst suchen ständig in der Jagd oder dem Fischfang die extreme sportliche Herausforderung, die ihnen die Endlichkeit des Lebens auf elementare Weise erlebbar macht. Nach dem Krieg kehrt er nach Amerika zurück, das ihm nun künstlich, steril und geistig öde vorkommt.
Gertrude Steins Einfluss	1921 geht er als Korrepondent nach Paris, wo er aufgrund eines Empfehlungsschreibens von SHERWOOD ANDERSON Zugang zum Kreis um GERTRUDE STEIN findet. Durch sie und EZRA POUND, mit dem ihn dann eine lebenslange Freundschaft verbindet, wurde er in seinen schriftstellerischen Versuchen ermutigt. Hier lernte er

---

12 Fenton, S. 34
13 vgl. Fietz, Anm. 2
14 vgl. Bradbury, S. 97
15 T. S. Eliot, „Ulysses...", in: Kermode, S. 177f.

auch, seinen Stil so sehr zu verknappen, dass alle unkontrollierten Assoziationen und referentiellen Verweise ausgemerzt wurden. Bis 1927 blieb er in Europa und ließ sich 1928 in Kuba nieder, das auch sein ständiger Wohnsitz blieb. Immer auf der Suche nach der ultimativen Herausforderung arbeitete er 1936/37 als Berichterstatter im spanischen Bürgerkrieg, war dann Korrespondent in China und nahm 1944 an der Invasion der Alliierten in Frankreich teil. 1953 erhielt er den Pulitzerpreis, und 1954 wurde ihm für sein Gesamtwerk, aber unter dem Eindruck von *The Old Man and the Sea* (1952), der Literaturnobelpreis verliehen. 1961 nahm er sich das Leben, vermutlich wegen einer unheilbaren Krankheit.

Kurz-geschichten-sammlungen

HEMINGWAYS außerordentlich verknappter Stil, der die moderne Prosa unseres Jahrhunderts nachhaltig beeinflusst hat, fand zunächst in der Kurzgeschichte die angemessene Form. Er veröffentlichte in Paris zwei Sammelbände, *Three Stories and Ten Poems* (1923) und *in our time* (1924). 1925 erschien *In Our Time* in erheblich erweiterter Form in den USA. In sieben der Kurzgeschichten taucht die Figur des Jugendlichen Nick Adams auf, der in späteren Sammlungen, *Men Without Women* (1927) und *Winner Take Nothing* (1933), wieder eine Rolle spielt. Das zentrale Thema dieser autobiographischen Nick-Adams-Stories ist die Initiation eines jungen Mannes in die Erwachsenenwelt, deren Brutalität und Herzlosigkeit er in schockartigen Erlebnissen erfährt.

The Sun Also Rises

Sein erster Roman, *The Sun Also Rises* (1926), in England als *Fiesta* veröffentlicht, macht HEMINGWAY mit einem Schlag berühmt. Es ist die Geschichte der *lost generation*, expatriierte Engländer und Amerikaner, vom Krieg desillusioniert, driften ziellos durch Frankreich und Spanien, immer auf der Suche nach dem besonderen Kick. Aber unter der lakonischen, sorglosen und scheinbar unmoralischen Oberfläche verbergen sich zutiefst verletzte und verunsicherte Seelen. Zynismus und Vergnügungssucht haben den früheren Idealismus, die sexuelle Moral und ursprüngliche Religiosität überlagert, und es entsteht ein neuer nonchalanter romantischer Stoizismus, der inmitten der geborstenen Werte der modernen Erfahrung oberflächliche und betäubende Befriedigung sucht. Jake Barnes, durch eine Kriegsverwundung seiner Männlichkeit beraubt, und die englische nymphomane Artistokratin Lady Brett Ashley erfahren in ihrer schicksalhaft unerfüllten Liebe die schmerzliche Mischung von romantischem Verlangen, Verzicht, innerer Verletztheit, Eifersucht und völliger Entwurzelung. Jakes Verletzung treibt ihn zur Selbstbestätigung immer wieder in den Kreis männlich harter Kerle, die sich im ‚sportlichen‘ Kampf beweisen.

Lothar Fietz hat gezeigt, wie sich der durch den Krieg verursachte Grundzustand der Isolation und der gestörten Zwischenmenschlichkeit wieder und wieder in kompensatorischen Ersatzhandlungen Bahn bricht. Er nennt dies *„das Thema der Evasion aus der Vereinzelung"*, die aber nie endgültig gelingt, immer wieder in der Erfahrung der Vereinzelung mündet, um dann erneut im Bewusstsein der Hoffnungslosigkeit, in der Evasion Zuflucht zu suchen. Jake, aber auch die anderen Charaktere, pendeln auf diese Weise ständig zwischen Verzweiflung und Evasion und Hoffnungslosigkeit und Verzweiflung hin und her und dokumentieren damit GERTRUDE STEINS Diktum der *lost generation*. Fietz stellt ein Diagramm des thematischen Verhaltenscodes der Charaktere auf, das die Aktionen und Reaktionen hierarchisch ordnet und so ein Strukturmuster des Romans abbildet. Die Verklammerung des Ausgangsbegriffs ,Zeit' mit dem Ende ,Nichtigwerden der Zeit' greift über alle Binnenstrukturen hinweg und verdeutlicht den geschichtlichen Ort in der exakten historischen Bestimmung, die die Erfahrungen der Charaktere als authentische, existentielle Krise ausweist, die dann über die Zeitgebundenheit hinausweist und in der Aufhebung der zeitlichen Verhaftung die Sinnlosigkeit des Lebens in der chaotischen modernen Welt andeutet:

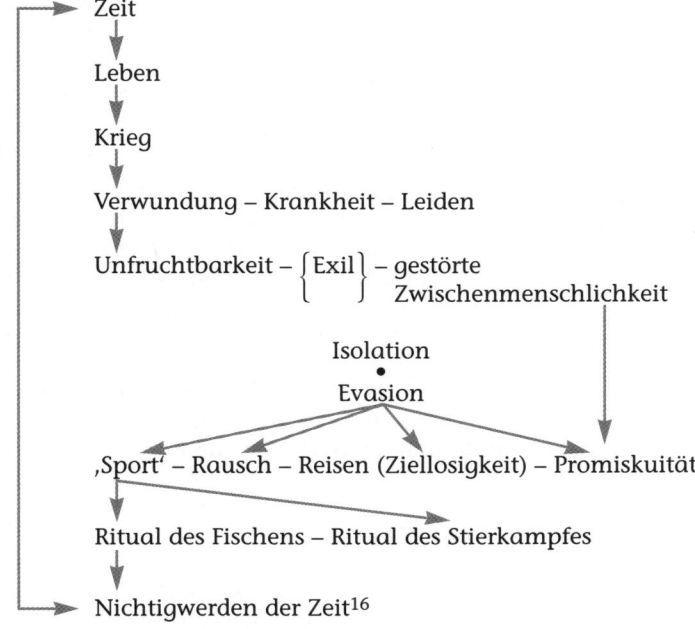

Zeit

Leben

Krieg

Verwundung – Krankheit – Leiden

Unfruchtbarkeit – { Exil } – gestörte Zwischenmenschlichkeit

Isolation
•
Evasion

,Sport' – Rausch – Reisen (Ziellosigkeit) – Promiskuität

Ritual des Fischens – Ritual des Stierkampfes

Nichtigwerden der Zeit[16]

---

16 vgl. Fietz, Anm. 29

A Farewell to Arms	HEMINGWAY hat in diesem Roman sein zentrales Thema gefunden, und seine späteren Bücher schildern immer wieder die Auseinandersetzung mit der Natur, die Suche nach extremen Bewährungssituationen, und damit stellen sie letztlich die Frage nach dem Wesen des eigenen Ich. Sein nächster Roman *A Farewell to Arms* (1929) erzählt von der Sinnlosigkeit des Krieges, von Schlachten an der italienischen Front, von unmotivierten Truppenbewegungen und immer wieder von einer feindlichen und abweisenden Natur, die keinerlei romantische Identifikationsstrategien zulässt. Sein Stil wird immer knapper und direkter, Emotionen bleiben verdeckt und äußern sich allenfalls in sparsamen Gesten und kleinen Handlungen, die aber auch nur in ihren groben Linien geschildert werden. Der HEMINGWAYsche Held ist der kühl wirkende Mann, der seine Verzweiflung und Isolation hinter einem Macho-Gehabe versteckt. HEMINGWAYS Stil wird so zu einem wichtigen und häufig nachgeahmten Ausdruck der modernen existentiellen Not.
Soziale Integration und Interaktion als neue Themen manirierter Stil	In den 1930er Jahren wendet sich HEMINGWAY stärker dem Problem der sozialen Integration und der sozialen Interaktion des Einzelnen zu, und seine Helden geraten gefährlich nahe an das Klischee des harten Burschen mit dem weichen Herzen. In *To Have and Have Not* (1937) und *For Whom the Bell Tolls* (1940) wirkt sein Stil daher auch eher maniriert als existentiell ausdrucksstark. BRADBURYS Urteil ist daher wohl zutreffend: *„Hemingway moves from an existentialist to a transcendentalist mode of fiction, in which the old tragic naturalism and nihilism yield to a new humanism ... his work now turned towards a ripe modern Romanticism."*[17]
Hemingway und Faulkner	Dies wird besonders deutlich in *The Old Man and the Sea* (1952), in dem HEMINGWAY die Ausdauer und Zähigkeit des alten einsamen Fischers Santiago in seinem Kampf gegen Schwertfisch und Haie darstellt. Die Erzählung ist in ihrer Form einfach, greift auf Stilelemente alter Heldenepen zurück und verwendet christliche Vorstellungen, um durch Symbole und allegorische Verweise die überzeitlichen menschlichen Charaktereigenschaften Santiagos zu betonen. Hier ist dann ein Punkt in HEMINGWAYS Entwicklung erreicht, der sein Menschenbild demjenigen FAULKNERS zum Verwechseln ähnlich erscheinen lässt.

5 John Steinbeck (1902–1968)

Bedeutung Steinbecks: naturalistische Endphase	R.W.B. LEWIS stellte 1959 fest, dass STEINBECKS Ansehen als Künstler nicht mehr sehr hoch sei, und selbst in Europa, wo man ihn nach dem Zweiten Weltkrieg lange in einem Atemzug mit FAULKNER und HEMINGWAY genannt habe, gehörte er nur noch mit der

einen oder anderen Erzählung zum Literaturkanon von Schule und Universität.[18] Auch heute kann man Lewis noch zustimmen, und selbst seine Behauptung, er sehe auch keinen Grund, warum das anders werden könne, muss man als gerechtfertigt hinnehmen. Dennoch ist STEINBECK in unserem Zusammenhang wichtig, zeigt er doch exemplarisch die Probleme des Endes der naturalistischen Phase der amerikanischen Literatur. Trotz des brillanten Buches von Howard Levant[19] und neuerer von Wyatt herausgegebener Interpretationsversuche[20] kann man die Zeitgebundenheit STEINBECKS und die sehr unterschiedliche und schwankende Qualität seiner Werke nicht übersehen.

Rezeption und Kritik am Nobelpreis 1962

Seine Popularität beim lesenden Publikum und der Filmindustrie, die viele seiner Bücher verfilmte und sie Millionen nahebrachte, steht im krassen Gegensatz zu seinem Ansehen als Künstler bei der Literaturkritik. Als 1962 der 1902 im Salinas Valley, Kalifornien, geborene STEINBECK den Literaturnobelpreis bekam, fragte der angesehene Literaturwissenschaftler Arthur Mizener irritiert *„Does a Moral Vision of the Thirties Deserve a Nobel Prize?"* und konnte sich die Verleihung nur mit europäischer Unkenntnis der amerikanischen Literatur und mit gezielter Preispolitik erklären.[21] Mizeners bissige Bemerkung ist nicht ganz unangebracht.

Erbe des Naturalismus und traditionelle Themen

STEINBECK steht weltanschaulich in der Tradition des kalifornischen Naturalismus um die Jahrhundertwende. Der Konflikt zwischen Banken, Industrie und Landarbeitern und erdverwurzelten Farmern wird von STEINBECK im Stile von FRANK NORRIS dargestellt, und seine Naturschilderungen verdanken viel dem Vorbild von JACK LONDON. Auch der deterministische Darwinismus als naturwissenschaftliche Grundlegung seiner Lebenssicht findet sich bei STEINBECK wieder. In dem Marinebiologen und Amateurpsychologen EDWARD F. RICKETTS, der in der Tradition von C. G. JUNG steht, fand er einen Mentor, der ihm eine Mischung aus Naturwissenschaften und Transzendentalphilosophie nahebrachte.

archetypische Charaktere

STEINBECKS ungemein klarer und flüssiger Stil machte ihn populär, aber die realistische Oberfläche ist nur eine scheinbare. Letztlich entwirft er archetypische Figuren und symbolische Landschaften. Seine Charaktere existieren zwar in der sozialen Wirklichkeit der Gegenwart, aber sie sind im kollektiven Gedächtnis in der Vergangenheit verankert und leben in uralten rituellen Formen von

---

17 Bradbury, S. 102
18 vgl. R.W.B. Lewis
19 vgl. Levant
20 vgl. Wyatt
21 vgl. Mizener, *New York Times,* S. 4, 43–45

Tod, Wiedergeburt und individueller Selbstaufgabe zugunsten von Gruppenkonstellationen wie Rasse, Klasse und Familie.

wichtige Schaffens-periode

Die Werke *Tortilla Flat* (1935), *In Dubious Battle* (1936), *Of Mice and Men* (1937), *The Long Valley* (1938) und *The Grapes of Wrath* (1939) gehören in seine wichtigste Schaffensperiode, die seinen Ruf begründete. Die späteren Werke wie z. B. *The Sea of Cortez* (1941), *The Moon is Down* (1942), *Cannery Row* (1944), *The Pearl* (1948), *East of Eden* (1952), *The Winter of Our Discontent* (1961) und der reizvoll amüsante Reisebericht *Travels with Charley in Search of America* (1962) verlassen sich immer stärker auf symbolische Verweise und zeigen in dem abnehmenden Realitätsbezug das Schwinden von STEINBECKS schöpferischer Kraft.

The Grapes of Wrath

Der wichtigste und beste Roman STEINBECKS ist zweifellos *The Grapes of Wrath* (1939), der von vielen als proletarischer Protestroman gelesen wurde und der STEINBECK in die Gruppe der marxistischen *red decade* einzugliedern schien. In großräumigen Wanderbewegungen von Ost nach West, entlang der legendären Route 66, ziehen die Farmer der krisengeschüttelten Dust-Bowl-Region Oklahomas nach Kalifornien ins gelobte Land. Die Disintegration bäuerlicher Großfamilien unter dem Druck von Naturgewalt und kapitalistischem System ist das eine große Thema, dem als Komplementärentwicklung die Solidarisierung der entrechteten Tagelöhner und Wanderarbeiter Kaliforniens zur Seite gestellt wird. Die mit den Handlungskapiteln alternierenden Kommentarkapitel beweisen den *„typischen Wissensüberschuss des naturalistischen Autors"*[22] und arbeiten die Romanfiguren als durch die Mechanismen des Monopolkapitalismus determinierte Charaktere im geschärften Profil heraus. Den dominierenden Mächten haben die Menschen nur ihren Familien- und Opfersinn und ihre Menschlichkeit entgegenzusetzen. In dem nahezu kitschigen Schlussbild des Romans wird dies symbolisch zusammengefasst, als Rose of Sharon nach einer Totgeburt einem verhungernden Mann ihre Brust reicht und ihn durch die Muttermilch rettet.

stilisierte Christusfigur

In eine ähnliche Richtung geht die Entwicklung einer der Hauptfiguren des Romans, Tom Joad. Er ist der Sohn der von der Mutter, typischerweise nur Ma genannt, zusammengehaltenen Familie, der vor der Polizei fliehen muss und sich von Ma mit Worten verabschiedet, die ihn zu einer Christusfigur stilisieren: *I'll be ever' where-wherever you look. Wherever they's a fight so hungry people can eat, I'll be there ... I'll be in the way kids laugh when they're hungry an' they know supper's ready. An' when our folks eat the stuff they raise an' live in the houses they build – why, I'll be there."*[23]

Entwicklungslinien konvergieren	Hier zeigt sich im Gestus des epischen Transzendentalismus das Ende der naturalistischen Tradition in Amerika, die ohnehin immer schon um einen menschlich-optimistischen Ausblick bemüht war. Das Konvergieren der beiden Hauptentwicklungslinien der modernen amerikanischen Romantraditionen, der Linie *point of view* – Bewusstseinsstrom und der Linie Realismus – Naturalismus, in der gemeinsamen Aufassung von der Würde des Menschen und seiner Fähigkeit zum Überleben zeigt an, dass beide Konventionen ihr innovatives Formpotential voll ausdifferenziert haben und neue Wege suchen müssen.

3 *The Red Decade*

Naturalismus und Darwin	Der Naturalismus ist geistig und inhaltlich von der Umsetzung der biologischen Evolutionslehre DARWINS auf die soziale Wirklichkeit menschlicher Gesellschaften bestimmt und unterwirft das Individuum anonymen von ihm nicht durchschauten und noch weniger beherrschbaren Kräften. Ein typisches Zeichen ist daher auch ein deutlicher Wissensüberschuss des Erzählers gegenüber den fiktiven Charakteren. Dem Leser werden in Kommentaren oder erklärenden Einschüben die Lebensbedingungen als Zwänge erläutert, denen die Figuren deterministisch und unausweichlich ausgeliefert sind.
Anfälligkeit für Ideologien	Diese Grundbedingung hat natürlich zwei entscheidende Konsequenzen. Der naturalistische Roman öffnet sich leicht totalitären Ideologien, die eine gesetzmäßige historische Entwicklung postulieren, weil in ihnen die Determination des Einzelnen innerhalb des kollektiven Schicksals vorgegeben ist. Diese Affinität ist natürlich um so stärker, je deutlicher sich die Ideologie auf eine ,objektive' Analyse ökonomischer Verhältnisse beruft. Die sozialkritische Tendenz des realistischen und naturalistischen Romans fand daher im Kommunismus marxistischer Prägung eine über den Sozialdarwinismus hinausgehende theoretische Basis. Es ist daher nicht erstaunlich, dass zu Beginn der 1930er Jahre – also nach dem großen Börsenkrach und dem Ende der ,*Roaring Twenties'* – die Forderung nach proletarischer Kunst erhoben und diese vor allem im Roman umgesetzt wurde.
Individuum und Roman	Andererseits ist aber gerade der Roman, im Gegensatz etwa zum Epos, eine Gattung, die das Individuum in seiner Auseinandersetzung mit der Gesellschaft in den Mittelpunkt der Betrachtung

---

22 Meindl, *Der amerikanische Roman ...*, S. 246, Anm. 19
23 Steinbeck, *The Grapes ...*, S. 385

rückt und im Beharren auf eigene Werte gegenüber gesellschaft-lich-sozialen Konformitätsansprüchen die eigentliche Spannung neuzeitlicher Existenz erkennt. Dieses gemeine Interesse des Romans begründet die immer wieder beobachtbare Tendenz des naturalistischen Romans, die theoretisch postulierte Determina-tion im Rückgriff auf naturmystische oder religiöse Symbole oder Verweissysteme aufzuheben. Die in der Aufklärung wurzelnde und vom historischen Neubeginn geprägte amerikanische Demo-kratievorstellung verstärkt diese Tendenz. Deshalb auch weichen DREISER und STEINBECK, die als sozialistische Schriftsteller rekla-miert werden, in eine transzendente Symbolik aus.

Red Decade

Unter dem Eindruck der sowjetischen Revolution in Russland und der Verelendung der Massen während der *Great Depression* erhält der sozialkritische Roman in den USA jedoch eine politisch-pro-pagandistische Dimension, so dass man nicht zu Unrecht von der *red decade* spricht. Trotz dieser Zuordnung darf man nicht verges-sen, dass es sich hier nur um eine partielle Wahrnehmung han-delt. WILLIAM FAULKNER, THOMAS WOLFE und die Romanciers des Südens und andere gehen z. B. einen ganz anderen Weg. Interes-sant ist, dass die Literatur der *red decade* von einer Reihe von Zeit-schriften propagiert wurde, *The New Masses*, *Partisan Review*, *Dynamo*, *The Anvil*, um nur die wichtigsten zu nennen. Einfluss-reiche Beiträge lieferten GRANVILLE HICKS, JOSEPH FREEMAN und MICHAEL GOLD (1894-1967), der auch durch eigene Romane her-vortrat.

Michael Golds pro-letarischer Realismus

GOLDS Roman *Jews Without Money* (1930) ist ein Ghetto-Roman, der das Schicksal rumänischer Juden um die Jahrhundertwende thematisiert. Er bemüht sich um – wie er es nennt – einen prole-tarischen Realismus, aber weicht immer wieder in die narrative Technik des Fantastischen aus. Immerhin hat das Buch seinen Platz in der sich nach dem Zweiten Weltkrieg entwickelnden Tra-dition des ethnisch jüdischen Romans. Trotz der öffentlich bekun-deten politischen Stoßrichtung hat Gold den ideologisch fixierten Naturalismus nicht durchhalten können.

Henry Roth und das Problem der Sprache

Ähnlich ist HENRY ROTHs Roman *Call it Sleep* (1934), der erst kürz-lich in deutscher Übersetzung verfügbar wurde, ausgerichtet. Die Kindheit eines Jungen jüdischer Einwanderer wird erzählt, aber es ist weniger das soziale Schicksal der Familie in Amerika oder der Druck jüdischer Erziehung und Traditionen, die im Mittelpunkt der Schilderungen stehen, sondern es ist die als existentiell emp-fundene Frage nach einer angemessenen, ausdrucksstarken Spra-che. Der heute weitgehend vergessene HENRY ROTH (1906–1995) ist somit einer der ersten Autoren, der indirekt die Frage nach der Referentialität der Sprache aufwarf. Er macht das fest an der mehrsprachigen Existenz des Einwanderers, der je nach benutzter Sprache in einer anderen Tradition oder sogar einer anderen sozialen Wirklichkeit lebt. Insofern ist der Roman trotz der weltanschaulichen Verankerung ein weit über den Naturalismus hinausweisendes Werk, das die Tradition der jüdisch-amerikanischen Romane der 1940er und 1950er Jahre vorprägt und einleitet.

Richard Wright

Ähnliches lässt sich für RICHARD WRIGHT (1908–1960) hinsichtlich der afro-amerikanischen Literatur sagen. Im ländlichen Mississippi geboren, kam er zu Beginn der 1930er Jahre nach Chicago und trat 1934 der Kommunistischen Partei bei. In Chicago erlebte er die Not des Ghettos unter dem besonderen Druck der Depression und sah dies nur als eine weitere Verschärfung der Lebenssituation der amerikanischen Neger, nachdem er im Süden Hunger und soziale Segregierung schon am eigenen Leibe verspürt hatte. Er trat in Chicago der Schriftstellervereinigung der KP, dem John Reed Club, bei und stellte so seinen literarischen Ehrgeiz in den Dienst eines politischen Programms. Eigene Erfahrungen und eine ideologische Ausrichtung, die von der Zwangsläufigkeit der historischen Entwicklung überzeugt ist, waren die Grundlage seiner naturalistischen Erzählungen und Romane. Dennoch ist WRIGHT, der häufig an den Anfang der afroamerikanischen Romantraditionen gestellt wird, nicht der erste, der die besonderen Lebensbedingungen des amerikanischen Schwarzen realistisch oder naturalistisch dargestellt hat, wohl aber der bedeutendste.

afroamerikanische-Tradition: *Harlem Renaissance*

Seit dem zweiten Drittel des 19. Jhs. hat es immer wieder künstlerische Versuche der Selbstdarstellung und Selbstbehauptung der Afroamerikaner gegeben, aber erst die *Harlem Renaissance* der 1920er und 1930er Jahre rückte diese ethnische Gruppe in ihrer historischen und kulturellen Besonderheit deutlicher in den Blick. Dies geschah zunächst über die Folklore und die Musik und fand dann vor allem in der Lyrik einen bewegenden Ausdruck. Klaus Ensslen fasst zusammen: *Eine der wichtigsten allgemeinen Voraussetzungen für die* Harlem Renaissance *war die nach dem ersten Weltkrieg sich auf breiter Front durchsetzende Öffnung in der dominanten Kultur für afroamerikanische Musik, insbesondere für Frühformen des Jazz wie Ragtime und Instrumentaljazz im New Orleans-Stil ... Es ist wichtig, die* Harlem Renaissance *als Kommunikationsvorgang zwischen dominanter und Gruppenkultur zu verstehen, statt als autonomen Selbstbefreiungsakt.*[24]

Lyrik

CLAUDE MC KAY (1889–1948), JEAN TOOMER (1894–1967), LANGSTON HUGHES (1902–1967), ZORA NEALE HURSTON (1891–1960)

---

24 Klaus Ensslen, *Einführung in die ...*, S. 94/95

und andere schrieben aus dem Umkreis der *Harlem Renaissance* Gedichte, Erzählungen und Romane, etablierten aber nicht eine eigenständige Literatur, sondern blieben mit ihren besonderen afroamerikanischen Erfahrungen im Kommunikationszusammenhang mit der Entwicklung der amerikanischen Literatur. Allerdings fordert die Gestaltung der schwarzamerikanischen Erfahrung eine Durchdringung des soziologischen Bedingungsgefüges der Gesellschaft, und so schreiben sie deutlich in der realistisch-naturalistischen Tradition.

Wrights Romane: *Native Son*

Das gilt besonders für RICHARD WRIGHT. Sein erstes Buch, *Uncle Tom's Children* (1938) erzählt in fünf Novellen aus dem Leben des rassistischen Südens; die Stadt war dann das Thema der *documentary novel Lawd Today*, ein Roman, der wegen einer parteiinternen Zensur erst 1965, nach seinem Tode, veröffentlicht wurde. Die Materialsammlung für dieses Buch bildete jedoch die Basis für seinen großen Roman *Native Son* (1940), der ihn berühmt machte und ihn an den Beginn der Tradition der neueren *black fiction* stellte. Die Hauptfigur Bigger Thomas wächst in den Slumgebieten Chicagos auf, tötet eine weiße Frau, flieht, tötet wieder, wird gefasst, verurteilt und hingerichtet. Der in drei Bücher gegliederte Roman beschreibt Biggers Sozialisation im Großstadtghetto und macht den raschen Stimmungswechsel Biggers von Angst und Zurückweichen zur Aggressions- und Gewaltbereitschaft als sozial vermittelt und unbeherrschbar einsichtig. Er ist damit eher ein Produkt seiner Umwelt als ein selbstverantwortlich handelnder Mensch, mehr Opfer als Täter. Insofern ist Bigger eine typische Gestalt des Naturalismus.

Erzählerkommentar

Er wird auch nicht aus seinem Bewusstsein heraus dargestellt, sondern WRIGHT greift auf auktoriale Einsprengsel und Erzählerkommentare zurück, und der deterministische Zusammenhang wird für den Leser erkennbar, nicht aber für Bigger selbst. Dennoch hat er ein allgemeines Opferbewusstsein und reklamiert damit eine Stellvertreterrolle, die über die soziale Bedingtheit in eine christliche Dimension hinausweist.

Ende einer Entwicklung

Auch die Romane der sozialistisch-kommunistisch eingestellten Autoren kommen also ohne eine humanistische oder christliche Symbolik nicht aus. Damit deuten sie aber auch an, dass der naturalistische Roman in letzter Konsequenz an einem Ende der formalen Entwicklung angekommen ist.

4 Der Stadtroman: Vom Naturalismus zum existentialischen Formexperiment

Erschöpfung einer Stilentwicklung

Ein deutliches Zeichen für die Erschöpfung einer Stilentwicklung ist in der Regel darin zu sehen, dass die Literaturkritik und -theorie eine analytisch-begriffliche Trennung von Form und Inhalt vornimmt. Durch die Benennung eines Themas, eines Figurentyps oder eines Schauplatzes als konstitutives Merkmal von Romanen wird versucht, die ursprüngliche Vitalität und den Formenreichtum der darstellerischen Methode in ihrer Ausfächerung in vielen Bereichen zu behaupten und zu dokumentieren. Seit HENRY JAMES weiß man jedoch von der gegenseitigen Bedingung von Form und Gehalt, und so muten solche Versuche auch als Bewahrungsstrategien ideologischer oder weltanschaulicher Reinheit an. Gerade der Naturalismus in seiner dokumentierenden und antiindividualistischen Tendenz drängt in diese Richtung, und so ist es um so bemerkenswerter, dass der dichterisch-kreative Impuls der Schriftsteller über ideologische Begrenzungen hinausstrebt. Solange der potentielle Formenreichtum einer Darstellungsweise noch nicht ausgeschöpft ist, solange bleibt sie auch in ständig neuen Variationen lebendig, bis sie schließlich zur Konvention erstarrt und als allgemeine Technik verfügbar und abrufbar wird.

Typik von Übergangsphasen

In der Endphase beginnt normalerweise auch eine experimentierfreudige Übergangszeit, in der sich andere historische und gesellschaftliche Problemlagen neue und adäquate Ausdrucksformen suchen. Das mag der entscheidende Grund dafür sein, dass die Literaturgeschichte Epochen unterscheiden und Epochengrenzen benennen kann. Dabei ist aber zu beachten, dass die Metapher der Epochengrenze im geistes- und literaturgeschichtlichen Zusammenhang nie eine klare Demarkationslinie benennt, sondern einen zeitlich ungefähr beschreibbaren fließenden Übergang und allmählichen Paradigmenwechsel meint.

Ausfächerung von Romantypen

Spätestens in den 1930er Jahren beginnt im amerikanischen Naturalismus eine solche Entwicklung, und die Literaturwissenschaft trägt dem insofern Rechnung, dass der Beginn der *Jewish-American Novel* und der *Afro-American Novel*, der *Women Literature* oder der *City Novel* hier angesetzt wird, obwohl man Vorläufer und erste Ausprägungen schon in den 1890er Jahren finden kann. Aber diese Themen sind 1890 noch nicht so dominant, dass man da schon von einer gattungsbildenden Kraft sprechen kann. Außerdem bleiben sie eingebettet in die sozialen Probleme im Zusammenhang mit der Industrialisierung und Urbanisierung und beziehen aus dem Sozialdarwinismus die deterministische Tendenz, die sich in der erst noch entwickelnden Formensprache des Naturalismus entfaltet.

City Novel: Stadt als prägender Lebensraum	An der *City Novel* kann man gut erkennen, wie sich diese Situation ändert. In den 1930er und 1940er Jahren entwickelt der Naturalismus durch in verschiedene Richtungen weisende thematische Pointierungen neue Formen und Darstellungstechniken, die auf eine allgemeinere Fragestellung nach den existentiellen Bedingungen des menschlichen Lebens hinauslaufen. Die soziologische Verwandlung der ursprünglich agrarischen in eine urbane amerikanische Gesellschaft bedeutete ja nicht, da vom Landleben und bäuerlichen Jahreszyklus geprägte Menschen nun lediglich in großer Zahl enger zusammenwohnen, sondern die moderne Großstadt ist ein Lebensraum mit einem eigenen Rhythmus und Umweltbedingungen, die eine ganz anders ausgerichtete Prägekraft entwickeln. Das Tempo des Alltags verschärft sich, die industrielle Arbeitswirklichkeit führt in ihrer in Einzelschritte zerlegten Fließbandproduktion zur Entfremdung gegenüber dem undurchschaubar werdenden Gesamtablauf, der Weg von und zur Arbeit wird ein Massentransportproblem, Behausungen werden zu Wohnvierteln klassenspezifischer und ethnischer Charakteristik. Die Großstadt tritt dem Einzelnen facettenreich und dschungelartig gegenüber. Der liberale Individualismus gerät unter einen Vermassungsdruck, der auf dem Hintergrund der freiheitlich-demokratischen Gesellschaftsverfassung der USA als determinierende Fremdbestimmung mit eigenem Charakter empfunden wird. Gleichzeitig erscheint die Großstadt als existentieller Lebensraum, so dass Thema/Stoff und Formenkanon/Naturalismus zusammenfallen und aufeinander bezogen werden können.
amerikanische Stadt vs. europäische Stadt	In diesem Zusammenhang ist wichtig, dass die amerikanische Stadt ein neuzeitliches soziologisches Phänomen ist, das ganz andere Lebensbedingungen und -traditionen aufweist als europäische Großstädte, die, wie z. B. Rom oder London, eine historische Tiefe besitzen, die die moderne urbane Existenz nicht als neue Lebensform ins Bewusstsein treten lässt.[25] Insofern erscheint die amerikanische Großstadt als historische Schöpfung des Kapitalismus, als *melting pot* im schon auf Crèvecoeur zurückgehenden Sinne,[26] auch wenn die moderne *ethnic neighborhood* und Ghettobildung der ideologischen Gewissheit widersprechen.
Tradition des Großstadt-romans	Der amerikanische Großstadtroman begann mit WILLIAM DEAN HOWELLS' *A Hazard of New Fortunes* (1889), fand seine Fortsetzung in STEPHEN CRANES *Maggie, a Girl of the Streets* (1896), THEODORE DREISERS *Sister Carrie* (1900) und *An American Tragedy* (1925). Die bisherige Einordnung in die Entwicklung des amerikanischen Naturalismus beweist jedoch, dass es hier lediglich um eine andere Eingruppierung der Werke geht, denn um eine neue Gattungsdefinition. Dennoch kann man, wie es BLANCHE HOUSMAN GELFANT in ihrem lesenswerten und kenntnisreichen Buch *The American*

City Novel (1954) tut, den Stadtroman als moderne Ausdrucksform des 20. Jhs. beschreiben. Ihre Prophezeiung, hier entstehe eine neue vitale epische Gattung, hat sich indes nicht erfüllt, der Stadtroman blieb ein Einzelphänomen innerhalb der Entwicklung des Realismus-Naturalismus und brachte seine größten Leistungen in der naturalistischen Endphase hervor.

Stadt als Antagonist

In diesen Romanen spielt die Stadt eine geradezu aktive Rolle als Antagonist, dem der Protagonist meist hilflos ausgeliefert ist. Die Stadt ist Handlungsraum, Atmosphäre, und erfordert eine besondere Lebensweise. Damit erscheint die Stadt als in sich geschlossenes Ganzes, und die einzelnen Episoden der Handlung sind lediglich Ausdruck einer vielschichtigen und den Menschen prägenden städtischen Lebensweise. Gelfant grenzt den Großstadtroman von dem Roman des sozialen Protests im Stile der *muckraker* ab und definiert:

Definition des Stadtromans

the intention of the novel is to explore the city, to show what it is, what values it lives by, and what effect it has upon the individual's character and destiny. Consequently, it is broader in scope than the problem novel; it interprets city life as a social structure, while the problem novel records, in a more photographic manner, only the symptoms of a particular urban disorder.[27]

Portrait Novel

Hier wird schon angedeutet, dass der Stadtroman Darstellungsformen entwickelt, die über den Naturalismus hinausdrängen. GELFANT arbeitet drei Typen der *city novel* heraus. Den ersten Typ nennt sie *portrait novel* und versucht damit, die Stadtdarstellung DREISERS, SHERWOOD ANDERSONS, EDITH WHARTONS und THOMAS WOLFES zu charakterisieren. Er gehört in die Tradition der Initiationsgeschichte, indem der junge und naive, in der Regel vom Land stammende Protagonist in die Stadt kommt und durch eine Reihe von Episoden das so andere und moralisch gefährliche Leben in der Stadt kennenlernt und dabei zu einer Persönlichkeit reift. In der Regel lernt der Held den Materialismus und Egoismus des Stadtlebens zu verabscheuen und er versucht, auf der Grundlage der alten amerikanischen individualistischen und demokratischen Wertvorstellungen Reformen zu initiieren und voranzutreiben. Die strukturelle Anlage solcher Romane der 1930er und 1940er Jahre erweckt häufig den Eindruck eines dokumentarischen Berichts, und der junge Held erscheint oft als Opfer übermächtiger und undurchschaubarer Kräfte, die ihn ganz im naturalistischen Sinne fremdbestimmen.

---

25 vgl. Klotz
26 vgl. De Crèvecoeur, bes. Brief III
27 Gelfant, S. 8

Synoptic Novel	Als zweiten Typus identifiziert GELFANT die *synoptic novel*, in der die Stadt selbst in ihren Lebensäußerungen zum Thema wird. Es ist *„a novel without a hero, which reveals the total city immediately as a personality in itself.“*[28] Im Begriff des Synoptischen wird hier schon angedeutet, dass der Roman die vielfältigen Aspekte der Stadt zur Anschauung bringen will. Die soziale Topographie vom Viertel der Reichen zum Slumbezirk spielt hier eine ebenso große Rolle wie ethnische Besonderheiten, in New York z. B. reicht das Spektrum von Harlem bis Chinatown. Das rasche Tempo des Ortswechsels, die unendlich vielen menschlichen Begegnungen, der Lärm und Gestank einer hektischen Großstadt, die verwirrende Vielfalt von Sinneseindrücken, das alles tritt in der *synoptic novel* unmittelbar hervor.
John Dos Passos	JOHN DOS PASSOS (1896–1970) ist der herausragende Autor, der in seinem experimentellen Roman *Manhattan Transfer* (1925) New York zum eigentlichen Gegenstand der Darstellung macht.

Die Einwanderermetropole ist ein riesiger, amorpher Handlungsraum, in dem sich eine ungeheure Anzahl von Menschen bewegt, die in Kurzportraits vorgestellt und wieder fallengelassen werden, in dem Einzelne in Lebensläufen fragmentarischer Art bruchstückhaft dargestellt werden und scheinbar zu Protagonisten avancieren, ein Raum, in dem Träume und Ideale zerplatzen, menschliche Beziehungen in nur sexuellen Begegnungen degenerieren. Das wichtigste Strukturprinzip scheint die Wiederholung zu sein, man hat ständig das Gefühl des déjà-vu.[29] |
| **Montage-technik** | Ganz ähnlich in der Montagetechnik ist DOS PASSOS' U.S.A.-Trilogie, *The 42nd Parallel* (1930), *Nineteen Nineteen* (1932) und *The Big Money* (1936), angelegt.[30] Die Trilogie ist als Ganzes ein experimenteller historischer Roman, der die Geschichte der USA von der Jahrhundertwende bis zum Beginn der *Great Depression* 1929 panoramaartig zusammenschaut. DOS PASSOS verwendet hier dieselbe Technik wie schon in *Manhattan Transfer*. Realistisch erzählte Lebensläufe der zwölf Hauptfiguren sind auf insgesamt 52 Erzählabschnitte verteilt und werden von Kurzbiographien historisch bedeutender Persönlichkeiten aus Wirtschaft, Politik, Technik und Wissenschaft unterbrochen. Hier liegt in der Bevorzugung sozialkritischer Personen, wie z. B. Thorstein Veblens, schon eine gesellschaftskritische Absicht. |
| *Newsreels* **und** *Camera Eye* | Eingeblendet sind weiterhin *newsreels*, also an Wochenschauen erinnernde Kollagen aus Zeitungsschlagzeilen, Werbetexten und Schlagern. Daneben stehen Kapitel, die *camera eye* genannt werden und in der Technik des Bewusstseinsstroms Autorkommentare zum historischen Geschehen abgeben. Der hohe moralische Anspruch der Trilogie bezieht seine Substanz aus den alten amerikanisch-demokratischen Idealen, die von den modernen Usur- |

patoren der Macht verraten wurden. Der Untergang bzw. die Nivellierung des Individuums in der Massengesellschaft ist das eigentliche Thema, das in der anonymen Großstadt seinen symbolischen Ausdruck findet. Mit seiner Montagetechnik hat Dos Passos auf die existentialistische Literatur, besonders in Frankreich, einen erheblichen Einfluss genommen, aber er vertraut noch ganz darauf, dass die Wirklichkeit sich sprachlich adäquat darstellen lässt. Aber er vertraut nicht mehr allein der realistisch-naturalistischen Darstellungskonvention, sondern sucht nach neuen expressiven Formen.

Ecological Novel

Der dritte Typ des Großstadtromans wird von Gelfant als *ecological novel* bezeichnet, *„having as its protagonist not a single person but a spatial unit – a city neighborhood, block, or even an apartment house. Interest thus focuses upon the social relationships and manners within a close group, although one figure may come to prominence."*[31] Die Beschränkung auf einen kleinen Ausschnitt der Großstadt als Handlungsraum bringt ethnische Gruppen und Ghettos in den Blick und zeigt so eine erstaunliche Vielfalt von Verhaltensmustern, die sehr stark von religiösen und hierarchischen Vorstellungen geprägt sind. WALDO FRANKS *City Block* (1922) ist ein frühes Beispiel, in diese Gruppe gehören aber auch ALBERT HALPERS *Union Square* (1933), NELSON ALGRENS Kurzgeschichtensammlung *The Neon Wildernes* (1947), JOHN KAFKAS *Sicilian Street* (1949), WILLARD MOTLEYS *Knock on any Door* (1947) oder SHOLEM ASCHS *East River* (1946).

James T. Farrell

Am eindrucksvollsten sind jedoch die Romane von JAMES T. FARRELL (1904–1979). Seine Romane über das Schicksal irischer Einwanderer sind stark autobiographisch gefärbt und zeichnen sich durch eine außerordentliche realistische Genauigkeit aus. Interessant ist dabei jedoch, dass FARRELL aus einer distanzierten auktorialen Erzählhaltung immer wieder in die erlebte Rede überleitet und so die subjektive Weltsicht seiner Protagonisten zur Darstellung bringt. Er kann dadurch auf den naturalistischen Erzählerkommentar verzichten, ohne die angestrebte Objektivität der Darstellung zu gefährden. Der Leser begreift durch den Wechsel, zu welchen verhängnisvollen Konsequenzen das Verhalten der Protagonisten führen wird, und er erkennt auch den Grund dafür in den gruppendynamischen Prozessen und dem Wertewandel innerhalb der Gesellschaft.

---

28 Gelfant, S. 11
29 Schaller, „Die USA und Deutschland ...", S. 437a
30 vgl. Isernhagen
31 Gelfant, S. 12

Farrells Romanzyklen	FARRELLS Werk umfasst vier große Romanzyklen, der erste, die *Studs Lonigan* Trilogie (1932–1935), gilt als sein Hauptwerk und beschreibt nüchtern und ohne Mitgefühl den Untergang des Helden, Sohn irischer Einwanderer, in den Slums von Chicago. Ganz ähnlich sind die beiden nächsten Zyklen angelegt, die *Danny O'Neill Pentalogie* (1936–1953) und die *Bernard-Clare-Trilogie* (1946–1952). Den Abschluss bildet ein unvollendeter monumentaler Zyklus von 11 Bänden *A Universe of Time* (1963–1978), in dem er aus der Sicht des Künstlers versucht, eine umfassende Darstellung und Bewertung der modernen Zeit zu geben. Damit wandelt sich FARRELLS Blick sozusagen von der Nahaufnahme des Mikrokosmos, in dem Studs untergeht, zum Weitwinkelbild, in dem das ganze Zeitpanorama erfasst werden soll. In beiden Fällen geht es aber immer noch darum, die Existenzbedingungen des menschlichen Lebens objektiv darzustellen und verstehbar zu machen. Der Glaube, das sei durch sprachliche Wiedergabe möglich, ist unerschüttert.
Entwicklungsstränge	Das realistisch-naturalistische Schema der logischen Ursache-Wirkung-Relation und der Subjekt-Objekt-Gegensatz bleiben so auch im Großstadtroman in allen drei Typen erhalten. Dennoch zeigen die formalen Experimente, dass diese Tradition nahezu erschöpft war. Der andere große Entwicklungsstrang des amerikanischen Romans zum Bewusstseinsroman hatte ebenfalls eine erstaunliche formale Bandbreite entwickelt, aber auch an der Darstellbarkeit von Bewusstseinsinhalten gläubig festgehalten.
Sprache als Problem der zweiten Jahrhunderthälfte	In der zweiten Hälfte des 20. Jhs. gerät das Darstellungsmedium, die Sprache selbst, in den Bannkreis des Zweifels. Damit geraten aber bisherige Paradigmen ins Wanken, und realistisch-naturalistische Erklärungs- und bewusstseinsinterne Erkenntnismodelle werden radikalen Fragen ausgesetzt.

Renaissance
KAPITEL der Südstaatenliteratur

Der durch Industrialisierung und Urbanisierung in den ersten Jahrzehnten des 20. Jhs. in den USA entstandene Modernisierungsdruck traf in den amerikanischen Staaten der ehemaligen Konföderation mit der bitteren Erfahrung des verlorenen Bürgerkriegs und dem Gefühl der Ohnmacht gegenüber der Auflösung der traditionellen südstaatlich-agrarischen Kulturgemeinschaft zusammen. Der Süden hatte sich immer als eine besondere Region der USA verstanden, als eigentliche Weiterentwicklung der europäischen Kultur, in der die großen Plantagen auf der Grundlage gewinnträchtiger Monokulturen wie Baumwolle und Tabak eine aristokratisch-agrarische Lebensform ermöglichten und Klassenunterschiede und Sklavenhaltung als patriarchalische Fürsorge für die Schwachen und rassisch weniger weit Entwickelten glorifizierten. Das Wegbrechen solcher das Selbstwertgefühl stabilisierenden Sozialmythen lässt ein Gefühl der Wurzellosigkeit, des moralischen Werteverlusts und der psychischen Desintegration zurück.

Die literarischen Darstellungen der post-bellum südstaatlichen Erfahrungen werden daher auch häufig und letztlich undifferenziert mit dem Begriff *Southern Gothic* oder *Southern School* als verallgemeinernde Kategorie bezeichnet. Die damit verbundene Anspielung an die Schauerromantradition des 18. Jhs. ist dabei natürlich beabsichtigt und hat immer wieder Proteste der Autoren der Südstaaten ausgelöst.

Es bleibt festzuhalten, dass der Begriff des Regionalismus in der amerikanischen Geistes- und Literaturgeschichte eine erhebliche Rolle spielt und sehr vergröbert typische geographisch geprägte Lebensformen und kulturelle Besonderheiten unter dem gemeinsamen Dach der amerikanischen Zivilisation kennzeichnen will. Im 19. Jh. hat das als *local-color* begonnen. 1893 hat FREDERICK JACKSON TURNER den amerikanischen Westen als prägend für die US-amerikanische Geschichtserfahrung herausgearbeitet; im 20. Jh. tritt der amerikanische Süden in seinem gebrochenen Verhältnis zur eigenen Geschichte als exemplarisch für die modernen USA hervor. TURNER war der Historiker des Westens, und in ähnlicher Bedeutung tritt 1951 der Historiker C. VANN WOODWARD mit seinem wichtigsten Buch *Origins of the New South* (1951) als Historiker des Südens hervor und versucht, die regionale Besonderheit des amerikanischen Südens als eigenen Kulturraum herauszuarbeiten.

Selbstver-ständnis des Südens	Dieser Ansatz ist nicht neu, denn in den späten 1920er und 1930er Jahren hat eine Gruppe von Literaten, Journalisten und Professoren aus dem Umfeld der Vanderbilt University in Nashville, Tennessee, versucht, die ideologischen Positionen eines Selbstverständnisses des Südens zu formulieren. Bekannt wurden sie als *fugitives* nach dem Namen einer kleinen Zeitschrift, die sie von 1922–1925 herausgegeben haben, und unter der Federführung von ALLEN TATE (1899–1979) erschien 1930 ein programmatisches Manifest mit dem Titel *I'll Take My Stand: The South and the Agrarian Tradition. By Twelve Southerners*.[1] Die Hauptbeiträger waren neben ALLEN TATE JOHN CROWE RANSOM (1888–1974), DONALD DAVIDSON (1893–1968) und ROBERT PENN WARREN (1905–1989). Sie alle waren Literaturwissenschaftler, die später vor allem in Yale einflußreiche Vertreter des *New Criticism* wurden, aber auch selbst bedeutende schriftstellerische Karrieren als Lyriker, oder, wie ROBERT PENN WARREN, als Romancier hatten. Ihr Protest war ein traditioneller, indem sie alte Beschwerden des Südens gegen den Norden wiederholten und bekräftigten.
Kulturkritik: Irving Babbitt	Die Harvard Professoren IRVING BABBITT (1865–1933) und PAUL ELMER MORE (1864–1937) unterstützten die Bewegung aus der Position einer anti-puritanistischen Kulturkritik heraus. Vor allem Babbitt hatte in seinen wichtigen Büchern *Rousseau and Romanticism* (1919) und *Democracy and Leadership* (1924) den ungehemmten Individualismus angegriffen. Unter dem Stichwort Neuhumanismus hatte BABBITT die Werte der vorromantischen Klassik wie Maß, Selbstdisziplin, Geschmack und Form angemahnt. In der Bewegung der *Southern Renaissance* sah er daher einen willkommenen Aufruf zur Rückkehr zu ethischen Werten. Den geistesgeschichtlichen und historischen Komplex hat Arno Heller zusammengefasst:

> ,Industrialism', ,Cosmopolitanism', ,Progress', ,Big Business', ,Applied Sciences' und ,Positivism' und der alles zusammenfassende Oberbegriff ,the North' waren die Hauptangriffspunkte der Kritik. In diesen Erscheinungen sah man alle jene Tendenzen verkörpert, welche die ursprüngliche, naturverbundene und im Religiösen verankerte agrarische Lebensgemeinschaft dem zerstörerischen Rationalismus, Determinismus und Szientismus der industriellen Expansion unterwarfen. Sie wurden zum Inbegriff kultureller, religiöser und menschlicher Verarmung.[2]

Agrarian vs. industrial principle	JOHN CROWE RANSOM hatte der Aufsatzsammlung *I'll Take My Stand* ein „Statement of Principles" vorangestellt, die in der die Meinung aller Beiträger zusammenfassenden Aussage gipfelte: *„and all as much as agree that the best terms in which to represent the distinction are contained in the phrase, Agrarian versus Industrial."*[3] Mit diesem Manifest meldete sich der amerikanische Süden als

kulturell eigenständige Region zurück, und die Südstaatenautoren wurden für die amerikanische Literatur eine wichtige, zuweilen beherrschende Gruppe, deren besonderes Geschichtsverständnis, gebrochenes Verhältnis zur industrialisierten Moderne, und der aus der Rassenfrage resultierenden Sensibilität gegenüber ethnischen Kulturproblemen das multikulturelle und postmoderne Bewusstsein der 1960er bis 1980er Jahre stark beeinflusste.

Regionalismus und Einheitskultur

Der Regionalismus, der sich mit der *Southern Renaissance* erstmals deutlich artikuliert, ist nach dem Zweiten Weltkrieg in der globalen Auseinandersetzung mit der Sowjetunion während des Kalten Krieges vorübergehend von der Notwendigkeit eines amerikanischen kulturellen Konsenses in seiner Bedeutung beschnitten worden. Die Entwicklung des Autobahnnetzes *interstate highways* in der EISENHOWER Ära, die rasche Verbreitung des Fernsehens, der Beginn des Massenflugverkehrs und in den letzten zwei Jahrzehnten die Computerkommunikation haben eine amerikanische Einheitskultur auf der nationalen Oberfläche hervorgebracht, die die regionalen Unterschiede zu nivellieren und im Sinne eines nationalen Standards aufzuheben schien. Dennoch blieben die regionalen Eigenheiten als kulturelle Matrix erstaunlich vital. Vor allem die wachsende Kraft der Folklore, Formen und Themenreservoir der *popular culture*, die amerikaweite Vermarktung regionaler Verbrauchsprodukte, die für den Massentourismus erfreuliche landschaftliche Vielfalt und die ethnische Diversifikation wirkten dem *melting-pot*-Ideal des 18. Jhs. entgegen und hoben die Regionen als Chance für eine multikulturelle und postmoderne amerikanische Gesellschaft ins Bewusstsein.

Regionale Forschungs- und Studieneinrichtungen

Nach 1970 schlug sich diese Entwicklung an den Universitäten in Form von Forschungs- und Studieneinrichtungen nieder. 1976 errichtete die Universität von Nebraska ein „Center for Great Plains Studies", ein Jahr später eröffnete die University of Mississippi in Faulkners Heimatstadt Oxford das „Center for the Study of Southern Studies", 1978 eröffnete die University of Kentucky ihr „Appalachian Center". Neueren Datums sind regionale Forschungszentren in North Carolina (Chapel Hill), an der Southwest Texas State University, der University of Southern Maine, der Utah State University und der University of Wyoming.[4]

---

1 Der Text ist zugänglich in der Neuauflage von Rubin; eine gute Einführung und Darstellung liefert Singal
2 Heller, „Ideologie und Wirklichkeit...", S. 153
3 Rubin, S. IX
4 vgl. Wilson

Nostalgie und historischer Roman

Der Süden zeichnet sich jedoch durch eine Obsession mit der Vergangenheit aus, die in einer enormen Detailgenauigkeit aufgearbeitet und hinsichtlich einer möglichen Definition der eigenen Identität selbstquälerisch befragt wird. Der realistische Geschichtsroman ist deshalb auch die Form, die *„dem ideologischen Bedürfnis der ersten Schriftstellergeneration der* Southern Renaissance *am meisten entgegenkam. Dementsprechend entstanden in den dreißiger Jahren eine Reihe von Bürgerkriegsromanen, die den Niedergang des Südens und die Ursachen dafür in den Mittelpunkt stellen. Hierher gehören Werke wie Stark Youngs* So the Red Rose *(1934), Andrew Lytles* The Long Night *(1936), Caroline Gordons* None Shall Look Back *(1937) und Margaret Mitchells melodramatischer Publikumserfolg* Gone with the Wind *(1936)."*[5] In diese Reihe gehört im Grunde auch ALLEN TATES einziger Roman *The Fathers* (1938), aber erzähltechnisch ist der Roman dem *modernism* verpflichtet, weil er die Schichten der Erinnerung aus der Perspektive eines alten Mannes bloßlegt, der sich die Vergangenheit Stück für Stück vergegenwärtigt. Es ist die Geschichte einer Familie in Virginia, die in den Wirren des Bürgerkriegs und den Turbulenzen der Neuordnung nach dem Krieg zerbricht.

Faulkner-rezeption

WILLIAM FAULKNER ist zwar nicht der Agrarbewegung zuzuordnen, aber auch er setzt sich mit der Vergangenheit und der Auflösung der Ordnungen des alten Südens auseinander. Allerdings tut er das in einer solch involvierten und umfassenden Art und Weise, dass er als die eigentliche Verkörperung der Südstaatenliteratur gesehen werden muss. Sein modernistisches und erzähltechnisch zwar brillantes, aber schwieriges Werk ist nach großer Wirkung in den 1930er Jahren rasch aus der Publikumsgunst geschwunden, hat nach dem Nobelpreis 1950 eine internationale Renaissance erlebt und wird heute praktisch nur noch in akademischen Zirkeln rezipiert. MALCOLM COWLEY gebührt das Verdienst, FAULKNER in den 1940er Jahren wieder in den Blickpunkt gerückt zu haben. Seine Textsammlung *The Portable Faulkner* (1946) erwies sich als bahnbrechend und hat zu vielen Neuauflagen der Romane FAULKNERS wegen der großen Nachfrage geführt. Für Cowleys Sammlung hat FAULKNER auch eine Landkarte seines fiktiven Landkreises, Yoknapatawpha County, gezeichnet, in dem fast alle seine Erzählungen und Romane spielen. Damit wurde erst richtig deutlich, welch ungeheuren epischen Umfang FAULKNERS Werk tatsächlich hat. PAUL INGENDAAY hat dies sehr schön zusammengefasst:

Yoknapatawpha County

Das Gebiet, in dem William Faulkners Bücher spielen, liegt im nördlichen Mississippi und umfasst 2400 Quadratmeilen. Es hat 15 611 Einwohner (6298 Weiße, 9313 Schwarze), und die Kreishauptstadt heißt Jefferson. Auf einer Landkarte, die Faulkner von seinem imaginären

Reich Yoknapatawpha County gezeichnet hat, erkennt man das Stadtzentrum mit den Radialstraßen, die Bahnlinie, das Gerichtsgebäude, den Marktplatz, man sieht gewundene Flüsse, die das Gebiet im Norden und Süden begrenzen, und darüber verstreut die präzisen Bezeichnungen der Ereignisse aus den Romanen. Es ist eine ganz und gar erfundene Region, und man möchte lächeln bei der Inschrift, die unten links ganz klein zu lesen ist: „William Faulkner, alleiniger Besitzer und Eigentümer".6

Geschichte des Yoknapatawpha County

Yoknapatawpha County ist der amerikanische Süden schlechthin, und FAULKNER erzählt die Geschichte von der ersten Landnahme durch die Weißen (vgl. die Kurzgeschichte „Red Leaves") bis zur Übernahme des Materialismus des Nordens, die Gegenstand der Snopes-Trilogie *The Hamlet* (1940), *The Town* (1957) und *The Mansion* (1959) ist. FAULKNERS qualvolle und involvierte Auseinandersetzung führte zu einem schwierigen und verschachtelten Stil, der in Anlehnung an den spanischen Dichter GONGORA Y ARGOTE (1561–1627) gern als Dixie Gongorism bezeichnet wird und als Stilvorbild eines Großteils der Südstaatenliteratur gelten kann. Marcus Cunliffe stellt kurz und bündig fest: *„Perhaps the true lesson is that Faulkner's South was always a state of mind as well as a geographical area – and therefore potentially universal."7*

Robert Penn Warrens Roman *All the King's Men*

Durch die psychologische Motivation der Hauptfiguren und die philosophische Einbettung drängen auch ROBERT PENN WARRENS Romane über den regionalen Rahmen hinaus ins Universelle. Dies ist zwar in den ersten Romanen *Night Rider* (1939) und *At Heaven's Gate* (1943) noch nicht so deutlich, aber in seinem besten Werk *All the King's Men* (1946) evident. Im Mittelpunkt steht Willie Stark, ein Emporkömmling und Machtmensch, der dem 1926 ermordeten autokratischen Gouverneur von Louisiana, Huey P. Lang, nachempfunden ist. Es ist aber nicht der korrupte Politiker und das ihn ermöglichende System, das die zentrale Aufmerksamkeit erregt, sondern die psychologische Entwicklung des Ich-Erzählers Jack Burden. Schrittweise durchschaut er den krassen Materialismus Starks und lehnt gleichzeitig den simplen rückwärtsgewandten südstaatlichen Idealismus ab, der die Vergangenheit verklärt. Jack sucht schließlich in moralischer Verantwortung nach einem neuen Weg zwischen den Extremen hindurch in die Zukunft.

The Cave

Ganz ähnlich ist der Roman *The Cave* (1959) angelegt. Es geht diesmal aber nicht um Macht und Politik, sondern um die Hemmungslosigkeit der Massenmedien, der Zeitungen vor allem,

---

5 Heller, „Ideologie und...", S. 156
6 Ingendaay
7 Cunliffe, S. 363

wenn es darum geht, ein persönlich tragisches Schicksal kommerziell auszuschlachten. Hintergrund ist die wahre Geschichte eines jungen Mannes, der 1925 in einer Höhle in Kentucky verunglückte und der, da er nicht geborgen werden konnte, im gleißenden Interessenslicht der Medien nach 18 Tagen ein qualvolles Ende fand. Die Neugier der Sensationspresse, die materielle Gier des Freundes, der das Sterben des Verunglückten vermarktet, das wird zur Metapher der moralischen Desintegration des Südens und der gesamten modernen Welt.

Zweite Generation

In der zweiten Generation der südstaatlichen Autoren bleibt zwar das Thema der moralischen Auflösung weiterhin zentral, aber es wird nicht mehr gesellschaftlich verallgemeinert, sondern individuell zugespitzt auf die innere Entwicklung des Einzelnen, der jedoch von seiner Umwelt geprägt ist. Hierzu gehören RALPH ELLISON (1914–), CARSON MCCULLERS (1917–1967), FLANNERY O'CONNOR (1925–1964), TRUMAN CAPOTE (1924–1984), WALKER PERCY (1916–1990), WILLIAM STYRON (1925–) und EUDORA WELTY (1909–), um nur die wichtigsten zu nennen.

Carson McCullers

CARSON MCCULLERS *The Heart is a Lonely Hunter* (1940) und *The Member of the Wedding* (1946) oder CAPOTES erster Roman *Other Voices, Other Rooms* (1948) zeigen die Tendenz zur Darstellung des Einzelschicksals deutlich. Hier beginnt die Wendung zum Existentialismus bei gleichzeitig nachlassendem Interesse an sozialkritischen Themen, auch wenn der gesellschaftliche Zusammenhang natürlich als Hintergrundorchestrierung der existentiellen Daseinsproblematik sichtbar bleibt.

Truman Capote und die *non-fiction novel*

CAPOTE rutschte nach dem beachtenswerten Erstling in den Unterhaltungsroman ab, wie z. B. *Breakfast at Tiffany's* (1958) beweist, lieferte aber mit dem Buch *In Cold Blood* (1965) ein brillantes Beispiel der *non-fiction novel*. Geschildert wird im distanzierten Reportagestil das Zusammentreffen zweier Krimineller mit einer Familie in Kansas, die von den beiden ermordet wird. Eng an den tatsächlichen Ereignissen geführt, entwickelt das Buch beklemmende Psychogramme und unausweichliche Handlungsfolgen und wurde somit ein gefeiertes Beispiel der Gattung ,Tatsachenroman', der in den 1960er Jahren sich als eigene Untergattung des Romans zu etablieren schien, aber inzwischen überholt ist.

Flannery O'Connor

Auch FLANNERY O'CONNORS Romane scheinen dem Gefühl der Melancholie angesichts einer untergegangenen agrarischen Welt zu entspringen, tatsächlich gestalten sie eine sehr individuelle christliche Grundhaltung, die einer entfremdenden Technikgläubigkeit gegenübersteht. In *The Violent Bear It Away* (1960) findet der 14jährige Protagonist Francis Marion Tarwater zwischen den extremen Positionen seines technikfeindlichen und agrarisch den-

Renaissance der Südstaatenliteratur

kenden Onkels und seines technikbesessenen modern denkenden Lehrers zu einem eigenen Weg. O'CONNOR versucht allerdings, über die regionale Bedingtheit ihres Themas hinauszukommen, indem sie den goldenen Mittelweg religiös akzentuiert.

Technik und regionale Identität

ERSKINE CALDWELL (1903–1987) mit *Tobacco Road* (1932), *God's little Acre* (1933), *The Journeyman* (1935), *Trouble in July* (1940) und THOMAS WOLFE (1900–1938) mit *Look Homeward Angel* (1929) und *Of Time and the River* (1935) erzählen naturalistisch oder durchsichtig biographisch aus einer engen regionalen Perspektive heraus.

William Styron

Hingegen versucht WILLIAM STYRON, den modernen Süden als Sinnbild der seelenlosen technischen Welt darzustellen. Schon 1951 wird dies in *Lie Down in Darkness* deutlich. Die äußere Handlung ist auf die Fahrt zum Begräbnis Peytons, der Tochter einer Südstaatenfamilie, beschränkt, aber in Rückblicken wird dabei das Schicksal der Familie aufgerollt, die aufgrund des sozialen Zerfalls des Südens innerlich zerrüttet, sich moralisch auflöst. Auch *Set This House on Fire* (1960) beginnt mit der Orientierungslosigkeit eines Künstlers aus den Südstaaten, aber er überwindet seine Krise in Europa. Die beiden folgenden Romane, *The Confessions of Nat Turner* (1967), die Schilderung des ersten Sklavenaufstandes in Virginia 1831 aus der Sicht des Anführers, und *Sophie's Choice* (1979), eine Verbindung des Holocaust mit der Sklaverei, wurden große internationale Erfolge, die auch in den Verfilmungen ein großes Publikum in ihren Bann schlugen.

Southern Myth: Eudora Welty

Bei FLANNERY O'CONNOR und WILLIAM STYRON ist zu beobachten, dass der Ausgangspunkt ihrer Werke zwar im *Southern Myth* der ‚agrarischen‘ Ideologie lag, dass sie sich aber bemühten, aus dieser Einbindung herauszutreten. Noch deutlicher wurde das bei EUDORA WELTY in ihren Romanen *Losing Battles* (1972) und *The Optimist's Daughter* (1972). Dennoch zeigt sich auch hier, wie voller fruchtbarer Spannung das südstaatliche Erbe ist und wie sehr sich auch der Süden inzwischen dem kulturellen *mainstream* annähert.

Walker Percy

WALKER PERCYS frühe Romane *The Moviegoer* (1961) und *The Last Gentleman* (1966) stehen daher in ihrer Entfremdungsthematik den Romanen SAUL BELLOWS oder J. D. SALINGERS näher als einer traditionellen Südstaatenliteratur, auch wenn ihr Schauplatz New Orleans ist. Erst in den 1970er Jahren ändert sich das. In der Zeitschrift *Georgia Review* (Nr. 32, S. 499–511) veröffentlichte PERCY 1978 einen Aufsatz, „Random Thoughts on Southern Literature, Southern Politics, and the American Future", und nähert sich dabei den überkommenen Tendenzen der *Agrarians*. Hier *„verleiht Percy seinem wachsenden Kulturpessimismus Ausdruck, wobei interessanterweise nicht mehr der industrialisierte Norden als Erzfeind süd-*

*staatlicher Kultur im Vordergrund steht, sondern die Unterhaltungsin-
dustrie und show-biz-Unkultur Kaliforniens.*"[8] In seinen späteren
Romanen *Love in the Ruins* (1971) und vor allem in *Lancelot* (1977)
hatte sich diese inhaltliche Rückbesinnung auf alte Südstaaten-
werte schon angekündigt. Es zeigt sich, dass die besondere Süd-
staatentradition mit ihren Werten wie Mut, Höflichkeit, Eleganz,
Familienbindung, regionalem Bewusstsein, Traditionsgefühl und
moralischer Verbindlichkeit noch immer in der Lage ist, als Ausgangspunkt für eine umfassende Kulturkritik des modernen Amerika zu dienen. Im Grunde gilt das auch für die zeitgenössischen
Autoren aus den Südstaaten. Gerhard Hoffmann fasst zusammen:

**dritte
Generation**

*The third generation of Southern writers, among them Clyde Edgerton,
Ernest Gaines, Kay Gibbons, Barry Hannah, Josephine Humphreys,
James Alan McPherson, Bobbie Ann Mason, Lee Smith, Anne Tyler, and
Alice Walker, no longer seeks the balance, in the way, for instance, Percy
does, between social analysis and an absolute ‚ideal' that guarantees
identity and integrity in terms of totality.... The contemporary Southern
writers settle in a kind of vacuum that postmodernism itself produces.*[9]

**moderne
Südstaaten-
autoren**

Die modernen Südstaatenautoren stehen also nur insoweit in dem
postmodernen Kontext, als sie auf Erklärungsmodelle verzichten.
Sie entwerfen auch keine eigenen fiktiven Welten, sondern sie setzen sich parodistisch überzeichnend mit der modernen Kultur auseinander, von der sie sich abgestoßen und gleichzeitig angezogen
fühlen. Aus der südstaatlichen Geschichte und Literaturtradition
heraus wissen sie zudem um Niederlage, Untergang, Verzweiflung
und Verlust. Und damit tauchen auch die dunklen Seiten des
Lebens auf, groteske Verformungen, die im postmodernen Sinne
nicht mehr auf Gesellschaft, Umwelt, Natur und Vererbung
zurückgeführt werden, sondern Teil des Geheimnisses des Lebens
selbst sind. Was bleibt, ist die menschliche Solidarität, die fast
FAULKNERische trotzige Behauptung der humanen Position als
„honour, endurance, compassion, and sacrifice".

**Wendung zu
traditionellen
Darstellungs-
formen**

In diesem Sinne widerstehen die Südstaatenautoren den postmodernen Experimenten und bleiben traditionsgebunden. Eines der
besten Beispiele der jüngsten Zeit ist der historische Roman *The
President's Daughter* (1994) von BARBARA CHASE-RIBOUD. Es ist die
Geschichte der schönen und charakterfesten Harriet Hemings, der
Tochter von Thomas Jefferson und seiner Sklavin Sally Hemings,
die 1801 geboren wurde, um 1822 herum Jeffersons Plantage
Monticello verließ und nach offiziellen Berichten nach Philadel-
phia, ins sklavenfreie Pennsylvanien floh. Liebe und menschliche
Fürsorge erweisen sich hier als überdauernde universelle Werte.

---

8 Heller, „Ideologie und...", S. 172
9 Hoffmann, „Strangeness, Gaps, and...", S. 235

5

KAPITEL

Realistischer Liberalismus und Existentialismus

❶ Historische und geistesgeschichtliche Entwicklung nach dem Zweiten Weltkrieg

Zweiter Weltkrieg

Nach dem japanischen Bombenangriff auf die amerikanische Kriegsmarine am 7. Dezember erklärten die Amerikaner Japan den Krieg, worauf am 11. Dezember die Achsenmächte Deutschland und Italien ihrerseits den USA eine Kriegserklärung übermittelten. Amerika betrat nun mit Entschlossenheit erneut die weltpolitische Bühne und blieb auch nach dem Krieg die eigentliche große Welt- und westliche Führungsmacht. Hatten sich die USA nach dem Ersten Weltkrieg durch den Nichtbeitritt zum Völkerbund und eine isolationistische Politik noch weitgehend auf sich selbst zurückgezogen, so forcierten sie mit der Konferenz von San Francisco 1945 die Formulierung der Charter der Vereinten Nationen und verdeutlichten ihren Willen, eine friedliche und freiheitlich-demokratische Weltordnung aufzubauen und zu verteidigen. Nach dem Sieg über das totalitäre nationalsozialistische Deutschland war das ein konsequenter Schritt, der die USA endgültig als global agierende politische Macht etablierte.

Kalter Krieg

Die antitotalitäre Grundhaltung der amerikanischen Gesellschaft brachte die USA nach dem Krieg rasch zur Konfrontation mit der Sowjetunion, deren kommunistisch-kollektivistische Ideologie den Ideen der amerikanischen individualistischen, freiheitlich-kapitalistischen Demokratie diametral gegenüberstanden. Die sowjetischen Eroberungen in Osteuropa und die militärische Ausbreitung des Stalinismus wurde neben der ideologischen Herausforderung auch als eine Bedrohung der eigenen Sicherheit empfunden und führte 1947 zur Truman-Doktrin, in der die Außenpolitik des *containment*, der Politik der Eindämmung des sowjetischen Machtbereichs, formuliert wurde. Das war der Beginn des kalten Krieges, dessen erste Phase bis zum Ende des Koreakrieges (1950–1953) von der Angst vor dem Ausbruch eines dritten Weltkrieges bestimmt war. In diese Zeit fiel auch der sogenannte Marshall Plan, „European Recovery Program" (1948–1952), der durch gezielte Wirtschaftshilfe für Westeuropa den Aufbau demokratischer Strukturen als Gegengewicht zum stalinistischen Osteuropa absicherte und das westdeutsche Wirtschaftswunder der 1950er Jahre einleitete.

Innenpoliti-sche Ver-änderungen: *Age of Complacency*	Aber auch innenpolitisch brachte der kalte Krieg tiefgreifende politische, wirtschaftliche und soziale Veränderungen. Die Umstellung der amerikanischen Wirtschaft 1941 zunächst auf Kriegsproduktion und dann die Ausrichtung auf einen weltweiten Export industrieller Massengüter nach dem Krieg brachten einen ungeahnten Wohlstand und dauerhaften Aufschwung. Die sozialistischen und marxistischen Tendenzen der 1930er Jahre, die auch den naturalistischen Roman weitgehend erfasst hatten, verebbten rasch und machten einer selbstbewussten, etwas behäbigen Zufriedenheit Platz.

McCarthyism

Dies war erstaunlich, weil der Staat zur Abwehr der kommunistisch-ideologischen Bedrohung deutlich in die Privatsphäre eingriff und einen starken Konformitätsdruck erzeugte, der für die innenpolitische individualistische Tradition der USA in Friedenszeiten ungewöhnlich war. Ein Erlass TRUMANS vom 21. März 1947 verlangte erstmals in der amerikanischen Geschichte von jedem Staatsbediensteten einen Treueeid, das Taft-Hartley-Gesetz vom August 1947 schränkte den Handlungsspielraum der Gewerkschaften ein und verlangte von ihren Funktionären eine eidesstattliche Versicherung, dass sie nicht Mitglieder der KPUSA seien. Ein Untersuchungsausschuss des Repräsentantenhauses, „The House Un-American Activities Committee" (HUAC), überprüfte die Durchsetzung der Regelungen. Als einzige Atommacht wähnten sich die USA nach dem Kriege unangreifbar, und deshalb kam es zu panikartigen Reaktionen, als die Sowjets 1949 ihre erste Atombombe zündeten. Man vermutete Spionage, stockte den Verteidigungshaushalt auf und begann mit der Entwicklung der Wasserstoffbombe. Am 9. Februar 1950 schwenkte der Senator von Wisconsin, ARTHUR MCCARTHY, vor der Presse ein Papier und behauptete, er habe eine Liste von 205 Namen von Kommunisten, die als Regierungsbedienstete Politik gegen die USA machten. Die Hexenjagd begann.

Der Fall Rosenberg

Aufsehen erregte die Verhaftung von Julius und Ethel Rosenberg im Jahre 1950. Sie wurden beschuldigt, amerikanische Atomgeheimnisse an die Sowjets verraten zu haben. 1951 fand der Prozess statt, und trotz weltweiter Proteste wurden beide 1953 hingerichtet. Die Schuldfrage ist bis heute nicht eindeutig geklärt, ihre Mitgliedschaft in der kommunistischen Partei genügte. Der Rosenberg-Fall war der Höhepunkt der MCCARTHY-Ära, die von Angstpsychosen und unkritischem Antikommunismus geprägt war und etwa bis Mitte der 1950er Jahre anhielt. Danach wurden die Eingriffe in den amerikanischen Lebensalltag als undemokratisch empfunden, und nach einer Rüge im Senat wegen Machtmissbrauch endete MCCARTHYS politische Karriere und damit die öffentliche antikommunistische Hysterie.

Immerhin ist erstaunlich, dass die Steigerung des Wohlstands die amerikanische Öffentlichkeit über die Exzesse des MCCARTHYismus hinwegsehen ließ, und so konnte Robert Kelley die Nachkriegsära zurecht als die *„complaceny of the years from 1945 to 1960"* und zugleich als *age of anxiety* bezeichnen.[1] Dieser Widerspruch zwischen individualistischem wirtschaftlichen Wohlergehen und geistig-politischem Konformitätsdruck führte im Roman zu einer Erosion der naturalistisch-deterministischen Gewissheiten, weil wirtschaftliche Bewegungsfreiheit eben nicht geistig-ideologische Individualität bedeutete. Andererseits konnte auch die im psychologischen Realismus bzw. im Bewusstseinsstromroman dargestellte Psychologie der Wahrnehmung gesellschaftlicher Prozesse keine Antwort auf die Stellung des Ich innerhalb der zwiespältigen Gesellschaft mehr geben.

Freud und Identitätskrise

SIGMUND FREUD hatte schon Anfangs des Jahrhunderts in seinen Lehren die bestimmende Kraft der Sexualität als Wesenszug des Menschen dargestellt und damit auf das Hinter- und Abgründige im Menschen hingewiesen. Ins Unbewusste abgedrängt, entzieht sich die Sexualität rationaler Kontrolle, bricht sich eruptiv Bahn und sprengt möglicherweise gesellschaftliche Normen. Freud ist noch dem Positivismus und Mechanismus des 19. Jhs. verpflichtet, aber nach dem Zweiten Weltkrieg kann man die Hintergründigkeit des Menschen auch zum Ausgangspunkt beunruhigender Überlegungen machen, zumal dann, wenn eine auf einen Schöpfergott bezogene Seinsgewissheit nicht mehr besteht. Der Mensch steht dann vor der bedrängenden Frage nach dem Wesen seiner selbst, so wie sich seine Existenz in der jeweiligen gesellschaftlich-faktischen Situation konkret darstellt. Diese Frage lässt sich nur noch in der Erfahrung des Lebens beantworten, und der Mensch kann sich nur aus sich selbst und aus dem Wissen um seinen letztendlichen Tod als Daseinsbedingung heraus begreifen. Er ist nur dann er selbst, wenn er den jeweiligen Augenblick existentiell erlebt und erfährt. Die präsentische Zeitlichkeit des Augenblicks vermittelt ihm dann die Einsicht, dass er ein im Werden begriffenes Wesen ist, dem der nächste Augenblick eine weitergehende Einsicht bringen wird. Dies ist jedoch nicht einfach.

Entfremdung

Der individuelle Mensch befindet sich ja in einer vorgefundenen, strukturierten Gesellschaft und übernimmt zunächst kritiklos naiv die allgemein akzeptierten Erklärungsschemata der Welt. Er entwirft sich also zunächst nicht in seiner Eigentlichkeit, sondern bleibt entfremdet in der Gebundenheit an die Bedingungen einer vorgefundenen Wirklichkeit. Dies alles setzt allerdings voraus,

---

1 Kelley, S. 875

dass es allgemeingültige, also transzendente, moralische und ethische Werte und Normen nicht gibt. Eine solche Ausgangsposition widerspricht der abendländisch-humanistischen Tradition und ist das eigentlich neue Moment des Denkens des 20. Jhs., das sich auf der Grundlage der großen Welterklärungsmodelle des 19. Jhs. aufbaute und zum heute so beklagten Wertverlust führte.

humanistische Tradition

Seit PLATO geht das idealistisch-humanistische Denken davon aus, dass ethische Normen allgemeingültiger und überzeitlicher Art das eigentliche Wesen, die Essenz, des Menschseins ausmachen. Im individuellen Leben, in der tatsächlichen Existenz also, werden die Normen wirksam, sie werden befolgt oder nicht befolgt. Daraus entspringen die inneren Spannungen, die im Denken und in der Kunst zum Ausdruck gelangen. Im 20. Jh. wird dieser idealistische Ansatz zunehmend verworfen. Die Auflösung des Subjekt-Objekt-Gegensatzes im Jamesschen Bewusstseinsstrom wirft den Menschen auf seine eigenen Bewusstseinsprozesse zurück und lässt ihn die wahrgenommene Wirklichkeit als Projektion des eigenen Ich verstehen. Damit beginnt die Erosion der Annahme von außerhalb des Ich existierenden verbindlichen Normen.

Henri Bergson und das Problem der Zeit

Der Schriftsteller und Philosoph HENRI BERGSON (1859–1941) entwickelt eine brillante Lebensphilosophie, die über den Mechanismus, Materialismus und Determinismus hinausführt und das naturwissenschaftliche regelhafte Denken überwinden will. Er geht vom Lebensschwung (*élan vital*) aus und bestimmt diesen als das eigentliche Sein. Damit gerät aber die Vorstellung einer mechanisch messbaren Zeit ins Wanken, denn das Gefühl des Lebendigseins nimmt den Zeitfluss in sich auf, und Zeit wird als Dauer (*durée*) wahrgenommen. Es ist die als Dauer erlebte Zeit, in der das Innere und Einmalige und Eigentliche des menschlichen Lebens als Wachsen und Werden erlebt wird. Das Leben steht dann über der Materie, Denken ist Bewusstsein, Erleben, Freiheit und Entwicklung des Ich, schöpferische Energie und Dynamik. Wie der Bewusstseinsstrom ist alles im Werden, und der Mensch entwirft sein eigentliches Ich aus sich selbst.

existentialistische Geworfenheit

Eine solche Lebensanschauung muss transzendente Werte und Normen verwerfen und eine radikale Selbstverantwortung des Menschen postulieren. Nach SARTRE entwickelt sich dann folgerichtig der Mensch aus der Geworfenheit seiner Existenz heraus und entwirft seine Eigentlichkeit der Essenz, sein moralisches Ich aus sich selbst.[2] Damit wird die platonistisch-humanistische Tradition, in der die Essenz der Existenz vorausgeht, vollständig umgedreht und der individuelle Mensch in eine Freiheit entlassen, die im Grunde eine entsetzliche Wertefreiheit ist, die er immer wieder zu überwinden sucht. Religiöse, mythische oder philosophische Systeme, die für den psychologischen Roman der klassischen Moderne noch die die Wahrnehmung bestimmenden Leitvorstellungen lieferten, verlieren ihre Bindekraft. Auch die gesellschaftlichen Strukturen wie die wirtschaftliche Produktionsorganisation, die Unterhaltungsindustrie einer konformistischen Massengesellschaft oder der normierende Druck der veröffentlichten Meinung – alles auch Thema des realistisch-naturalistischen Romans, wenn auch mit anderer Zielsetzung – werden als bedrückende Fremdbestimmungen erlebt. Beide Entwicklungslinien des amerikanischen Romans münden somit in einem Grundgefühl der Entfremdung und Richtungslosigkeit.

Alienation

Alienation *wird zum allgegenwärtigen kulturellen Modewort der Epoche. Unter dem Einfluss des europäischen Existentialismus (Sartre, Camus, Heidegger) und dessen Vorläufer (Kierkegaard, Nietzsche, Dostojewski, Kafka) wird die Gestaltung menschlicher Entfremdung und der durch sie ausgelösten existentiellen „Queste" zu der den Roman beherrschenden Problematik.*[3]

allmählicher Übergang zum Existentialismus

Die globale politische Rolle Amerikas und die damit verbundene kulturelle Öffnung ließ also den amerikanischen Roman den Anschluss an den europäischen Existentialismus finden. So verbanden sich im amerikanischen Nachkriegsroman der 1950er Jahre die im Realismus der 1890er beginnende auseinanderstrebende formale Entwicklung des Realismus-Naturalismus und des *point-of-view*-Bewusstseinsstroms wieder zu einer, wenn auch sehr variablen, gemeinsamen Linie. Das Ende des Zweiten Weltkrieges darf man für die Entwicklung des amerikanischen Romans jedoch nicht als schnellen und radikalen Umbruch verstehen, der sofort am Existentialismus festgemacht werden kann. Wichtige Autoren der beiden amerikanischen Romantraditionen der 1920er und 1930er Jahre, z. B. DOS PASSOS, NELSON ALGREN, STEINBECK oder FAULKNER und HEMINGWAY, schreiben ja weiter, und die drei letztgenannten beweisen mit ihren Nobelpreisen in den 1950er und 1960er Jahren die erreichte Weltgeltung ihrer Art von Romanen. Dennoch werden die von ihnen als Ausdruck einer Weltsicht entwickelten Erzähltechniken zunehmend zum allgemein verfügbaren handwerklichen Repertoire eines guten Schriftstellers. Die detailgenaue Darstellung der Umwelt und die entpersönlichenden Kräfte der modernen Industriegesellschaft werden von der jüngeren Schriftstellergeneration zur Gestaltung der existentialistischen Identitäts- und Sinnsuche ebenso genutzt wie die Erzählstrategien

---

2 vgl. Sartre, „Ist der Existentialismus ein Humanismus?", in: ders., *Drei Essays,* S. 7–51
3 vgl. Heller, „Einführung in ...", S. 6f.

des Modernismus, z. B. Bewusstseinsstrom, Multiperspektivismus, Aufhebung der Handlungschronologie, Aufbau vielschichtiger Bilder durch Metaphern und Symbole. Alle diese Erzählverfahren stehen nun häufig in einem Roman nebeneinander und verweisen dadurch auf das Dilemma des entfremdeten Menschen, aus sich heraus einen Lebenssinn definieren und entwerfen zu müssen, der die äußeren Bedingungen der modernen Gesellschaft als unentrinnbare Faktizität des eigenen Lebens mit einschließt.[4]

Kriegsroman

Diese besondere Ausrichtung zeigt sich schon an dem rasch einsetzenden Kriegsroman, der diesmal nicht, wie der desillusionierte experimentelle Roman der *lost generation* traditionelle Wertsysteme als falsch entlarvt, sondern das Sich-Einfügen in die Befehlsstruktur der militärischen Armeeorganisation als Identitätsproblem des modernen Menschen auffasst. NORMAN MAILERS *The Naked and the Dead* (1948) bewegt sich zwar noch in die Richtung einer allgemeineren Ideologiekritik, aber auch bei ihm, und stärker noch bei JOHN HERSEY, *A Bell for Adamo* (1944), GORE VIDAL, *Williwaw* (1946), JAMES GOULD COZZENS, *Guard of Honor* (1948), JOHN HAWKES, *The Cannibal* (1949), HERMAN WOUK, *The Caine Mutiny* (1951) oder JAMES JONES, *From Here to Eternity* (1951) und anderen stehen die existentialistischen Erfahrungen junger Amerikaner mit der Militärmaschinerie im Mittelpunkt der Darstellung. Allerdings ziehen sich die meisten Autoren unter Vernachlässigung der Innensicht auf einen eher realistischen Reportagestil zurück.

der jugendliche Anti-Held

Immerhin wird deutlich, dass der bevorzugte Protagonist des experimentellen Romans der jugendliche Held ist, dessen Erlebnisse initiatorischen Charakter haben und das Verständnis des eigenen Ich in der faktischen Welt befördern. Aber er ist daher auch kein selbstbewusst handelnder Held, sondern eher ein passiver Anti-Held, dem die Welt sozusagen zustößt. IHAB HASSAN nennt in einem Aufsatz zehn Typen, von denen die ersten fünf besonders interessant sind: 1. „the child", 2. „the adolescent or youth", 3. „the lover", 4. „the Negro", 5. „the Jew".[5] Die ersten drei Typen beziehen sich auf junge Menschen, die auch ohne die existentielle Problematik der Sinnsuche ihren Platz in der Gesellschaft und ihre Identität erst noch finden müssen.

die *quest*

Aber gerade dadurch eignen sie sich, um in besonderer Weise die existentielle *quest* exemplarisch zu verkörpern. Diese jugendlichen Helden müssen die ‚alienation' überwinden, ‚isolation' durchbrechen, ‚estrangement' in persönliche Nähe verwandeln oder die ‚separation' von der Gesellschaft aufheben. Dieses ganze Wortfeld zur Beschreibung der Distanz zwischen Individuum und staatlicher Gemeinschaft kennzeichnet die existentielle Situation des Einzelnen, der in Kafkaesker Art die Absurdität des Lebens erfährt.

<table>
<tr><td>

Reise- und Pikaroroman

</td><td>

Eines der häufigen Handlungsschemata ist daher nicht zufällig neben der Initiation das alte Muster des Reise- oder Pikaroromans, in dem der Held sich nicht nur im geographischen Raum bewegt, sondern auch im sozialen und in den verschiedenen gesellschaftlichen Schichten und Gruppen die immer gleiche identitätsfeindliche Bedingung der menschlichen Existenz erlebt. Aber gerade diese pikareske Tendenz macht deutlich, dass der amerikanische Nachkriegsroman in seiner Konzentration auf die individuelle Identität die gesellschaftliche Problematik nicht ausblendet, sondern als Bezugspunkt nachdrücklich einbezieht. Entsprechend lassen sich vier soziologische Bereiche isolieren, in denen die existentielle Verunsicherung des Anti-Helden ihren Niederschlag findet:
1. Das Auseinanderklaffen von Realität und ‚American Dream'. 2. Das Bewusstsein, dass immer mehr die Maschine unser Leben bestimmt. 3. Die atomare Vernichtungsdrohung. 4. Das Überhandnehmen des ‚Organization Man who moves in some other directed pseudo-Eden'.[6]

</td></tr>
<tr><td>

subjektives Erleben Jugendlicher

</td><td>

Da gerade Jugendliche im Adoleszensalter von absoluten und idealistischen Vorstellungen ausgehen und die vorgefundene Wirklichkeit kritisch und rebellisch an ihnen messen, wird in ihrem subjektiven Erleben das Bedingungsgefüge der Gesellschaft gebrochen und damit existentiell hinterfragt. Es ist daher nicht überraschend, dass eine Reihe von Romanen der 1950er Jahre Ich-Romane mit jugendlichen Protagonisten sind. Auch die anderen Typen Hassans zielen auf eine vorgegebene Außenseiterposition der Protagonisten, aus deren Perspektive die amerikanische Gesellschaft in ihrer Wirkung auf das entfremdete Individuum dargestellt wird.

</td></tr>
<tr><td>

gesellschaftliche Randgruppen

</td><td>

Die Afroamerikaner, ein heutiger Begriff der *political correctness*, der sich nach den Unruhen der Bürgerrechtsbewegung der späten 1960er Jahre durchgesetzt hat, stehen nach wie vor in einer gesellschaftlichen Randposition, und die amerikanischen Juden, die durch eine verstärkte europäisch-jüdische Einwanderung während der 1930er und 1940er Jahre und durch die Erfahrung des Holocaust ein geschärftes Gefühl ihrer Sonderheit in der auf Assimilation drängenden amerikanischen Gesellschaft haben, entwickelten beide in den 1950er Jahren eine eigene literarische Tra-

</td></tr>
</table>

---

4 vgl. Hassan, *Radical Innocence;* ders., „The Existential Novel"; Klein; und Weinberg
5 Hassan, „The Character of . . .", abgedruckt in: Waldmeier, S. 31f.
6 Bus, 210; Bus referiert Barksdale, Richard K.: „Alienation and the Anti-Hero in Recent American Fiction", *CLA-Journal,* X 1 (September 1966), 1–10, 5f.

dition. Die Literaturkritik unterscheidet daher auch seitdem zwischen einer *mainstream*-Literatur und einer Literatur der *ethnicgroups*, zu denen heute auch die *native Americans*, also die Indianer, und auch die Chicanos, die spanisch sprechenden Einwanderer, zählen.

gender studies

Ganz ähnlich gelagert ist auch der Ansatz der *gender studies*, in denen die Darstellung der Frauen in der Gesellschaft untersucht wird. Allerdings greifen solche Studien über die ethnischen Gruppen hinweg und interessieren sich für geschlechterspezifische Stereotypen.

Begriffsvielfalt

Solche Begriffsbildungen nehmen zu, je näher man der Gegenwartsliteratur kommt und sie sind zunächst einmal als nur vorübergehend nützliche Kategorisierungen zu verstehen, die die Unübersichtlichkeit zeitgenössischer Literatur in Gruppen wie *mainstream, ethnic, regional, beat-generation, counter culture, non-fiction fiction, new journalism* usw. ordnen will. Bei diesen Versuchen gehen die kategorialen Ansätze munter durcheinander und beziehen sich unterschiedlich auf formale, stoffliche, ideologische oder sonstige Kriterien. Entsprechend werden in der Kritik solche Begriffsbildungen wegen ihrer fehlenden formalen, stofflichen oder weltanschaulichen Konsistenz immer wieder in Zweifel gezogen[7], aber sie bleiben dennoch als vorläufige Ordnungsversuche hilfreich. Vor allem die kulturellen Spannungen zwischen der dominanten amerikanischen Zivilisation und der besonderen historischen Erfahrung der ethnischen Minderheiten, insbesondere des amerikanischen Judentums und der Afroamerikaner, verweisen auf jeweilige Gemeinsamkeiten, die sich in der Literatur als fruchtbar erwiesen haben.

Problematik der Begriffsbildung

Eine etwas anders gelagerte Problematik ergibt sich jedoch bei der feministischen Literatur, dem Jugendkult oder der *counter-culture*. Auch hier erkennt man natürlich gruppenspezifische Erfahrungsähnlichkeiten, aber ob es sich tatsächlich um eigenständige Welterfahrungsmodalitäten handelt, die sich künstlerisch artikulieren, oder ob es sich lediglich um Erlebnisvarianten innerhalb der Gesamtkultur handelt, ist nicht so leicht zu entscheiden. Erst der gebührende zeitliche Abstand, der auch die Wirkungsintensität einzelner Entwicklungen erkennbar werden lässt, erlaubt Klärung und die übersichtliche Reduktion der literaturhistorischen Erörterung auf Hauptzüge. Dies gilt nicht nur für diese Darstellung, sondern generell. Jede Literaturgeschichte ist eine Vereinfachung und angreifbare Vergröberung, dennoch ist sie nützlich, wenn man sich die gegebenen Einschränkungen vor Augen hält und im Zugriff auf Einzelphänomene darüber hinaus in die Tiefe geht.

2 Der existentielle Anti-Held des amerikanischen Romans nach dem Zweiten Weltkrieg: Jerome D. Salingers *The Catcher in the Rye* (1951) als Beispiel der *mainstream* Literatur

Catcher in the Rye als Kultbuch

Acht Jahre nach der Veröffentlichung von SALINGERS *The Catcher in the Rye* eröffnete ARTHUR MIZENER einen Aufsatz über JEROME D. SALINGER mit der Bemerkung, SALINGER sei wohl *„probably the most avidly read author of any serious pretensions of his generation"*.[8] MIZENER hätte diese durchaus richtige Aussage nicht auf den Autor, sondern auf seinen einzigen Roman beziehen sollen, denn dieses Werk entwickelte sich zum internationalen Kultbuch der 1950er und 1960er Jahre. Es blieb nicht nur über dreißig Wochen in den Bestsellerlisten der *New York Times*, sondern es wurde zur Pflichtlektüre an amerikanischen High-Schools und Colleges genauso wie an deutschen Gymnasien und europäischen Universitäten. 1954 war der Roman in Übersetzungen in Dänemark, Deutschland, Frankreich, Israel, Italien, Japan, Schweden, der Schweiz und den Niederlanden präsent und erlebte seine verkaufsfördernde Taschenbuchausgabe in der *New American Library*. Diese herausragende Stellung eines einzigen Romans ist nicht zufällig. SALINGER traf genau den zeitgemäßen Ton der existentiellen Entfremdung, der Held ist ein Jugendlicher auf der Sinnsuche in einer Zeit, in der alles unecht, *phoney*, zu sein schien, und die Sprache gab das adoleszent-angestrengte Idiom der *coolness* einer zutiefst werteverunsicherten Nachkriegsgeneration perfekt wieder.

Einfluss des Existentialismus

Als 1952 HEMINGWAYS *The Old Man and the Sea* erschien, war der Existentialismus auf beiden Seiten des Atlantik längst zum Glaubensbekenntnis geworden. Die gegenseitige amerikanisch-französische Beeinflussung war deutlich: HEMINGWAY – CAMUS; CAMUS und SARTRE – SAUL BELLOW, PAUL BOWLES und RICHARD WRIGHT. Die gemeinsame Grundstimmung beruhte nicht nur auf der Kriegserfahrung dieser Generation, sondern auch auf einer ähnlichen existentialistischen Auflehnung gegen die normierenden Regeln der Gesellschaft. Jochen Achilles stellt dazu sehr schön fest:

Die Helden oder Antihelden des amerikanischen Romans der Kriegs- und Nachkriegszeit sehen sich in Situationen gestellt, die von der durch

---

7 vgl. z.B. Meindl, „Zwei Hauptvertreter . . ."; Meindl wehrt sich hier gegen die Annahme einer amerikanisch-jüdischen Literaturtradition, da bei nicht allen jüdischen Schriftstellern der amerikanischen Literatur die ethnische Tradition eine dominante Rolle spiele. Eine solche rigide Begriffsverwendung lässt sich auch bei allen anderen Kategorien als Kritik belegen.

8 Mizener, „The Love Song . . .", S. 83

Camus beschriebenen Disproportion zwischen der menschlichen Ge-richtetheit auf Sinn und einer kontingenten, gleichgültigen oder feind-lichen Welt geprägt sind. Ihre Reaktionen auf diese Situationen sind emotionaler, intellektueller, aber auch aktionaler Natur. *Ich-Erzähler wie Bellows Joseph* [Dangling Man] *und Eugene Henderson in* Henderson the Rain King *(1959),* Holden Caulfield [Catcher in the Rye] *oder der Anonymus in Ralph Ellisons* Invisible Man *(1952) sind ihre Empfindungen in ständiger Selbstbesinnung verarbeitende* compulsive talkers. *Im Gegensatz zu weitgehend in ihrem Bewusstsein eingespon-nenen Protagonisten von Romanen der klassischen Moderne sind sie aber auch wesentlich Handelnde. Ihr Handeln versteht sich zwar als Protest, dient aber nicht kollektiven Zwecken im Sinne der Teilnahme an Protestbewegungen.*[9]

Anti-Helden

Die Protagonisten dieser Romane handeln zwar, aber sie handeln nicht innerhalb der Gesellschaft als Teil von ihr, sondern als Ein-same und Ausgestoßene gegen die Gesellschaft oder als Agierende auf der Suche nach einem Platz in der Gesellschaft zu ihren Bedin-gungen. Sie unterscheiden sich dadurch häufig grundlegend von den bisherigen Helden amerikanischer Romane und werden nicht unzutreffend als Anti-Helden charakterisiert. Sie sind auf dem Weg der Selbstfindung – des essentiellen Entwurfs aus der eigenen Exi-stenz heraus – und verstehen diesen Weg als *quest*, als Parallele und Analogie zu der im gesicherten religiös-ideologischen Umfeld statt-findenden Suche nach dem heiligen Gral der Ritter von König Arthurs mittelalterlicher Tafelrunde. Entsprechend kann auch Joseph in BELLOWS *Dangling Man* sich folgendes überlegen:

The quest, I am beginning to think, whether it be for money, for noto-riety, reputation, increase of pride, whether it leads us to thievery, slaughter, sacrifice, the quest is one and the same. All the striving is for one end. I do not entirely understand this impulse. But it seems to me that its final end is the desire for pure freedom.[10]

Sinnsuche

Zweierlei wird hier deutlich, das Nichtverstehen des Grundes die-ser ständigen Suche, die ein Abklopfen der von der Gesellschaft angebotenen Rollen auf Sinn, Essenz, hin ist, und dem gleichzei-tigen irrationalen Bedürfnis nach Eigentlichkeit, Freiheit, zum selbstverwirklichenden Entwurf seiner selbst, das das Wesen des Menschseins ist. Diese Suche nach der Eigentlichkeit des Selbst nimmt im amerikanischen Nachkriegsroman verschiedene For-men an. Sie ist einmal die zeitlich begrenzte *„Verweigerung gesell-schaftlicher Bindungen und Verpflichtungen (Dangling Man)"*, sie kann in die *„mythische Eigentlichkeit der essentiellen Zeit- und Raum-dimension einer ,prehuman past' und eines ,original place'"* vordrin-gen (*Henderson the Rain King*), sie kann aber auch als *„Flucht vor allem was scheinhaft erlebt wird (The Catcher in the Rye)"* auf-scheinen.[11]

Catcher in the Rye: **Inhalt**	Holden Caulfield, der sechzehnjährige Protagonist des Romans, redet sich als siebzehnjähriger im Sanatorium die Probleme seines bisherigen Lebens von der Seele. Als Jugendlicher auf der Schwelle zum Erwachsenenalter, erscheint ihm die Gesellschaft, in der er bald als verantwortlich Handelnder agieren soll, in ihren Normen als heuchlerisch, die Traditionen sind für ihn hohl und der Konformitätsdruck unmenschlich. Die individuelle Freiheit, die die eigene Sinnsetzung ganz im existentialistischen Sinn bedeutet, wird von der Gesellschaft, die unecht *phoney* ist, bedroht oder gar unmöglich gemacht. Dies kommt ihm zum Bewusstsein, als er zum vierten Male von einer Internatsschule verwiesen wird und ein paar Tage lang in New York herumirrt. Inmitten der lebensprallen Stadt erlebt er eine tiefe existentielle Einsamkeit und sucht verzweifelt nach einer mitmenschlichen Stimme. Telefonzellen, Museen, Taxis, Bars, Hotelzimmer, Parks, Straßen – das alles sind Orte, an denen Menschen zusammentreffen, sich aber nicht wirklich begegnen. Sie hasten blind aneinander vorbei.
Besonderheit der Sprache: *vernacular*	Die eigentliche Leistung und der außerordentliche Erfolg des Romans liegt jedoch auf der sprachlichen Ebene. Im bewusst distanzierten Jargon der sich *cool* gebenden Jugendlichen registriert Holden Caulfield die Welt und verbirgt seine verzweifelte Betroffenheit hinter einem Schwall von unflätigen und obszönen Vokabeln. Salinger erfasst mit unübertroffener Präzision den Wortschatz und die Tonlage der Jugendsprache, *youth vernacular* (*vernacular* ist ein aus dem 19. Jh. stammender, der *local-color*-Tradition zugeordneter Begriff, der die regionalen und soziologisch unterschiedlichen Färbungen der Sprache bezeichnet, aber nicht bis hin zur Ausprägung eines Dialektes reicht), und macht damit Holdens Ablehnung der als unecht – und sprachlich als unernst – empfundenen Erwachsenenwelt auf der Grundlage eines sensiblen Moralempfindens deutlich.
Ethische Norm und symbolische Ebene	Die ethische Norm Holden Caulfields drückt sich allerdings nicht aktiv aus, sondern eher defensiv gegen die Gesellschaft gerichtet, wenn er sich auf die geliebten Bezugspunkte seiner Kindheit zurückzieht, auf seine kleine Schwester Phoebe, auf die armen Enten auf dem im Winter zugefrorenen Teich im Central Park, auf die Exponate im Naturkundemuseum. Diese Objekte sind für ihn nicht nur schutzbedürftig, schön oder von zeitloser Bedeutung, sie repräsentieren auch auf einer symbolischen Ebene die moralische Qualität der wertfreien kindlichen Unschuld, die dem korrupten

---

9 Achilles, S. 15
10 Bellow, *Dangling Man,* S. 127f.
11 vgl. Achilles, S. 16

| | Mittel-zum-Zweck Normensystem der Erwachsenenwelt gegen-übersteht. |

| **Bedeutung des Titels** | In einem heimlichen nächtlichen Gespräch mit seiner kleinen Schwester, kurz bevor er von seinen Eltern ins Sanatorium einge-liefert wird, redet er von dem Gedicht *The Catcher in the Rye* des Romantikers Robert Burns. In seiner Interpretation erklärt er seine eigene existentielle Bedrängnis. In einem Roggenfeld nahe einer Klippe spielen tausende von kleinen Kindern, und in ihrem Eifer könnten sie über die Klippe hinauslaufen. Er wäre nun gern der-jenige, der aufpasst, der, der die Kinder im Roggen fängt, bevor sie abstürzen. Und er weiß, diese seine Vorstellung ist verrückt. Aber seine geheime Sehnsucht ist auch zugleich die perfekte Metapher für den erwachsenen Menschen, der im Begriff ist, die ethische Unschuld der Kindheit zu verlieren und der sich vor der grauen-vollen Anstrengung fürchtet, seine ethischen Normen aus sich selbst heraus existentiell zu entwerfen. |

3 Der jüdisch-amerikanische Roman auf der Schwelle zum *postmodernism*

| **Problem des Gattungs-begriffs** | Trotz der oben diskutierten Bedenken gegen die gattungsähnliche Bezeichnung ‚jüdisch-amerikanischer Roman‘ kann man, bleibt man sich der Hilfskonstruktion des Begriffs bewusst, an dieser Kategorie festhalten. Auffällig ist auf jeden Fall, dass die Literatur jüdisch-amerikanischer Autoren nach dem Zweiten Weltkrieg einen überraschenden und aufsehenerregenden Aufschwung nahm. Die Tradition reicht bis ABRAHAM CAHANS *Yekl* (1896) und *The Rise of David Levinsky* (1917), HENRY ROTHS *Call It Sleep* (1934) und MICHAEL GOLDS *Jews Without Money* (1930) zurück. |

| **Blüte nach 1945** | Dennoch ist die Blüte nach 1945 erstaunlich, auch wenn viele der Autoren wie SAUL BELLOW (1915–), BERNARD MALAMUD (1914–1986), LIONEL TRILLING (1905–1975), CYNTHIA OZICK (1928–), EDWARD LEWIS WALLANT (1926–1962), HERBERT GOLD (1924–), STANLEY ELKIN (1930–), ARTHUR MILLER (1915–), JOSEPH HELLER (1923–), EDGAR L. DOCTOROW (1931–), GRACE PALEY (1922–), TIL-LIE OLSEN (1913–) und NORMAN MAILER (1923–) nicht mehr der Literatur einer ethnischen Minderheit zugerechnet werden. Sicher-lich ist es richtig, wenn man gerade bei dieser Gruppe betont, dass die intellektuelle Assimilation zu weit fortgeschritten ist, um eine Minoritätenbesonderheit zweifelsfrei herauszuarbeiten. |

| **jüdisches kulturelles Erbe** | Dennoch bleiben in ihrem kulturellen Erbe so viele Gemeinsam-keiten erhalten, dass man sie innerhalb des breiten Stroms des amerikanischen Nachkriegsromans, der sich nicht mehr in die |

beiden bisher dominierenden Traditionen unterscheiden lässt, identifizieren kann. An erster Stelle ist sicherlich die historisch begründete kosmopolitische Tradition des Judentums zu nennen, die die internationalen und vor allem europäischen Einflüsse frühzeitig und bereitwillig aufnahm. Als nächstes spielt die urbane und dem agrarischen Lebenszusammenhang eher abgeneigte Kultur des Judentums in der Diaspora eine Rolle. Drittens ist die jahrhundertelange Auseinandersetzung der Figur des *wandering Jew* mit den ethnischen Problemen des Strebens nach materiellem Besitz gerade in der Zeit der existentiellen Autonomie des Menschen angesichts der materialistischen Ausrichtung der konformistischen Nachkriegsgesellschaft von besonderer Bedeutung.

1. Generation: Einwandererschicksale

Im historischen Rückblick auf den jüdisch-amerikanischen Roman werden gern generationstypische Entwicklungen konstatiert, die von der Masseneinwanderung von mehr als 2,5 Millionen aschkenasischer Juden aus Ost- und Mitteleuropa zwischen 1881–1924 als erster Generation ausgehen. Hier wird als dominantes Thema die Diskrepanz zwischen dem Einwandererschicksal und den Versprechungen des *American Dream* genannt, die oft in einer Entmythifizierung Amerikas und einer Verklärung der heimeligen Ghettoatmosphäre in Europa gipfelte.

2. Generation: Assimilation

Die zweite Generation thematisierte dann schon die gesellschaftliche Integration und kulturelle Anpassung und den Kulturkonflikt mit dem Elternhaus, der durch die jugendliche Akzeptanz amerikanischer Werthaltungen bei gleichzeitiger Ablehnung der Familientradition aufbrach.

3. Generation: kosmopolitisch

In den 1940er und 1950er Jahren war dann der Assimilationsprozess so weit fortgeschritten, dass die jüdische Intelligenz und der jüdische Mittelstand als vollintegriert gelten konnte. Dennoch brachte die steigende Einwanderung europäischer Juden während der Naziherrschaft und die traumatische Erfahrung des Holocaust einen auch für die amerikanischen Juden deutlichen Solidaritätseffekt, so dass das amerikanische Judentum sich einer welthistorischen Sonderrolle bewusst wurde oder blieb. Zwar war das jüdische Selbstgefühl nun nicht mehr ghettogebunden und provinziell, sondern kosmopolitisch und urban. Angesichts der geistigen Öffnung Amerikas nach dem Zweiten Weltkrieg auf den Existentialismus hin kann man diese Entwicklung zwar auch als *mainstream American* verstehen, aber so ganz unrecht hatte LESLIE FIEDLER nicht, der 1958 von einem *breakthrough* des jüdisch-amerikanischen Romans sprach.[12] Ganz so einfach ist Dieter Meindls

---

12 vgl. Fiedler

Ablehnung der Annahme einer jüdisch-amerikanischen Roman-tradition also nicht durchzuhalten,[13] und Sepp L. Tiefenthaler weist in einem instruktiven Beitrag auf zusätzliche wichtige Faktoren hin, die eine eigene jüdisch-amerikanische Romanliteratur als ethnische Sondergruppe plausibel machen.

Holocaust und die Bedrohung des im Jahre 1948 gegründeten Staates Israel durch die arabischen Nachbarstaaten bewirkten ein neues Solidaritätsbewusstsein bei amerikanischen Juden ... Einen zusätzlichen Deutungsansatz für diese neuerwachte Ethnizität bietet die Dreigenerationenthese Marcus Lee Hansens, die besagt, dass es oft die dritte Generation ist, die ein neues Interesse an der Kultur der ersten Generation entwickelt, die im Zuge der Assimilation von der zweiten Generation geopfert wurde.[14]

Der amerikanische Jude als moderner amerikanischer Mensch

Entscheidend ist aber wohl, dass der amerikanische Jude eine Erfahrung verkörpert, die ihn zum amerikanischen Prototypen des Existentialismus macht. Aufgrund seiner *„Geschichte und seiner Stellung in der amerikanischen Gesellschaft"* wird er *„zu einem beispielhaften Symbol des modernen amerikanischen Menschen...*, der angesichts der Erfahrung von großstädtischer Anonymität, von Entfremdung und Fragmentation in einer Zeit politischer Orientierungslosigkeit und geistiger Ratlosigkeit um die Selbstbehauptung seiner Individualität und um eine Neubestimmung seiner Identität ringt."*[15] Obwohl die Einwandererthematik für die erste Generation lange vor dem Zweiten Weltkrieg typisch ist, gibt es auch nach 1945 eine Reihe von Romanen, die diese Erfahrung zentral behandeln. YURI SUHLS *One Foot in America* (1950), CHARLES ANGOFFS *Journey to the Dawn* (1951), ADELE WISEMANS *The Sacrifice* (1956) oder ANNE RICHARDSON ROIPHES *Digging Out* (1967), um nur einige zu nennen, gehören dazu. Häufig genug gehören sie in ihrem epigonalen Charakter in den Bereich der Trivialliteratur, die das Einwandererschicksal in der Form eines sentimentalen historischen Romans behandeln.

Isaac Bashevis Singer

Eine Ausnahme bildet das Oeuvre von ISAAC BASHEVIS SINGER (1904–1991), der schon 1935 aus Polen in die USA einwanderte, aber ausschließlich auf Jiddisch schreibt. Das Besondere dabei ist, dass es sich hier offenbar um eine besondere Nostalgiepflege handelt, die auch die Authentizität der Erfahrung eines Exilanten belegen soll, denn die Rezeption seines Werkes erfolgte fast ausschließlich über englische Übersetzungen, die Singer selbst besorgte. Das gebrochene Verhältnis zur Sprache Amerikas, das sich in seinem Festhalten am Jiddisch ausdrückt, symbolisiert sein Verhältnis zu Amerika, das er offenbar nie ganz als zweite Heimat akzeptierte. In seinen Romanen *The Family Moskat* (1950), *Satan in Goray* (1955), *The Manor* (1967) und *The Estate* (1969), die sich fast als Zyklus lesen lassen, zeichnet er das Schicksal der Juden in Polen vom 17. Jh. bis zum Beginn ihrer Vernichtung durch die Nazis 1939 nach. Seine späteren Romane befassen sich mit dem jüdischen Einwandererschicksal nach dem Holocaust. In *Enemies: A Love Story* (1972) gerät der Überlebende des Holocaust, Herman Broder, in einen emotionalen Widerstand gegen die eingesessenen assimilierten Juden, die kein Gefühl für die Holocaustüberlebenden entwickeln können, und gegen die Amerikaner, deren Materialismus ihn abstößt. Herman Broder will sich nicht anpassen und findet, auch er ein existentiell kompromisslos sich entwerfender Mensch, keine Alternative für die Zukunft. Auch Joseph Shapiro, der nach Amerika ausgewanderte Jude, findet im Gespräch mit dem Ich-Erzähler vor der Klagemauer in Jerusalem in dem Roman *The Penitent* (1983) keinen inneren Frieden. Er bleibt der verzweifelte existentielle Mensch, der innerhalb der amerikanisch-westlichen Zivilisation sein eigentliches Wesen nicht finden kann.

politisches Judenghetto und amerikanische Stadt

SINGER verbindet in seinem Werk zwei Welten, die festgefügte und veränderungsresistente Welt des polnischen Judenghettos, in dem die Zeit stillzustehen scheint, mit der großstädtischen, pulsierenden und hektisch den Einzelnen überrollenden Welt der säkularen amerikanischen Großstadt. Aber sein Beispiel ermutigte andere jüdisch-amerikanische Autoren wie z. B. BERNARD MALAMUD und PHILIP ROTH, auf jüdisch-europäische Erfahrungen zurückzugreifen und aus dem Gegensatz zwischen jüdischer Geschichtserfahrung, religiöser Verankerung, mythischen Überlieferungen, alten Fabeln und amerikanischer nüchterner Effizienz überraschende Wirkungen zu erzielen und das Ausgeliefertsein des Menschen an die Welt greifbar zu machen. Die Figuren der jüdischen Erzähltradition, wie der Schlehmiel, Golem und der ,Luftmensch‘, tauchen in zahlreichen Kurzgeschichten und Erzählungen für Kinder auf und werden zu Symbolen menschlicher Frustration und Bedeutungslosigkeit, gegen die sie sich mit Witz und Bauernschläue wehren.

Jüdisches Schicksal als Metapher menschlicher Entfremdung

SINGERS bekanntestes Werk ist die von SAUL BELLOW ins Englische übersetzte Kurzgeschichtensammlung *Gimpel the Fool* (1957), seine späteren Werke sind häufig autobiographischer Natur, z. B. *In my Father's Court* (1966), *A Little Boy in Search of God* (1976), *Last in America* (1981) oder *Love and Exile* (1984). Nicht nur bei SINGER, der 1978 den Nobelpreis erhielt, wird das jüdische Schicksal zur

---

13 vgl. ebd., S. 16f.
14 Tiefenthaler, S. 203. Dort als Beleg herangezogen: Marcus Lee Hansen, „The Third Generation in America", in: *Commentary* (November 1952), S. 495: *„what the son wishes to remember"*.
15 Tiefenthaler, S. 203

Metapher einer allgemein-menschlichen existentiellen Entfremdung und Sinnbild einer gesellschaftlichen Randexistenz, aus der heraus die individuelle Sinnsuche zur Selbstfindung zwingend wird, das gilt auch für viele andere. Auch die Romane SAUL BELLOWS, BERNARD MALAMUDS, JOSEPH HELLERS, JEROME D. SALINGERS und PHILIP ROTHS zeigen deutlich diese Tendenz. Ihre Wirksamkeit ist aber auch deshalb so besonders hoch, weil sie gleichzeitig innerhalb der amerikanischen Tradition stehen, für die ja schon im 19. Jh. die Identitätssuche, wenn auch auf nationaler, nicht unbedingt auf individuell existentieller Ebene, ein entscheidendes Anliegen war. Am Beispiel von SAUL BELLOW, Nobelpreisträger von 1976 und der wohl philosophischste und bedeutendste jüdisch-amerikanische Autor, macht Dieter Meindl dies sehr schön klar:

Bellows philosophischer Ansatz

Bellows geistiger Hintergrund ist kosmopolitisch. Der Judaismus, der die Spannung zwischen Realität und Ideal in der Hoffnung auf eine diesseitige Erlösung – das Kommen des Messias – anlegt, ist gut vereinbar mit der aufklärerischen, humanitätsgläubigen Tradition im amerikanischen Denken und stellt ebenso wie diese ein Gegengewicht dar zu dem von Bellow beklagten schwarzen Erbe romantischer Sensibilität in der Moderne ... Die Ehrfurcht vor dem Menschen im Judentum, zumal im Chassidismus, wiederum ist vergleichbar mit der Heiligung des Lebens im amerikanischen Transzendentalismus. Die Parallelen zwischen Juden- und Amerikanertum lassen sich bis in Bellows stilistische Komik verfolgen. Diese ist gekennzeichnet durch die Kontiguität von realistischem, umgangssprachlichem Detail und einem Zug zum Rhetorischen, Phantasievollen und Parabelhaften, was sowohl dem jiddischen Umgangston als auch dem Sprachgestus der amerikanischen Klassiker Emerson, Thoreau und Whitman entspricht.[16]

amerikanische Literaturtradition

BELLOWS Helden sind aufgrund ihrer gesellschaftlichen Marginalität, die sie ja zu besonders geeigneten Helden des existentiellen Romans macht, besonders empfindsam und reflektieren unaufhörlich ihre prekäre Beziehung zu den Mitmenschen, denen sie sich aus ethnisch-moralischen Gründen nicht oder nur schwer anpassen können. Meindl fühlt sich dadurch an die *innocents* des amerikanischen Romans erinnert, an COOPERS Natty Bumppo, HAWTHORNES Hester Prynne, JAMES' Daisy Miller, TWAINS Huckleberry Finn, HEMINGWAYS Nick Adams und FITZGERALDS Jay Gatsby.[17] Der gravierende Unterschied besteht jedoch darin, dass die amerikanischen Romanhelden des 19. und 20. Jhs. bis einschließlich der klassischen Moderne der 1930er Jahre ihre Identität innerhalb der aufklärerischen Naturrechtsvorstellungen des 18. Jhs. zu finden trachten, die die Grundlage der amerikanischen individualistisch-kapitalistischen Demokratie bilden. Sie suchen also ihren Platz innerhalb eines vorgegebenen Gesellschaftsentwurfs und stehen auf diesen theoretischen Voraussetzungen den realen Auswüchsen der Gesellschaftspraxis mahnend und ethisch korrigierend gegenüber. Zwar sind auch sie Außenseiter, aber nicht existentiell Sinnsuchende, denn der Sinn ist ihnen in einer Art platonistisch-humanistischen Essenz vorgegeben, lediglich entspricht dem nicht ihre gesellschaftliche Existenz. Vorbereitet durch die Entwicklung der Philosophie seit NIETZSCHE, haben die naturrechtlichen Vorstellungen nach dem Zweiten Weltkrieg endgültig ihren idealistischen Absolutheitsanspruch verloren. Damit entfällt ein Maßstab, an dem die Wirklichkeit im naturalistischen oder im psychologischen Sinne gemessen werden kann. Sie sind auf den Status von möglichen Welterklärungsmodellen zurückgestuft und nur noch als ethische Referenz ohne Verbindlichkeit möglich.

Normensuche bei Bellow

SAUL BELLOWS Romane besitzen deshalb zusätzlich zur Kultur- und Gesellschaftskritik noch die Dimension einer ethisch-humanistischen Normensuche. Seine Hauptfiguren sind, wie Tiefenthaler feststellt, *„häufig jüdische Intellektuelle, die um humane Selbstverwirklichung ringen und in einem permanenten Reflexionsprozess versuchen, in ihrem Bewusstsein der chaotischen Vielfalt von Eindrücken, Informationen, Menschen, Kultur und Geschichte ... eine ordnende Gestalt zu verleihen."*[18] Diese Bemerkung ist zutreffend, wenn man unter ‚ordnende Gestalt verleihen' die Erstellung einer ethisch-moralischen Wertehierarchie versteht, die BELLOWS Anti-Helden aus ihrer moralischen Verantwortung heraus und aus Sorge um den Verlust der Freiheit des Individuums in der modernen Massengesellschaft zu entwerfen suchen. Diese eklektische Sinnsuche ist ein epistemologischer Prozess, der sich verschiedener Elemente der jüdischen, europäischen und amerikanischen geistesgeschichtlichen Tradition bedient. Dies ist typisch für den jüdisch-amerikanischen Roman insgesamt, und so ist es verständlich, dass sich BELLOW – wie übrigens auch MALAMUD und ROTH – dagegen wehrt, lediglich als jüdischer Autor bezeichnet zu werden.

Dangling Man

Die allgemeingültige existentielle menschliche Situation verkörpert schon der jüdische Protagonist seines ersten Romans, Joseph, in *Dangling Man* (1944). Joseph wartet auf seinen Einberufungsbefehl zum Militär und befindet sich deshalb in einem Schwebezustand, in dem er sich gesellschaftlich nicht mehr engagieren kann, weil er bald Soldat sein wird. Es ist aber auch ein Zustand, in dem die militärische Fremdbestimmung noch nicht eingesetzt hat. In der Form von Tagebucheintragungen protokolliert Joseph

---

16 Meindl, „Zwei Hauptvertreter ...", S. 57
17 vgl. ebd., S. 58
18 Tiefenthaler, S. 211

seine Selbstreflexionen, die weit über seinen aktuellen Zustand hinausgehen und unter moralischen Vorzeichen die gesamte abendländische Kultur kritisch durchmustern. Es gelingt ihm dabei aber nicht, eine Werteordnung herzustellen, und so bleibt am Ende nur der ironisch-erleichterte Rückzug in die stützende Hierarchie des Militärs: *„Long live regimentation!"*

The Victim

Auch Asa Leventhal, der Protagonist des zweiten Romans von BEL-LOW, *The Victim* (1947), ist ein Mensch, der in ständiger Reflexion versucht, seinen Platz in der Welt zu erfassen. Sein Widerpart, der Nichtjude Allbee versucht, ihn für seine eigene Orientierungslosigkeit verantwortlich zu machen, und so geht es in diesem Roman, wie die *telling names*, Leven-thal und All-bee, schon andeuten, letztlich um den Versuch, das Wesen des Humanen zu definieren.

Bellows Romane der 1950er Jahre

BELLOWs Romane der 1950er Jahre, *The Adventures of Augie March* (1953), *Seize The Day* (1956) und *Henderson The Rain King* (1959), kreisen immer noch um dieselbe zentrale Problematik, aber sie verändern ihren Ton und auch die Form, sie werden humorvoll und pikaresk. Vor allem Augie March wirkt wie eine Mischung aus Schlemihl und Pikaro, der einer Reihe von Leuten verschiedener gesellschaftlicher Schichten begegnet und dabei auf seiner Wanderschaft von dem jüdischen Viertel in Chicago in die große Welt begreift, dass alle und jeder nur ein Teil der menschlichen Gemeinschaft ist.

Herzog und Bellows spätere Romane

BELLOWs vielleicht bester Roman, *Herzog* (1964), steht ganz im Zeichen der europäischen Philosophietradition, die der Protagonist, der jüdisch-amerikanische Intellektuelle Moses Herzog, in imaginären Briefen reflektiert. Er tut dies in Bezug auf seine eigene verzweifelte Situation als sozial und geistig-moralisch entwurzelter Mensch, der das verwirrende Chaos der Welt letztendlich in der schweigenden Akzeptanz alles Seienden überwindet. *Mr. Sammler's Planet* (1970) ist die Geschichte eines einäugigen Überlebenden des Holocaust, der das moderne New York als moralische Wüste erlebt. *Humboldt's Gift* (1975) schildert die reiche Gesellschaft Chicagos, in der der reiche und von materiellen Begierden geschüttelte Charlie Citrine den Materialismus schließlich in der unmittelbaren Wahrheitserkenntnis des Gnostizismus überwindet. Albert Corde, dem Helden des Romans *The Dean's December* (1982), scheint dies auch zu gelingen, indem er seine eigenen Erfahrungen als Journalist in Chicago mit dem Lebenshintergrund seiner rumänischen Frau verbindet. Mit seinem letzten Roman, *More Die of Heartbreak* (1987), findet BELLOW zur komischen Form zurück und spielt ironisch mit der aufgesetzten Ernsthaftigkeit der Intellektuellen, die letztendlich doch auch nur Menschen sind und deren pompöse Geistigkeit ebenfalls von elementaren Trieben wie der Sexualität unterhöhlt und vermenschlicht wird. Es ist ja wohl wahr, *„more die of heartbreak than of radiation"*.

Holocaust als Thema

In den 1960er und 1970er Jahren setzen sich eine Reihe von Autoren mit dem Holocaust auseinander, z. B. EDWARD LEWIS WALLANT (1926–1962) in *The Pawnbroker* (1961), *The Tenants of Moonbloom* (1964) und *The Children at the Gate* (1965), oder ARTHUR A. COHEN (1928–) mit *In the Days of Simon Stern* (1973) und SUSAN FROMBERG SCHAFFER (1941–) mit *Anya* (1974).

E. L. Doctorow

Bei EDGAR LAWRENCE DOCTOROW (1931–) führt die Auseinandersetzung mit dem Holocaust zu einer generellen Abrechnung mit dem Totalitarismus, den er in postmodernen Techniken, z. B. in *The Book of Daniel* (1971) am Beispiel des Spionagefalls von Julius und Ethel Rosenberg aus dem Jahre 1953, darstellt. Hier beginnt auch die parodistische Dekonstruktion der traditionellen Form des historischen Romans und führt in den Postmodernismus und Poststrukturalismus, wie er z. B. in STANLEY LAWRENCE ELKINS (1930–) *The Franchizer* (1976) und *The Dick Gibson Show* (1971) oder auch beim späten PHILIP ROTH in *The Great American Novel* (1973) deutlich wird.

Cynthia Ozick

CYNTHIA OZICK (1928–) versucht in ihren Erzählungen und Romanen, besonders in *The Pagan Rabbi and Other Stories* (1971), *The Cannibal Galaxy* (1983) und *The Messiah of Stockholm* (1987), dagegen die allgemeinmenschliche und symbolische Geltung des Judentums in der jüdisch-amerikanischen Literatur wieder auf die Frage nach der jüdischen Identität zurückzuführen. Vielleicht ist damit das Ende der existentialistischen Tradition des jüdisch-amerikanischen Romans erreicht, der dann eben doch nicht nur eine ethnisch geprägte, sondern eine humanistisch-universelle Spielart des Gegenwartsromans ist.

4 Der afroamerikanische Roman und sein emanzipatorischer Anspruch

Psychologie der Sklaverei

ALBERT CAMUS hat einmal darauf hingewiesen, dass im Verhältnis von Herr und Sklave das eigentlich Entsetzliche das zwischen beiden herrschende Schweigen sei. Und in der Tat ist der soziale Abstand beider Gruppen so groß und das individuelle Selbstwertgefühl so unterschiedlich, dass eine Kommunikation über das simple Befehlen und Gehorchen hinaus kaum möglich wird. Wenn in Amerika im Unterschied zur Antike zu dieser grundsätzlichen Situation noch der Rassengegensatz hinzutritt, dann verschärft sich die Problematik zum Rassismus hin und gipfelt darin, dass die Sklaven nicht als Menschen mit humanen Ansprüchen und Fähigkeiten anerkannt werden. Die bis in die Gegenwart anhaltende Argumentation interessierter Kreise in den USA, der Farbige sei dem Weißen genetisch, emotional und intellektuell unterlegen, verdeutlicht die besondere Dimension der Rassenfrage in der Neuzeit. Die Literatur der Afroamerikaner ist daher nicht nur ein künstlerischer Ausdruck einer individuellen Reaktion auf eine soziale Situation, sondern auch ein Ringen um die Anerkennung als vollgültiger Mensch.

2 Epochen

Seit der durch den Amerikanischen Bürgerkrieg erzwungenen Abschaffung der Sklaverei in den USA hat es zwei deutliche Epochen gegeben, in denen die Afroamerikaner eine breite literarische Wirkung erzielen konnten. Durch die nach der Erringung der Freiheit Anfangs des 20. Jhs. einsetzende Migration der Farbigen aus den landwirtschaftlich orientierten Südstaaten in den städtisch-industrialisierten Norden, kam es rasch zur Ghettobildung in den großen Metropolen und zur entsprechenden Verschärfung der sozialen Situation. In den 1920er Jahren fand das in der sogenannten *Harlem Renaissance* seinen vielbeachteten künstlerischen Ausdruck.

Bürger-rechts-bewegung

Die zweite Epoche stand in Verbindung zur sozialen Aufbruchstimmung der Kennedyjahre Anfang der 1960er Jahre und zu der Bürgerrechtsbewegung, die sich bis in die 1970er Jahre hinein mit dem Vietnamkriegsprotest, der *beat generation* und den *counter-culture*-Gruppen verschränkte. Klaus Ensslen kommentiert:

Aber während man die Harlem oder New Negro Renaissance noch als vom gönnerhaften Wohlwollen eines weißen Publikums und seiner aufgeklärten Bohème abhängige modische Bewegung sehen kann, ... so scheint heute der Boden für eine beharrlichere und selbständige literarische Artikulation des schwarzen Amerikaners als Folge der sechziger Jahre nicht nur in der Romanform sicherer als je zuvor.[19]

Kriminal-roman

Die zunächst stark lyrisch ausgerichtete *Harlem Renaissance* entwickelt sich in zunehmender Politisierung in die Richtung des naturalistischen Romans bei RICHARD WRIGHT[20] und ANN PETRY (1908–), besonders in ihrem Roman *The Street* (1946). Diese Richtung findet dann aber eindrucksvoll in den Kriminalromanen von CHESTER HIMES (1909–1984) ihre Fortsetzung. Himes erkennt im Kriminalroman die Form, die das Gewaltpotential der schwarzen Jugendlichen aus den urbanen Slumgebieten im Spannungsfeld von sozialer Benachteiligung und bürgerlichen Ordnungsvorstellungen erfassen kann. Himes führt in seiner Detektivromanserie, die mit *For Love of Imabelle* (1959) beginnt, zwei schwarze Detektive ein, die natürlich Recht und Gesetz vertreten, die aber zugleich aus eigener Lebenserfahrung heraus die besonderen sozialen

Bedingungen, die Überlieferungen und folkloristischen Traditionen der Schwarzen kennen. Himes beschreibt in insgesamt neun Romanen realitätsbezogen und naturalistisch direkt das soziale Milieu Harlems und etabliert damit über das Schwarzenghetto hinaus den ethnisch definierten Stadtteil der amerikanischen Großstadt als Schauplatz des Kriminalromans.

existentialistischer afroamerikanischer Roman

Ähnlich wie in der Entwicklung des Romans in der dominanten ‚weißen' Kultur gab es auch eine Entwicklung in der afroamerikanischen Literatur, die zur Ästhetisierung und Psychologisierung der afroamerikanischen Erfahrung tendierte. Sie setzte erst relativ spät ein und übersprang sozusagen den modernistischen Ansatz des *point of view* und des Bewusstseinsstroms als explorative narrative Technik.

Ralph Waldo Ellison und James Baldwin

Im Werk von RALPH WALDO ELLISON (1914–) und JAMES BALDWIN (1924–1987) sind die erzählerischen Möglichkeiten voll ausgebildet präsent und verbinden naturalistische und Bewusstseinsstromtraditionen im existentialistischen Sinne. ELLISON mit seinem fulminanten Roman *Invisible Man* (1952) und BALDWIN mit *Go Tell It On The Mountain* (1953) verlagern, entsprechend der Entwicklungssituation des amerikanischen Romans in den 1950er Jahren, politische und gesellschaftskritische Themen auf die Ebene des existentialistischen individuellen Bewusstseins. Damit beweisen sie natürlich, dass die Afroamerikaner kein abgekoppeltes kulturelles Leben führen, sondern an den aktuellen Entwicklungen der amerikanischen Literatur aktiv teilnehmen. Militante Befürworter einer schnellen sozialen Emanzipation erkennen hier ebenso natürlich ein anpasserisches Einschwenken auf eine gesamtamerikanische Kulturlinie, die der Sache der Afroamerikaner revolutionären Schwung nimmt.

Ellisons Invisible Man: Initiations- und Pikaroroman

ELLISONS *Invisible Man* (1952) hat dessen ungeachtet eine literarisch wie soziologisch überragende Wirkung entfaltet. Ein anonymer Erzähler rekapituliert in einem Keller in Harlem, wohin er sich vor der Gesellschaft zurückgezogen hat, seine Lebensreise aus dem tiefen Süden nach New York und zugleich seine Lebenserfahrung als Kind, als Schüler, als Student, als Arbeiter, als Parteifunktionär und nun als unsichtbare Kellerexistenz außerhalb des Gesichtsfeldes der Gesellschaft. Schon in dieser schematischen Aufzählung wird klar, dass der Roman in typisch existentialistischer Art eine Kombination von Initiations- und Pikaroroman ist. Der Negerjunge erlebt in dem großartigen ersten Kapitel seine Initiation in die brutalen Rassenvorstellungen der Weißen, erkennt dann in den

---

19 Ensslen, „Der Afroamerikanische Roman ...", S. 224
20 vgl. ebd., S. 226

weiteren Lebensstationen die dumpfe Primitivität der ungebildeten Schwarzen, die heuchlerische Philanthropie oberflächlicher Weißer, die soziale und politische Brisanz radikaler Ideologien, zieht sich auf sich selbst zurück und versteckt sich als unsichtbarer Mann in dem Untergrund des Kellers, aus dem er berichtet. Ellisons Roman ist eine Parabel des modernen existentialistischen Menschen generell und beweist, dass die afroamerikanische Literatur ebenso wie die der jüdisch-amerikanischen Autoren universell ist. Was kann man emanzipatorisch mehr leisten?

Baldwin

JAMES BALDWIN ist noch deutlicher ins amerikanische öffentliche Bewusstsein getreten, nicht zuletzt, weil er im Gegensatz zu Ellison, der seither keinen Roman mehr veröffentlicht hat, eine Reihe von Büchern vorgelegt hat. Allerdings setzt BALDWIN nicht so universell an wie ELLISON. Sein Werk, neben *Go Tell It On The Mountain* (1953), *Giovanni's Room* (1956), *Another Country* (1962), *Tell Me How Long the Train's Been Gone* (1968), *If Beale Street Could Talk* (1974) und *Just Above My Head* (1980), ist geprägt von religiöser Rhetorik und zuletzt überschießendem sentimentalen Pathos.

Black-Power Bewegungen

Die in den späten 1960er und den 1970er Jahren aufkommenden *Black-Power* Bewegungen wie *Black Muslims, Black Panthers* und die der Kommunisten, wie z. B. des Ghanaers W. E. B. DU BOIS, der in den USA studierte und Professor wurde, nahmen dann eine zunehmende militante und revolutionäre Haltung ein. MALCOLM X (eigentlich Malcolm Little, 1925–1965) und ELDRIDGE CLEAVER (1935–) veröffentlichen daher auch keine Romane mehr, sondern autobiographische Bekenntnisschriften, in denen sie ihren Widerstand gegen die amerikanische Gesellschaft artikulieren.

Toni Morrison

Die wichtigsten afroamerikanischen Autoren der Gegenwart sind Frauen. Hier ragt vor allem die Nobelpreisträgerin TONI MORRISON (1931–) heraus, die in ihren Romanen die gesellschaftliche Erfahrung der Farbigen aus der Sicht der schwarzen Frau thematisiert. In ihrer anfangs postmodernen Mischung realistischer und mythisch-phantastischer Elemente beschreibt sie z. B. in *Sula* (1973) und in *Song of Solomon* (1977) die qualvolle Initiation junger Schwarzer in die Gesellschaft. Mit *Tar Baby* (1981) und *Beloved* (1987) wendet sie sich stärker historischen Themen zu und erzählt schließlich in rhythmisch durchgeformter Prosa in dem Kurzroman *Jazz* (1992) vom Leben im heutigen Harlem. Wie die amerikanische Literatur insgesamt, bewegt sich Morrison zunehmend vom Postmodernismus weg, der sich als kreative Sackgasse zu erweisen scheint. Wie Morrison zeigen auch ALICE WALKER (1944–), TONI CADE BAMBARA (1939–), GAIL JONES (1949–) und JAMAICA KINCAID (1949–), dass der afroamerikanische Roman formal und gehaltlich inzwischen *mainstream literature* ist.

Vom Existentialismus zum Postmodernismus und darüber hinaus

KAPITEL 6

1 Historische Anmerkungen und geistesgeschichtliche Entwicklungen

Nachkriegs-epochen

Die Epochen nach den beiden Weltkriegen zeigen in den USA im oberflächlichen Blick erstaunliche Parallelen, bei genauerem Hinsehen jedoch verblüffende Unterschiede. Der Prohibition und Präsident Hardings „return to normalcy" entsprechen Eisenhowers väterlich traditioneller Rückkehr zu alten amerikanischen Lebensformen. Auch gibt es in der Prohibition nach dem Ersten und der Überprüfung amerikanischer Gesinnung nach dem Zweiten Weltkrieg Parallelen, aber der McCarthyismus hatte in seiner antikommunistischen Tendenz eben auch eine internationale Dimension, die dem Isolationismus der 1920er Jahre diametral gegenübersteht. Die deutliche Rückbesinnung auf Amerika führte nach dem Ersten Weltkrieg zu den *Roaring Twenties*, nach dem Zweiten zu einer Konsolidierung des Privatvermögens mittelständischer Haushalte im deutlichen Konkurrenzblick des kalten Krieges auf die kollektivistisch-rivalisierende Sowjetmacht. Die politischen und wirtschaftlichen Parameter zeigten also nach dem zweiten Weltkrieg noch in die gewohnt amerikanisch-korrekte Richtung einer weiteren Steigerung des individuell-materialistischen Lebenskomforts, während der intellektuelle und literarische Existentialismus auf grundsätzliche Weise die Frage nach dem Sinn der menschlichen Existenz stellte.

Emanzipation von Randgruppen

Die Weltwirtschaftskrise, ausgelöst von dem Börsenkrach 1929, richtete in den 1930er Jahren alle intellektuellen Kräfte auf die grundlegende soziale Problematik, während in den 1960er Jahren der allgemeine Wohlstand zur Debatte über die Partizipation aller Randgruppen am allgemeinen Wohlergehen anregte. Diese Frage reduzierte sich in der allgemeinen Diskussion auf organisatorisch-technokratische Probleme; dadurch konnte sich die existentielle Sinnfrage aus dem Zusammenhang des gesellschaftlich-ethischen Konsenses lösen und zur heterogenen individualistischen Emanzipation einer postmodernen Beliebigkeit zersplittern.

Kennedy

Aber genau diese Bewusstseinslage widerspricht der *age of complacency*, und so wird JOHN F. KENNEDY zum jugendlichen Repräsentanten einer Aufbruchsstimmung. Auch Kennedy bedient sich des amerikanischen Mythos des Neuanfangs, wenn er sein politisches Programm als Aufbruch zur *new frontier* kennzeichnet. Neue Welt, neuer Gesellschaftsentwurf, neue Siedlungen im Westen, alles das schwingt mit, deutet aber zunächst vornehmlich auf das Aufbrechen alter gesellschaftlicher Verkrustungen, die schon in den 1950er Jahren nicht mehr vor allem von den Romanschriftstellern, sondern zunehmend von den Soziologen und Politologen benannt werden. DAVID RIESMANS *The Lonely Crowd* (1950), WILLIAM WHYTES *The Organization Man* (1956), PAUL GOODMANS *Growing Up Absurd* (1960) oder auch KENNETH KENISTONS *The Uncommitted* (1960) mögen als Beispiele genügen.

Besonderheit der Epoche

Hier zeigt sich aber der entscheidende Unterschied zur Epoche nach dem Ersten Weltkrieg. Die Literatur der 1920er und 1930er Jahre fand in der Analyse des Zustands der Gesellschaft ihr eigentliches Thema, nach dem Zweiten zog sie sich angesichts des allgemeinen Wohlstands auf die individuelle Sinnsuche zurück. Natürlich spürte man die unterschwellige Angst vor der Atombombe, natürlich erschauerte man vor der Fähigkeit des Menschen zur abgrundtiefen Bestialität, wie sie sich in den totalitären Regimen gezeigt hatte. Aber das namenlose Entsetzen und die kreatürliche Furcht waren in eine gut funktionierende Staats- und Wirtschaftsordnung eingebettet und wohlstandsentschärft.

Roman und Politik

Die Wahl Kennedys 1960 setzte ein Aufbruchszeichen. Der Sputnikschock 1957 hatte die USA aufgerüttelt und die Konkurrenz der Sowjetunion als gefährlich empfinden lassen. Es galt, alle Kräfte zu bündeln, ein Bündnis zwischen Intelligenz und Politik zu schmieden, um Amerika aus der Nachkriegslethargie zu befreien und im Vertrauen auf alte Tugenden dynamisch zu machen. Kennedys Präsidentschaft erschien vielen Autoren als der Aufbruch des Zeitalters einer intellektuellen Kultur. Selbst nach der Ermordung Kennedys 1963 thematisiert NORMAN MAILER (1923–) diesen Aspekt trotzig in seinem Roman *An American Dream* (1965). GORE VIDAL (1925–) schreibt über die Faszination der Politik eine Serie von Romanen, die sich mit der kulturellen Ausstrahlung verschiedener amerikanischer Präsidenten beschäftigen: *Washington, D.C.* (1967), *Burr* (1974), *1876* (1976), *Lincoln* (1984) und *Empire* (1987). Die Helden in PHILIP ROTHS (1933–) *Portnoy's Complaint* (1969), SAUL BELLOWS *Humboldt's Gift* (1975), JERZY KOSINSKIS (1933–) *Being There* (1971) und JOSEPH HELLERS (1923–) *Good As Gold* (1979) sind Regierungsagenten oder Regierungsberater und zeigen dadurch ihre Nähe zum politischen System der amerikanischen Demokratie. War das Verhältnis zunächst wohlwollend und verdeutlichte eine klare Zustimmung zur Aufbruchspolitik Kennedys, so trübte es sich dann rasch ein und entwickelte sich während der kubanischen Raketenkrise 1962 und der gefährlichen Konfrontation mit Kruschtschows Sowjetunion zur deutlichen Skepsis und schließlich angesichts der wachsenden amerikanischen Verstrickung in den Vietnamkrieg vor allem während der Präsidentschaft Johnsons und der Anfangsjahre von Nixon zur offenen Gegnerschaft.

Bürger-rechtsbewe-gung und Norman Mailer

Parallel dazu entwickelten sich die Bürgerrechtsbewegung, das *free-speech movement*, und die Studentenrevolte auf den großen Campussen, besonders in Berkeley. NORMAN MAILER dokumentierte mit dem Roman *Why Are We in Vietnam?* (1967) und den Büchern *The Armies of the Night* (1968) und *Miami and the Siege of Chicago* (1968) die wachsende Distanz der Intellektuellen zur offiziellen Politik und zu den großen Parteien.

Die *Beat Generation*

Die *Beat Generation*, die sich noch in JACK KEROUACS (1922–1969) *On The Road* (1957) und in WILLIAM S. BURROUGHS (1914–) von Drogen inspirierten *Naked Lunch* (1959) im ziellosen Bewegungsdrang quer durch den amerikanischen Kontinent repräsentiert fand, wurde zur Hippiebewegung, Rockkonzerte mutierten zum Happening, aus Dichterlesungen wurden *performances*, das Theater wurde zur experimentierenden Straßenattraktion. In allen Bereichen der amerikanischen Kultur ging es plötzlich um einen möglichst grellen und expressiven Ausdruck der individuellen Befindlichkeit im bewussten Gegensatz zur staatlichen Norm.

Problem des Wirklichkeits-bezugs der Sprache

Der Ausbruch aus der gesellschaftlichen *complacency* verläuft in einer verblüffenden Parallele zur sich übersteigernden intellektuellen existentialistischen Sinnsuche, die in den literarischen Formen und den Stilmitteln der Kunst keine über sich hinausweisende Bedeutung mehr finden kann. Selbst die Sprache, die in ihrer kommunikativen Alltagsfunktion Verweischarakter auf eine außersprachliche Wirklichkeit beansprucht, verliert die Verlässlichkeit des Bedeutens. Der Realismus mit dem Versuch mimetischer Abbildung von Wirklichkeit, der Modernismus mit seiner Suche nach der inneren psychologischen Wahrheit, in der die Perzeption der Realität aufgehoben ist, der Existentialismus, der in der gegenwärtigen Dauer des Augenblicks Vergangenheit und Zukunft zusammenzwingt, um ethische Normen zu finden, sie gehen noch von einem – wenn auch ständig schwächer werdenden – Wirklichkeitsbezug der Sprache aus. Dies ist letztlich ein erkenntnistheoretischer Ansatz, der von einem Subjekt-Objekt-Bezug ausgeht und die Erkennbarkeit der Wirklichkeit mit Hilfe des Instruments Sprache voraussetzt. Das erfordert drei bisher unbezweifelte Prämissen, die bei genauer Überlegung aber alle drei unhaltbar sind.

Prämissen für das Be-deuten von Sprache

Die erste ist die Unteilbarkeit und damit letztendlich die Unveränderlichkeit des Individuums als das erkennende Subjekt. Ausgehend von NIETZSCHE haben HEIDEGGER, BERGSON, SARTRE u. a. jedoch gezeigt, dass der Einzelne in seiner sich selbst entwerfenden Essenz ein sich ständig änderndes Wesen ist. SAUSSURE hat in seinen Untersuchungen deutlich gemacht, dass die Sprache tatsächlich kein Erkenntnisinstrument ist.[1] Worte sind nicht die Dinge, die sie benennen, sondern sie werden nur durch die Übereinkunft der Sprachgemeinschaft mit diesen Dingen in Verbindung gebracht. Bedeutung erhalten sie innerhalb des Systems Sprache darüber hinaus nur dadurch, dass sie sich von anderen Worten unterscheiden. Ein Wort bedeutet nämlich zunächst praktisch nichts, erst der Satz entwirft einen intentionalen Zusammenhang und damit eine bestimmte Bedeutung. Das Wort – Ich – z. B. ist ohne Aussage. Der Zusammenhang ‚Ich bin' eröffnet unglaubliche philosophische Dimensionen, und erst der Satz ‚Ich bin verwirrt' hat eine klare Bedeutung. Diese entsteht aber erst innerhalb des Systems Sprache und wird nicht etwa mit Hilfe des Instruments Sprache gefunden. Damit entfällt auch die dritte Prämisse des epistemologischen, also erkenntnistheoretischen, Ansatzes. Eine außermenschliche und außersprachliche Realität mag es geben, aber sie kann keine Bedeutung haben, weil sie lediglich ist und nicht intentional, also gerichtet, Sinn entwirft oder produziert. Das ist allein dem Menschen in seiner existentiellen Geworfenheit aufgegeben.

Sprach- und erkenntnistheoretischer Skeptizismus

Die Aufsplitterung der glatten gesellschaftlichen Oberfläche in eine Vielzahl von Facetten in den 1960er und 1970er Jahren wird begleitet von einer zunehmenden Skepsis gegenüber der Fähigkeit der Sprache, diese Wirklichkeit zu vermitteln. In der radikalsten Form erscheint dies als die Unfähigkeit des Menschen, überhaupt eine außermenschliche Realität zu erkennen. Die Suche nach ethischen Normen als Maßstab für eigenes Handeln kann nun in letzter Konsequenz nicht einmal mehr Sinnsuche sein, denn das würde – jedenfalls entsprechend der Logik der Metapher – bedeuten, dass der Sinn irgendwo außerhalb von einem selbst zu finden ist. Man muss nun sogar sagen, dass die erkenntnistheoretische Fragestellung, die die bisherige Grundlage der literarischen Entwicklung gewesen ist, sich jetzt in eine negative ontologische Prämisse umkehrt.[2] Die vom Menschen erfahrbare Wirklichkeit ist in ihrem ontologischen Status bedeutungsleer, also negativ ontologisch, und Sinn wird erst als sprachlich konstruiertes Produkt vom Menschen selbst hervorgebracht. Joseph C. Schöpp fasst diesen besonderen Charakter des Postmodernismus einprägsam zusammen:

Besonderer Charakter des Postmodernismus

Jeder Text wird also zwangsläufig zu einem geschlossenen System; er schließt sich in eine radikale Intransitivität ein. Die herkömmlichen Metaphern für die mimetische Macht des Wortes wie Spiegel, Labor oder das Jamessche Haus mit den zahllosen Fenstern haben plötzlich ausgedient. Der Spiegel ist leer und blind, im Labor wird nicht mehr Wirklichkeit jenseits der Sprache, sondern nur noch die Sprache selbst ge-

testet und die Fenster des house of fiction *sind hermetisch vermauert. Eher zutreffend scheint jetzt die Metapher von Kafkas unterirdischem ‚Bau', einem Grabensystem, in dessen labyrinthischen Gängen sich der Bauherr bereits selbst verirrt.*[3]

Alltags-sprache vs. literarische Sprache

Die Sprache selbst bekommt auf der Grundlage solcher Überlegungen eine irritierende doppelte Funktion. Wenn man die Sprache in ihrer Oberflächenstruktur des Alltagsgebrauchs ernst nimmt, dann entfaltet sie problemlos eine kommunikative Kompetenz; als Medium der literarischen Postmoderne entwickelt sie jedoch einen zutiefst subversiven Charakter. Sie gibt vor, im soliden sprachlichen System zu arbeiten und aus in ihrer Zeit gefundenen Begriffen, zu Glaubens-Sätzen erstarrten Annahmen und gewohnten Präsentationsmustern, ein Abbild der Wirklichkeit zu erstellen. Gleichzeitig verweist sie selbstreferentiell durch poetologische Hinweise auf den aus Metaphern und Metonymien zusammengesetzten Konstruktionscharakter des Textes und unterläuft dadurch die Bedeutungsebene der Fiktion. Das Ergebnis ist die spielerisch-lustvolle bis entschlossen-grimmige Demontage aller Versionen von Realität, die nun dem allumfassenden Begriff ‚Fiktion' subsumiert werden. Der wichtige postmoderne Romanautor und angesehene Literaturwissenschaftler RAYMOND FEDERMAN (1928–), der mit Werken wie *Double or Nothing* (1971), *Take it or Leave It* (1976), *The Voice in the Closet* (1979), *The Twofold Vibration* (1982), *Smiles on Washington Square* (1985) und *To Whom It May Concern* (1990) hervorgetreten ist, kommentiert das so:

In the fiction of the future, all distinctions between the real and the imaginary, between the conscious and the subconscious, between the past and the present, between truth and untruth will be abolished. All forms of duplicity will disappear. And above all, all forms of duality will be negated-especially duality: that double-headed monster, which, for centuries now, has subjected us to a system of values, an ethical and aesthetical system based on the principles of good and bad, true and false, beautiful and ugly.[4]

Selbstrefe-rentialität der Sprache

Die Aufhebung des Unterschieds zwischen Realitätsvorstellung und Fiktion, in der Annahme, es handele sich immer nur um sprachlich vermittelte Konstrukte, führt gleichzeitig zur Einebnung moralisch-ethischer Werte, weil die Texte des Postmodernismus in der autoreferentiellen Betonung ihres Kunstcharakters als Bedeutungsträger praktisch ausscheiden. Der Roman wird zu

---

1 vgl. de Saussure
2 vgl. McHale
3 Schöpp, S. 36
4 Federman, S. 8

einem sprachlichen Formenspiel ohne gehaltliche Verbindlichkeit. RONALD SUKENICK (1932–), wie FEDERMAN Schriftsteller und Literaturwissenschaftler, kennzeichnet das Lesen eines postmodernen Romans als *„the interesting effect of passing through your mind the way ice cream passes over your tongue – you get the taste and that's it".*[5]

Tod des Romans

Es geht hier natürlich um eine bewusste Annäherung des Romans an andere, traditionell nicht so stark mimetisch orientierte Künste wie die Musik oder die abstrakte Malerei, aber die Literatur verliert dabei doch ihre ursprüngliche Verbindlichkeit. Nicht umsonst deshalb wird seit den 1960er Jahren immer wieder der Tod des Romans proklamiert.[6] Der Verlust der transzendierenden, über sich auf etwas hinausweisenden Dimension bringt dann natürlich auch den Erzähler zum Verschwinden. Ein Erzähler ist ja immerhin das zentrale Bewusstsein, das sich normalerweise der Sprache bedient und den Text absichtsvoll organisiert. Der postmoderne Roman bemüht sich aber nun gerade darum, in der Selbstreferentialität der Sprache den Erzählakt ständig zu demontieren, um den Vorrang des Systems ‚Sprache' vor wie auch immer gearteten Inhalten oder den mit Bewusstsein ausgestatteten Subjekten, die die Sprache benutzen, zu behaupten. Notgedrungen wird die so verwendete Sprache zu einem Zitat, denn sie benutzt die gewohnten Inhalte zunächst für den Entwurf einer fiktiven Wirklichkeit, so ganz in der Art, wie der Roman auch immer schon erzählt hat. Dann besinnt sie sich autoreflexiv auf ihren fiktionalen Charakter und entlarvt die gerade aufgebaute Welthaltigkeit als scheinbar und als unverbindliches Spiel. Aber selbst dieses Spiel kann nicht bedeutungsfrei sein, und hier liegt der Widerspruch zwischen Theorie und Praxis. Die im Alltagsgebrauch erprobte und bewährte Mitteilungsmacht der Sprache ruft im Leser immer Vorstellungen auf, generiert Bedeutung und zwingt ihn zur Anschauung auch dann, wenn der Text sich gleich darauf als Fiktion destruiert.[7] Die literarische Sprache erzeugt durch eine potentiell unendliche Zahl kaleidoskopartiger Bilder Vorstellungen, mit deren Sinnpotential je auf andere Weise Autor und Leser spielen. Die literarische Praxis unterhöhlt damit den absoluten theoretischen Anspruch und beharrt auf Sinn, aber sie hat ungeheuer an formaler Beweglichkeit gewonnen.

Postmodernismus

Der Begriff ‚Postmodernismus' erweist sich somit in seinem Charakter als von bisherigen Epochen- oder Periodenkennzeichnungen grundverschieden. Er bezeichnet nämlich nicht eine mehr oder weniger genau erfasste Stilformation und eine damit verbundene besondere Welterfassungsweise, sondern er behauptet ein vorläufiges Ende einer formalen Entwicklung mit der Aussicht auf eine unendliche spielerische Freiheit. Entsprechend ist es

unmöglich, den postmodernen Roman als eine einheitliche Stilformation zu beschreiben, es ist aber doch denkbar, ein paar extrem auseinanderliegende Ausprägungen und Spielarten exemplarisch zu erörtern.

2 Der Verlust der Wirklichkeit und die Flucht in das Groteske, Fantastische, den *black humor* und das Surreale

Sinnverlust und Hedonismus

Eine Gesellschaft, die den Glauben an einen für alle verbindlichen und der Realität abgelauschten Sinn verliert, weil sie aufgrund theoretischer Prämissen alle Möglichkeiten der Sinnkonstitution für Fiktionen hält, gibt zugleich einen möglichen moralisch-ethischen Konsens auf und zersplittert im Hedonismus, dem Streben nach Sinneslust und Genuss. Das Ergebnis ist eine *„antiintellektuelle, antiideologische, antirepressive, das Lustprinzip über das Realitätsprinzip stellende Rebellion gegen das liberale Establishment"*.[8] Die Suche nach alternativen Lebensformen in den 1960er und 1970er Jahren in den militanten Bewegungen der *New Left*, *Black Power*, den anarchischen Hippies, den von TIMOTHY LEARY angespornten Drogen-freaks oder den religiösen Bhagwan-Anhängern, den Zen-Buddhisten und Jesus People oder dem aggressiver werdenden *Women's Liberation Movement* wird im wesentlichen von den Intellektuellen getragen und von der Literatur als die eigentliche selbstverwirklichende Lebensaufgabe bestätigt oder initiiert.

Zwei literarische Strömungen: *nonfiction* und *black humor*

Diese gesellschaftliche Grundtendenz schlägt sich in zwei sich scheinbar diametral gegenüberstehenden literarischen Strömungen nieder. Die *nonfiction* als journalistisch-dokumentarische Wiedergabe undurchschaubarer Ereignisse versucht so zu zeigen, dass die Absurdität der sogenannten Realität jegliche imaginierte Fiktion in ihrer Sinnlosigkeit übertrifft. Die andere Richtung nimmt die Annahme des fiktionalen Charakters jeglicher Erfahrung ernst und will zeigen, *„dass kein Unterschied mehr zwischen Realität und Fiktion, Wahrheit und Lüge, Ordnung und Chaos"* besteht.[9] Entsprechend wird alles, Beobachtungen der sozialen Umwelt und die literarischen Darstellungsmodi der Geschichte, ironisiert, pa-

---

5 Sukenick, „The New Tradition ...", S. 44
6 vgl. Hassan, *The Literature of...*, S. 214 ff.; Barth, „The Literature of ...", S. 70-83; und Sukenick, *The Death of...*
7 vgl. Schöpp, S. 40–45
8 Heller, „Einführung in ...", S. 9
9 Hoffmann, „Perspektiven der Sinnstiftung ...", S. 226

rodiert und schon im Aufbau destruiert. In der literaturwissenschaftlichen Terminologie herrscht angesichts dieser Flucht in den Neosurrealismus eine deutliche Verwirrung. Man spricht von *diabolical comedy, fantasy, fantasy humor, tense-* und *absurdist humor*; durchgesetzt hat sich aber mehrheitlich der Begriff *black humor*.[10] Fast alle Vertreter des postmodernen Romans, KURT VONNEGUT (1922–), TERRY SOUTHERN (1926–), JOSEPH HELLER, JAMES PATRICK DONLEAVY (1926–), VLADIMIR NABOKOV, JOHN BARTH, JAMES PURDY (1923–), THOMAS PYNCHON, JOHN HAWKES (1925–), DONALD BARTHELME, ROBERT COOVER (1932–), WILLIAM GASS (1924–) und andere, gehören in diesen Zusammenhang.

John Barth

JOHN BARTH (1930–) soll als bedeutender Autor dieser Richtung exemplarisch vorgestellt werden, wohlwissend, dass jeder der oben genannten einen anderen *black humor* vertritt. JOHN BARTH, den HEIDE ZIEGLER den *„ironischen Repräsentanten der ‚Postmoderne'"* nennt,[11] hat in zwei literaturtheoretischen Aufsätzen, die fast 15 Jahre auseinanderliegen, praktisch seine eigene literarische Entwicklung interpretiert. Der erste Aufsatz, „The Literature of Exhaustion" (1967), steht unter dem Leitbegriff der kompositionellen Erschöpfung literarischer Formen und zeigt am Beispiel des modernistischen argentinischen Autors JORGE LUIS BORGES, dass der zeitgenössische Autor bis zum Endpunkt durchentwickelte Stilformen vorfindet und auf sie, die zu Klischees erstarrt sind, nur noch parodistisch reagieren kann.

The Sot-Weed Factor

In *The Sot-Weed Factor* (1960) führt BARTH dies im eigenen Werk eindrucksvoll vor. Der Roman ist eine Parodie auf das satirische Gedicht *The Sot-Weed Factor* (1708) von EBENEZER COOKE. Der historische Cooke fuhr nach Amerika, um in Maryland das Erbe einer Tabakplantage anzutreten. In der Tradition von SAMUEL BUTLERS *Hudibras* (1663, 1664 und 1678) schildert er in bombastisch barocken Überzeichnungen die Gesetze und Einrichtungen der kolonialen Gesellschaft und karikiert vor allem die seltsamen und derbkomischen Vergnügungen der Leute. Der aus dem 18. Jh. stammende Begriff ‚The Sot-Weed Faktor', der einen Tabakhändler bezeichnet, bezieht sich bei Barth auf einen jungen Mann, den sein Vater nach Maryland schickt, um ihn aus den Klauen einer Londoner Hure herauszulösen. Der Roman wird so zu einem komisch-surrealistischen Bildungsroman, in dem der Stil des Pikaroromans in der Tradition SMOLLETTS dominiert und in dem philosophische Exkurse und Abschweifungen in abstruse Nebenhandlungen vorherrschen. Gleichzeitig unterläuft BARTH den Mythos vom *American Dream*. Für einen geplanten Reisebericht entwirft Ebenezer, der so vom Romanhelden zum fiktiven Autor wird, schon während der Überfahrt Maryland als Garten Eden. *„Zwar bewirken seine späteren widrigen Abenteuer eine ständige gro-*

teske Pervertierung dieses Traums, doch bleibt gerade dadurch das Ideal als solches präsent." [12]

Kritik am *American Dream* und Parodie literarischer Konventionen

BARTHS Roman ist also weder ein historischer Roman noch ein Pikaroroman, er ist keine ernsthafte Kritik am *American Dream*, er ist vielmehr ein Roman, der sich mit Hilfe der Konventionen des Romans des achtzehnten Jahrhunderts erlaubt, diese Konventionen und ihre damit verbundenen gehaltlichen Konzepte spielerisch vorzuführen und sie parodistisch gleichzeitig außer Kraft zu setzen. Das Besondere ist, dass nicht die Wirklichkeit parodiert wird, die ja nach postmodernen Annahmen gar nicht erkannt werden kann, sondern lediglich Fiktionen der Wirklichkeit. Die Möglichkeiten der Literatur, tatsächlich Welt darzustellen, sind also in der Tat erschöpft, es lassen sich aus dem spielerischen Umgang mit ihr lediglich noch intellektuell unterhaltsame Funken schlagen.

„The Literature of Replenishment"

In seinem zweiten Aufsatz, „The Literature of Replenishment: Postmodernist Fiction" (1980), weist BARTH besonders darauf hin, dass schon der erste über die Negativität der Konstatierung literarischer Erschöpfung hinausgewiesen habe. Die angedeutete Möglichkeit des ironisch-parodistischen Umgangs mit der Erzähltradition würde diese letztendlich wieder aufladen und zur erzählerisch-fiktiven Reflexion über sich selbst führen. Als Vorbilder bezieht er sich diesmal auf GABRIEL GARCIA MÁRQUEZ und ITALO CALVINO, die das Wesen des Erzählens in einer neuartigen Synthese aller möglichen Formen vorführten.

Letters

In seinem Roman *Letters* (1979) baut BARTH nicht mehr überkommene Klischees auf, um sie parodistisch zu untergraben, sondern er versucht, einen seine eigene Lebenswirklichkeit und die fiktive Wirklichkeit seiner bisherigen Romangestalten überschreitenden und sich durchdringenden Zusammenhang zu konstruieren. Schon der englische Titel *Letters* weist in seiner Mehrdeutigkeit darauf hin. Es handelt sich bei diesem Roman zunächst einmal wirklich um Briefe, um 88 Stück, die in sieben Teilen geordnet sind. ‚Letters' kann aber auch ‚Buchstaben' heißen, und als solche sind sie bedeutungslos; erst in Kombinationen werden sie mitteilungsmächtig, wie etwa im 88 Buchstaben umfassenden Untertitel *„An old epistolary novel by seven fictitious drolls & dreamers each of which imagines himself factual."* Es handelt sich bei den Briefen um eine Korrespondenz, die BARTH mit fünf Romanfiguren aus seinen früheren Werken und mit Lady Amherst, Gastprofessorin

---

10 vgl. S.B. Cohen; Hoffmann, S. 227; Bradbury, S. 204f.; und Heller, „Einführung in . . .", S. 10f.
11 vgl. Ziegler
12 Ziegler, S. 26

für Literatur an der Marshyhope State University, wechselt, um sie zur Mitarbeit an einem neuen Roman zu bewegen. Der Untertitel verrät also schon, dass sich die fiktiven früheren Romanfiguren, die den möglichen Neuanfang repräsentierende einzige Frau unter den sieben Briefschreibern und BARTH selbst auf derselben Ebene der fiktiven Existenz bewegen, *„seven fictitious drolls & dreamers"*. Lady Amherst verliebt sich in eine Romanfigur, in den Schriftsteller Ambrose Mensch, wieder ein sprechender Name, und heiratet ihn. BARTH, der auf ihre Briefe nicht mehr geantwortet hat, und Mensch verschmelzen für Lady Amherst zu einer Person. Durch ständige Stilwechsel und kumulativ eingesetzte Parodien von Erzählweisen ist die Vermischung von der wahren Existenz realer Personen und von Romanfiguren in der Fiktion erreicht. *„Die Charaktere in* Letters *existieren nur, indem sie schreiben; ihr Au*thor *existiert ebenfalls nur, indem er schreibt."*[13] ,Letters', in der dritten Bedeutung ,Literatur', ist daher auch der wahre Ort, an dem menschliche Kreativität Sinn produziert. Die menschliche Kreativität schafft das aus dem vorhandenen Formenreservoir der Literaturgeschichte heraus, und der Postmodernismus ist daher zumindest für BARTH „Literature of Replenishment".

3 ,Fact' und ,fiction': postmoderne Spannungen im historischen Roman

empirische Weltsicht

Das Verhältnis von ,Fact' und ,Fiction' ist von den postmodernen Autoren, die man der surrealistischen Richtung zurechnet, eindeutig zugunsten der Fiktion beantwortet worden. JOHN BARTH war unser eindrucksvolles Beispiel. Gleichzeitig leben wir aber in einer Zeit, in der nichtfiktionale Darstellungsmodi von Wirklichkeit ein Höchstmaß an Realitätsbezug beanspruchen und zugebilligt bekommen. Die empirisch-rationale Weltsicht, die sich seit dem Beginn der Neuzeit durchzusetzen begann, erhielt mit der sich rasant beschleunigenden naturwissenschaftlich-technologischen Entwicklung des 19. und vor allem des 20. Jhs. eine nachhaltige Unterstützung, die auf der Nachprüfbarkeit der wissenschaftlich eruierten Fakten beruhte. Die Sprache wird zum Transportmedium der Fakten, weil sie ganz der Realitätsenträtselung dienstbar gemacht wird. In naturwissenschaftlichen Darstellungen, in Zeitungsberichten und in den Nachrichtensendungen von Rundfunk und Fernsehen wird die Faktizität des Textes durch die unausgesprochene Voraussetzung einer außerhalb der Sprache existierenden Referenzebene bekräftigt. Das trifft scheinbar für die Alltagssprache ebenso zu wie für die Geschichtsschreibung. Im Grunde haben wir es hier mit einem radikalen Auseinanderklaffen von gesellschaftlicher und literarischer Sprache, von

Leben und Kunst zu tun, und die Literatur gerät dabei immer stärker in eine unwichtige Randposition.

Doctorows theoretische Position

1977 hat sich der Romanschriftsteller und Literaturwissenschaftler E. L. DOCTOROW (1931–) in einem Aufsatz mit dem Titel „False Documents" mit dieser für einen Romanautor bestürzenden Situation auseinandergesetzt. Nach einem kurzen geistes- und literaturgeschichtlichen Abriss kommt er zu einer ersten wichtigen Beobachtung: Fakten sind nichts weiter als Versatzstücke aus dem menschlichen Kulturmuseum, sie gelten nur solange, bis sie aufgrund anderer Prämissen widerlegt scheinen, *„the regime of facts is not from God but man-made, and, as such, infinitely violable."*[14] Vor nicht langer Zeit galt z. B. als Faktum, dass Frauen geistig und emotional weniger begabt wären als Männer, heute gilt das nicht mehr. Dennoch hat dieses ‚Faktum' lange eine gesellschaftliche Wirkung gehabt. Aus solchen Überlegungen heraus entwickelt Doctorow seine zentrale These, dass die sogenannten Fakten einen die jeweilige Zeit bestimmenden geistigen Zusammenhang bilden, *„that prescribes for us not only what we may like and dislike, believe and disbelieve, but also what we may be permitted to see and not to see."*[15]

geistiger Zeithorizont als Erkenntnisrahmen

Dies trifft nach DOCTOROW besonders für die Geschichtswissenschaft zu, deren Darstellungen als besonders faktentreu gelten. Seit der *Poetik* von ARISTOTELES gilt, dass die Historiographie darstellt, was tatsächlich geschehen ist, und die Literatur das, was geschehen könnte. Nach DOCTOROW ist diese Unterscheidung unzulässig, denn der geistige Zeithorizont bestimmt nicht nur, was der Historiker in den Blick bekommt, er determiniert auch die Selektion der darzustellenden Einzelheiten und bereitet so die sprachliche (Re-)konstruktion der Geschichte vor. Bemerkenswert ist an diesem Ansatz, dass DOCTOROW die Mitteilungsmacht von Sprache, die von den anderen postmodernen Autoren verworfen wird, nicht in Frage stellt. Statt dessen bezieht er sie auf einen umfassenden wissenschaftlich-kulturellen Kontext, zu dem sie selbst gehört. Kulturelle Überzeugungen und begrifflich-sprachliche Präzisierungen sind wie eine Leselupe, die aus der als Ganzes nicht erkennbaren Wirklichkeit das innerhalb ihres Rahmens liegende scharf hervortreten lässt. Das sind – will man diese Metapher strapazieren – jeweils in sich abgeschlossene Einheiten, die durch den menschlichen Geist, der alles verstehen will und deshalb die Lupe immer weiter schiebt, aufeinander bezogen und

---

13 Ziegler, S. 33
14 Doctorow, „False Documents", S. 217
15 ebd.

miteinander verknüpft werden. DOCTOROW kann daher mit Recht sagen „*Facts are images of history, just as images are data of fiction*"[16] und daraus seine berühmte Schlussfolgerung ziehen: „*I am thus led to the proposition that there is no more fiction or nonfiction as we commonly understand the distinction: there is only narrative.*"[17]

literarischer Diskurs

DOCTOROW bindet Sprache und ihre referentiellen Möglichkeiten in die Gesamtkultur zurück und öffnet damit der Literatur den Weg aus der postmodernen Selbstreferentialität und setzt sie als wichtigen gesellschaftlichen Diskurs in alte Rechte ein. Texte werden unter seinen Prämissen Instrumente im Ringen um Macht. Er sieht nämlich durchaus Unterschiede in der Sprachverwendung. Politische Verlautbarungen, wirtschaftliche Analysen, ja sogar Werbetexte dienen dem Zweck der Einflussnahme und werden von ihm etwas zu pauschal als *power of the regime* bezeichnet, während die literarische Sprache in der aristotelischen Darstellung dessen, was sein könnte, warnende Zeichen setzen kann und als *power of freedom* bezeichnet wird. Utopien, Dystopien, ironische oder surrealistische Darstellungen verdeutlichen diese Kraft, aber auch die realistischen und selbst naturalistischen Romane wirken in diese Richtung, weil sie das individuelle Erleben dem gesellschaftlichen Mechanismus gegenüberstellen. Das ist im Grunde eine Rückkehr zu den gewohnten Verhältnissen, aber auf einer höheren Bewusstseinsebene. Der Postmodernismus, der mit seiner sprachtheoretischen Grundlegung in eine Sackgasse zu führen schien, wird unter diesem Gesichtspunkt zu einem notwendigen Exkurs, der zur Erkenntnis der eigentlichen humanistischen Aufgabe der Literatur führt und gleichzeitig die scheinbare Zersplitterung in eine Vielzahl von Subgenres und partikularen Ansätzen begründet, die wir heute grobschlächtig als multikulturell bezeichnen.

The Book of Daniel

DOCTOROW führt das in seinen Romanen *Welcome to Hard Times* (1960), *The Book of Daniel* (1974), *Ragtime* (1975) und *World's Fair* (1985) im Grunde vor. Im *Book of Daniel* stellt er, wie COOVER in *The Public Burning* (1977), den Spionage-Fall der Rosenbergs 1953 in den Mittelpunkt. Während Coover in surrealistischer Übertreibung den aufsehenerregenden Justizfall zum Anlass nimmt, die Machtbesessenheit amerikanischer Präsidenten, besonders Nixons, zu entlarven, versucht DOCTOROW, die facettenreichen Wirkungen verschiedener Blickperspektiven auf das Geschehen zu verdeutlichen. In beiden Fällen wird klar, wie unterschiedlich das historische Ereignis unter der jeweils anders angesetzten Leselupe aufleuchtet.

Erzählerstimme

Allein der Erzählerstandpunkt in DOCTOROWs Roman mag als Illustration genügen. In einem Interview hat DOCTOROW einmal berichtet, dass er in einer ersten Version seines Buches über den

Rosenberg-Fall schon 150 Seiten in traditioneller auktorialer Erzählweise geschrieben habe und erst dann begriff, dass er damit der Komplexität des Themas nicht gerecht werden konnte. Statt dessen wählte er dann als Erzählerstimme Daniel Isaacson, den Sohn der wegen Atomspionage in den 1950er Jahren hingerichteten Eltern, die in dem Roman nicht mehr Rosenberg, sondern Isaacson heißen.[18] Daniel sitzt als Doktorand Ende der 1960er Jahre in der Bibliothek in New York und schreibt seine Dissertation über die McCarthy-Zeit. Als angehender Historiker muss er Fakten sammeln, selektieren, zu Sinngefügen zusammenstellen. Das ist der eine Rahmen seiner Leselupe. Als Sohn der Isaacsons ist er Betroffener und muss auf einer ganz persönlichen Ebene seine eigene Vergangenheit aufarbeiten, die Erinnerungen ordnen und vor allem halbverschüttete Emotionen sortieren und von der emotional-kindlichen Ebene auf die analytisch-rationale heben. Das ist der andere Rahmen seiner Leselupe. Das Buch, das Daniel schreibt, ist daher Bildungsroman, wissenschaftliche Untersuchung, psychoanalytische Deutung und Kunstwerk zugleich. Im Gegensatz zur sonstigen postmodernen Praxis wird dabei der Sprache in ihrer Mitteilungskraft nicht mehr misstraut, sondern sie wird in ihrem Bezugsreichtum bestätigt.

Geschichtsversionen

Von hier aus wird deutlich, wie Stacey Olster zeigt, dass in den postmodernen Romanen zwar keine progressive Geschichtsauffassung mehr zu finden ist, dafür aber Geschichtsversionen auf unterschiedlichen theoretischen Fundamenten vorgeführt werden. Mailer geht in seinen Romanen, wenn auch kritisch, auf die Vorstellung einer *„advancing frontier"* zurück, Pynchon auf *„principles of quantum physics"* und Barth auf *„principles of literary composition"*.[19] Obwohl diese Autoren konsequent der postmodernen Theorie der sprachlichen Selbstreferentialität verpflichtet sind, führen sie in der Praxis doch das Verhältnis Kulturzusammenhang und Literatur vor, das DOCTOROW in seinem Aufsatz „False Documents" anvisierte und das wir in der Metapher der Leselupe zu erhellen suchten.

Geschichte und Fiktion: Mischung von Textsorten

The Book of Daniel stellt somit eine einzige große Metapher für Daniels Versuch dar, Symbole und Bilder zu finden und zu erfinden, die Geschichte und Fiktion zugleich ausdrücken, die das Allgemeine und das Besondere umfassen, die die Welt der Unterdrückung und der politischen Manipulation darstellen und die

---

16 ebd., S. 229
17 ebd., S. 231
18 vgl. Levine, S. 62
19 vgl. Olster, S. 9

qualvolle innere Welt der Gefühlsverkrüppelung und der Ratlosigkeit und Verlassenheit aufscheinen lassen. Der Roman oszilliert zwischen der Sprache des *power of the regime* und der Sprache des *power of freedom*. So wechseln die Sprachebenen ständig, persönliche Bekenntnisse stehen neben wissenschaftlichen Erörterungen, Leseranreden und Auseinandersetzungen mit vermuteten Lesererwartungen neben stringenter Darstellung. Schon der Romananfang ist durch diese Mischung von Textsorten geprägt. Daniel beginnt von der Fahrt mit seiner Frau und seinem kleinen Sohn zur psychiatrischen Klinik in Worcester (Mass.) zu erzählen, wo seine selbstmordgefährdete Schwester Susan Isaacson wegen psychischer Probleme behandelt wird.

Doppelfunktion der Charaktere

In dem Roman über Opfer und Unterdrücker verkörpert Susan beide Seiten gleichzeitig. Als konsequente linke Intellektuelle fordert sie von Daniel entschiedene politische Aktion innerhalb der Anti-Vietnamkriegsbewegung, und als vom Staat zum Waisenkind gemacht verkraftet sie den Verlust der Eltern emotional nicht. Daniels hilflose Wut über Susans ausweglose Situation ist überschattet von der Notwendigkeit der eigenen Identitätssuche innerhalb einer Welt, in der alle normalen emotionalen Ankerpositionen innerhalb einer Familie aus Gründen der Staatsraison weggerissen worden sind. Das Buch ist dadurch selbst in den scheinbar wissenschaftlichen Passagen von einer tiefgründenden moralischen Sinnsuche bestimmt, und der involvierte Erzählduktus erhält dadurch seine besondere Autorität.

Romananfang

Der erste Satz des Romans beginnt also von der Fahrt zur Klinik zu erzählen, aber schon der zweite Absatz befasst sich mit dem Problem der Textproduktion selbst: *„This is a Thinline felt tip marker, black. This is Composition Notebook 79C made in USA by Long Island Paper Products, Inc. This is Daniel trying one of the Dark coves of the Browsing Room.“*[20] Es wird deutlich, dass zu diesem Zeitpunkt Daniels seelisch-moralische Betroffenheit lediglich als Antrieb für einen ersten Versuch der Versprachlichung dient, noch hat er nicht die Reife, eine entschiedene moralische und weltanschauliche Position einzunehmen. Daniel spricht als ein im Kern intuitiv moralischer Mensch, der einer unmoralischen Gesellschaft gegenübersteht, ihr aber noch nicht mit festgefügten und begründeten Wertvorstellungen begegnen kann.

Entwicklungsroman

Im Verlauf des Schreibens entwickelt er diese jedoch, und so ist der Roman ein Entwicklungsroman, in dem sich zum Schluss das innere Chaos ordnet, die Einsicht in das Bedingungsgefüge von staatlicher Macht und persönlicher menschlicher Schwäche wächst und sich zu einer nicht nur resignativen Akzeptanz verdichtet.

fiktive Historio-graphie und moralische Biographie	Der Roman stellt also nicht nur Geschichte dar, sondern auch den Prozess der Selbstfindung Daniels, er ist fiktive Historiographie und moralische Biographie zugleich. Die Darstellung politischer Gewalt und der amerikanischen Gesellschaft ist immer auch subjektiv gebrochen. Die Verhaftung der Eltern, die grelle Pressekampagne, die Instrumentalisierung des Falles durch die kommunistische Bewegung, die nicht auf Entlastung der Verhafteten zielt, sondern im Gegenteil Märtyrer schaffen will, die Gerichtsverhandlung, in der die Jury als ein zwölfköpfiges Monster erscheint, das mit sprachlich aufbereiteten ‚Fakten' so gefüttert werden kann, dass das gewünschte Verdikt erzielt wird, die Todesmaschinerie des Hinrichtungsrituals mit all seinen Entsetzlichkeiten, das alles wird als System des politischen Machtspiels dargestellt, dem die Opfer mithandelnd ausgeliefert sind und gerade in dieser Funktion dennoch zum Spiel gehören. Und die kleinen Kinder der Isaacsons stehen hilflos und verständnislos außerhalb dieses Spiels, sie sind Opfer in einem ganz anderen Sinne, willenlose Spielbälle, die ihre Seele nicht einmal verlieren können, weil man nicht erlaubte, dass sie sie überhaupt fanden.
adoleszente Konfliktfelder	Die Suche nach der Bedeutung der Vergangenheit als Suche nach einer moralischen Identität verknüpft sich bei Daniel daher mit den sozusagen traditionellen adoleszenten Konfliktfeldern, der geistig moralischen Auseinandersetzung mit den ‚Vätern', dem leiblichen und dem Adoptivvater, mit der bestürzenden Wirklichkeit der Sexualität, nicht nur der kindlich beobachteten der Eltern, der halbbewussten inzestuösen Liebe zur Schwester, sondern auch mit der wütend brutalen mit seiner Frau, und darüber hinaus mit der kritischen Sichtung der gesellschaftlichen Werte und Normen. Erst der studentische Protestmarsch im Oktober 1967 in Washington gegen den Vietnamkrieg verknüpft für Daniel den inneren psychologischen Entwicklungsprozess mit äußerer politischer Aktion. Der frühere kindliche Außenseiter und Einzelgänger erlebt zum ersten Mal das Gefühl der Zugehörigkeit auf der Grundlage gemeinsamer Werte und Vorstellungen. Und er erlebt die Staatsgewalt als ein Monster, eine vielköpfige behelmte Hydra, die rücksichtslos die Macht verteidigt:

And suddenly he is there, locked arm in arm with the real people of now, sitting in close passive rank with linked arms as the boots approach, highly polished, and the clubs, highly polished, and the brass highly polished wading through our linkage, this many-helmeted beast of our own nation, coming through our flesh with boot and club and gun butt, through our sick stubbornness, through our blood

---

20 Doctorow, *The Book of Daniel*, S. 13

it comes. My country. And it swats and kicks, and kicks and clubs –
you raise the club high and bring it down, and follow through, you
keep head down, you remember to snap the wrist, complete the swing,
raise high bring down, think of a groove in the air, groove into the
groove . . .[21]

Doppel-
perspektive

Daniel entwickelt eine Doppelperspektive und hält sie durch. Im
Gegensatz zu seinen Mitdemonstranten, die sich rauschhaft im
kollektiven Protest verlieren, kann er trotz wertorientierter Über-
einstimmung innere Distanz bewahren und den unbekümmerten
Mut und den leeren Exhibitionismus der neuen Linken durch-
schauen. Seiner Frau, die nach seiner Entlassung aus dem Gefäng-
nis seine Platzwunden besorgt betrachtet, sagt er daher auch nur:
‚Es sieht schlimmer aus als es ist. Heute ist es viel leichter, ein Revolutionär zu sein als früher'. Das liegt sicherlich auch daran, dass
die politische Macht heute viel subtiler vorgeht, auch wenn sie
gelegentlich, wie bei der Auflösung der Demonstration, ihr
Gewaltpotential einsetzt. Heute gibt es auch andere, viel wirksa-
mere und letztlich erschreckendere Mittel. Daniel ist auf der Suche
nach Dr. Selig Mindish, dem damaligen Kronzeugen gegen seine
Eltern, um dessen Beweggründe für den Verrat zu erfahren. Er findet ihn schließlich im Disneyland in Anaheim/Kalifornien wieder. Mindish, ein inzwischen geistig verwirrter seniler alter Mann,
verbringt seine Tage in dem Vergnügungspark in absoluter Selbst-
vergessenheit. Deshalb bringt Daniel die Begegnung mit Mindish
auch nicht die erhoffte Aufklärung, wohl aber eine bestürzende
Einsicht in die Funktionsprinzipien des Parks und in seine politischen Implikationen.

Disneyland
als Ersatz-
realität

Die perfekte Organisation ist so angelegt, dass ungeheure Men-
schenmassen reibungsfrei durchgeschleust werden. Die Manipulation der Freizeit ist sowohl inhaltlich als auch formal perfekt.
Der Park besteht aus fünf Bereichen, in denen jeweils Karussell-,
Achterbahn-, Wildwasser- oder Höhlenfahrten zu bestimmten
thematischen Zusammenhängen angeboten werden. So werden
der amerikanische Westen als *Frontierland*, moderne Technologie
als *Tomorrowland*, Kinderreime und -literatur als *Fantasyland* und
koloniale Ausbeutung und Großwildjagd im Dschungel als *Adven-
tureland* angeboten. Alle diese Bereiche gehen von dem fünften
aus, der *Main Street USA* genannt wird, und so zum symbolischen
Zentrum aller anderen wird. Karl Bauer und Heinz Hengst haben
in ihrem Buch *Wirklichkeit aus zweiter Hand. Kindheit und Erfah-
rungswelt von Spielwaren und Medienprodukten* festgestellt: „*Disneyland und Disney-World stellen genaugenommen keine zweite Wirklichkeit mehr dar, sie liefern deren Kopie bzw. materialisieren sie, verleihen
ihr Stabilität und Dauer: Es ist genau wie im Kino. Nur sind die Traum-
fabriken, weil greifbarer, wirklicher.*"[22]

literarische
Darstellung
historisch-
kultureller
Zusammen-
hänge

Das ist aber nur die halbe Wahrheit. Die einzelnen Parkbereiche beziehen sich auf historisch-kulturelle Zusammenhänge, präsentieren sie aber lediglich in verkürzter, sozusagen stenographischer Form.[23] Trotz der historischen Tiefe werden sie simultan erlebbar und auf eine oberflächliche kulturelle Assoziation beschränkt. Dadurch wird die Kultur der USA durch die manipulierte Vergegenständlichung zu einem gesteuerten Bezugsrahmen der alltäglichen Lebenswirklichkeit des Einzelnen und der Masse. Dies wird Daniel bei seiner Suche nach Mindish in Disneyland klar und er erkennt das Zukunftspotential: *„In a forthcoming time of highly governed masses in an overpopulated world, this technique may be extremely useful both as a substitute for education and eventually, as a substitute for experience."* Und dann kommt die erschreckende Verbindung des modernen Disneyland mit der furchtbaren Vergangenheit: *„One cannot tour Disneyland today without noticing its real achievement, which is the handling of crowds . . . The problems of mass ingress and egress seem to have been solved here to a degree that would light admiration in the eyes of an SS transport officer."*[24] ORWELLS *1984* wird lebendig, und die Künstlichkeit des realen Vergnügungsparks, der seine Wirkung auf der Referenzebene der nationalen Kultur entfaltet, verbindet für Daniel die staatliche Gewalthandhabung der Vergangenheit, der Gegenwart und der Zukunft.

dreifacher
Roman-
schluss

Und so ist es nur konsequent, dass das Buch mit einem dreifachen Schluss endet. Der erste ist eine Erinnerung an und ein Besuch des Elternhauses, in dem jetzt eine farbige Familie wohnt und das Daniel verschlossen bleibt. Der zweite ist die Darstellung der Beerdigung seiner Eltern und parallel dazu die Beerdigung seiner Schwester. Beide Begräbnisse werden im Ritual des jüdischen Trauergesangs in ihrer emotionalen Wirkung tröstlich abgefedert. Der dritte und eigentliche Schluss ist ironische Warnung zugleich. Daniel sitzt in der Bibliothek und schreibt an seiner Dissertation. Die jungen Revolutionäre von 1967 besetzen das Gebäude aus Protest und schließen symbolisch die Bibliothek, und es ergeht die Aufforderung: *„Close the book, man, what's the matter with you, don't you know you're liberated?"* Daniel lächelt und denkt: *„It has not been unexpected".* Und er schreibt auf den Umschlag seines Buches *„A Life Submitted in Partial Fulfillment of the Requirements for the Doctoral Degree in Social Biology, Gross Entomology, Women's Anatomy, Children's Cacophony, Arch Demonology, Eschatology, and Thermal Pollution."*[25]

---

21 ebd., S. 273
22 Bauer & Hengst, S. 169
23 vgl. Morgen, S. 204–214
24 Doctorow, *The Book of Daniel*, S. 305f.
25 ebd., S. 318

4 Die *non-fiction novel* als Schlupfloch aus der Sackgasse des postmodernen Romans

Roths theoretische Position

PHILIP ROTH beschreibt in dem immer wieder zitierten Aufsatz von 1961, „Writing American Fiction", die schwierige Situation, der sich der gegenwärtige Romanautor gegenübersieht: *„the American writer in the middle of the twentieth century has his hands full in trying to understand, describe, and then make credible much of American reality ... The actuality is continually outdoing our talents, and the culture tosses up figures almost daily that are the envy of any novelist."* [26] Dies ist die Kennzeichnung einer kulturellen Situation, in der die auseinanderstrebenden sozialen, ethnischen und kulturellen Kräfte keinen zusammenfassenden Blickwinkel – und sei es der negative der Entfremdung – mehr erlauben. In der Perspektive von DOCTOROWS „False Documents" erscheint ROTHS Bemerkung jedoch außerordentlich zeitgebunden. Er reflektiert nur die allgemeine Meinung der 1950er Jahre. Es gibt nämlich in der modernen Nachkriegsgesellschaft keine alle Facetten zusammenzwingende Perspektive mehr, und die Wirklichkeit erscheint als nicht darstellbar, weil sie den Erfindungsreichtum der Imagination übersteigert. Der sprachwissenschaftliche Nachweis der Selbstreferentialität von Sprache lässt dann in den 1960er Jahren die Welthaltigkeit von Literatur zum Faktor Null hin tendieren und alle möglichen Realitätsbezüge zum Spielmaterial sprachlicher Kombinationsmöglichkeiten werden. Es ist daher kein Wunder, dass der Postmodernismus, der einen radikalen sprachlichen Neuanfang verheißt, im Land des Neubeginns, Amerika, besonders viele Anhänger fand, und dass diese Anhänger in ihrer Mehrzahl Intellektuelle, besonders Sprach- und Literaturwissenschaftler waren.

konventionelle realistische Literatur

Neben und, wenn man gewohnt ist hierarchisch zu denken, unter dieser faszinierenden intellektuellen Literatur verlief jedoch ungebrochen ein breiter Strom konventionell-realistischer Literatur, die gern als Trivial- oder Unterhaltungsliteratur abgetan wird. DOCTOROWS theoretische Position kann diese aufklaffende Lücke schließen und zugleich verdeutlichen, dass es wie überall qualitative Unterschiede, aber doch keine wesensmäßige Differenzen gibt. Nimmt man die Faktentreue ernst, und versucht man, so weit wie möglich die Einzelheiten verbindende Erklärungen zu vermeiden, dann entsteht überraschenderweise eine Form der Textorganisation, die den Leser zwingt, die sinnstiftenden Zusammenhänge selbst zu produzieren. Der Text verbleibt dementsprechend im Vorraum der Materialsammlung, bezweifelt jedoch nicht seine Fähigkeit, Realitätspartikel zu transportieren. Im Vergleich zur surrealen Tradition des postmodernen Romans ist das ein Ansatz, der den Verweischarakter der Sprache nicht leugnet, die Verweisintention jedoch vom Kontext abhängig macht.

non-fiction novel	Der Begriff *non-fiction novel* stammt von TRUMAN CAPOTE, der seinen Roman *In Cold Blood* (1966) so bezeichnete, weil er die hart nebeneinandergesetzten Ergebnisse seiner journalistischen Recherchen über den Mord an einer unauffälligen Familie in Kansas wiedergab und kausale, wirtschaftliche oder psychologische Erklärungen dem Leser überließ.[27] CAPOTES Anliegen war, über das Sammeln von Fakten hinaus zu einer neuen Romanform vorzustoßen: *„The motivating factor in my choice of material – that is, choosing to write a true account of an actual murder case – was altogether literary.“*[28]
Fakten werden zu Bildmaterial	Diese überraschende Feststellung findet ihre überzeugende Realisierung in der konturscharfen Nebeneinandersetzung von Fakten psychologischer, wirtschaftlicher und emotionaler Natur, die dadurch die Qualität der romanhaften Ambiguität erhalten. Die Fakten werden so in der Tat im Sinne DOCTOROWS zum Bildmaterial für eine kontemplative Sinngebung durch den Leser. Capote suchte nach einer literarischen Mischform, die inzwischen auch tatsächlich als Untergattung des Romans angesehen wird und als *non-fiction novel* und in der deutschen Terminologie als Dokumentarprosa bezeichnet wird.
In Cold Blood	In seinem Roman *In Cold Blood* (1966) schildert CAPOTE die Vorgeschichte eines unerklärlichen Mordes an vier Mitgliedern der Clutter Familie in Holcomb, Kansas, am 15. November 1959, den Mord selbst und als Folge die Verurteilung und Hinrichtung der beiden Täter Richard Hickock und Perry Smith. Der Titel des Romans bezieht sich zunächst auf die außerordentliche Gefühlskälte der beiden Mörder, kennzeichnet aber auch die Kälte der amerikanischen Gesellschaft, die im Gerichtsverfahren sich nicht die Mühe macht, das besondere psychologische Profil der beiden Täter aufzuarbeiten und zu verstehen, und er bezieht sich auch auf die emotionslose Professionalität der Hinrichtung selbst. CAPOTE versucht eine lückenlose Rekonstruktion, indem er weitgehend ohne verbindenden Kommentar dokumentarisches Material und gesammelte Interviews, insgesamt nach eigenen Angaben ca. 6000 Seiten Notizen, verarbeitet. Dadurch erhellt er die erschreckende psychologische Simplizität der Mörder, und die ebenso erschreckende Gefühlslosigkeit der amerikanischen Gesellschaft, die diese Menschen hervorgebracht hat und sie schließlich auch tötet. In der Nachfolge CAPOTES hat sich diese Gattung enorm entwickelt.

---

26 Philip Roth, „Writing American Fiction", in: ders., *Reading Myself ...*, S. 120
27 zu diesem Sub-Genre des Romans vgl. vor allem Bruck
28 Capote in einem kurz nach der Veröffentlichung von *In Cold Blood* erschienenen Interview; in Weber, S. 188

Themen-breite der non-fiction novel	*Das Spektrum der Themen ... ist ungewöhnlich breit: es umfasst u. a. Rekonstruktionen verschiedener spektakulärer Gewaltverbrechen, Schilderungen exzentrischer Lebensgewohnheiten gesellschaftlicher Randgruppen sowie Reportagen über Sportereignisse oder Präsidentschaftswahlen. Ähnlich vielfältig sind die einzelnen Darstellungsweisen und Aufbauformen. So wird nicht nur häufig auf konventionelle Erzähltechniken zurückgegriffen, sondern es werden gleichfalls auch Anleihen gemacht bei inzwischen tradierten Verfahren der literarischen Moderne. Bewusstseinsstrom, Rückblenden, Collagetechnik oder etwa die Thematisierung der Schwierigkeiten bei der Suche nach einer dem jeweiligen Thema angemessenen Schreibtaktik gehören zum Standardinventar einer Prosaform, die sich aufgrund ihrer außergewöhnlich großen Assimilationsfähigkeit einer schematisierenden Klassifizierung entzieht.[29]*
Darstellungsformen	Bei allen diesen *non-fiction novels*, die auch als *New Journalism*, *documentary narrative* oder *literature of fact* bezeichnet werden, ist eine konsequente und bewusste Rückkehr zum realistischen Erzählen zu beobachten. TOM WOLFE hat es so formuliert: *„We are watching a group of writers coming along ... who discover the joys of detailed realism and its strange powers ... They seem to be saying: ‚Hey! Come here! This is the way people are living now – just the way I'm going to show you ... This is what it's like! It's **all** right here!'"*[30] Er geht so weit, dass er die philosophischen und sprachtheoretischen Grundlagen des Postmodernismus verwirft und an dem ursprünglichen aristotelischen Erkenntnisinteresse der Literatur wieder anzuknüpfen versucht. Das ist die Position, die auch CAPOTE, GAY TALESE oder JANE KRAMER vertreten.
fragmentarische Wirklichkeit	Eine andere Position vertreten NORMAN MAILER, HUNTER S. THOMPSON oder auch ROBERT COOVER, die davon ausgehen, dass sich die Wirklichkeit nur fragmentarisch darbietet und daher von einer außerordentlichen Phantastik ist, die sich logischer Ordnung entzieht. Diese zweite Gruppe findet zur Parodie als Darstellungsmittel, die sich bis zur bitteren Satire steigern kann. Beide Gruppen verstehen sich jedoch als Chronisten ihrer Zeit, die verändernde Moralvorstellungen und Verhaltensweisen weitererzählen, ohne sie interpretatorisch zu kommentieren.
Anknüpfung an Traditionen des 18. Jh.	Interessanterweise geht die Tradition dieser Art von Literatur bis ins 18. Jh. zurück und hat aus der Bekräftigung der Faktizität (z. B. bei DANIEL DEFOE) die Legitimation bezogen. Im Roman der Gegenwart verläuft der Legitimationsprozess fast umgekehrt. Die unerklärliche Phantastik der Wirklichkeit bezieht ihre Akzeptanz aus der Ähnlichkeit mit der literarischen Konvention.

Tom Wolfe und John Updike: ‚aufgeklärter Realismus'

TOM WOLFES unglaublicher Erfolg mit dem Roman *The Bonfire of the Vanities* (1988) ist ein klarer Beweis für die wiedererlangte Vitalität der realistischen Romantradition. Damit hängt auch zusammen, dass JOHN UPDIKES Tetralogie, deren erste drei Romane *Rabbit Run* (1960), *Rabbit Redux* (1971) und *Rabbit Is Rich* (1981) noch als unterhaltsam und trivial abgetan wurden, mit dem Erscheinen des Abschlussbuches *Rabbit at Rest* (1990) plötzlich eine Aufwertung erfuhren, weil man in ihnen nun das sah, was wir im Gefolge von DOCTOROWS „False Documents" als ‚aufgeklärten Realismus' bezeichnen möchten. Es ist nämlich ein Realismus, der sich der kulturellen Begrenzung seiner Wahrnehmung bewusst ist und dennoch die menschliche Sehnsucht nach moralischer Sicherheit und ethischer Grundlegung des Handelns als unverwechselbarer menschlicher Eigenart ernst nimmt.

Fazit

Die Geschichte des Romans im 20. Jh. ist damit beinahe an ihren Anfang zurückgekehrt, aber nur beinahe. In der Vorstellung einer progressiven Entwicklung befindet sich der heutige Roman auf einer höheren Bewusstseinsstufe, und die früheren schimmern prägend durch. In der Vorstellung einer nicht optimistischen Sicht, die einen Fortschritt nicht erkennt, weil es kein Endziel gibt, hat sich der Rahmen der Leselupe lediglich verschoben; bisher überscharf Sichtbares verschwimmt, und zuvor Undeutliches wird genau gesehen. Aber was richtig ist, weiß niemand, und die Lupe wird auch in Zukunft weiterwandern über die Chiffren der als Ganzes nicht erkennbaren Realität.

Multikulturelle Gesellschaft

Heute sieht es so aus, als würde der faszinierende Zauberbegriff ‚multikulturell' ethnische Besonderheiten und ideologisch-kulturelle Unterschiede in eine allgemeine Toleranz und Akzeptanz übersetzen, nationale Identifikationen sprengen und sich auf den Weg machen zu einer befriedigenden Deutung der Humanität. Doch das sind uralte Ziele, das sind Vorstellungen von der Rückkehr ins Paradies. Vielleicht ist es wieder nur ein Verschieben der Leselupe in der Hoffnung, dass nun endlich das Wort ‚Ziel' nicht mehr nur als ‚Weg' sichtbar wird. Aber da Menschen Sinn nur aus ihrer Endlichkeit und ihrem Streben beziehen, wird es weitergehen mit der literarischen Deutungsarbeit des eigenen Tuns. Und die handwerklichen Schritte dieser Deutungsarbeit werden auch in Zukunft als Epochen, Entwicklung und Erkenntnisfortschritt bezeichnet werden. Und wir werden immer wieder aus theoretischen Sackgassen herausfinden und zur Darstellung und Mitteilung menschlicher Erfahrung zurückkehren. Worüber sonst lohnt es sich zu reden?

---

29 Bruck, S. 146
30 T. Wolfe, „The New Journalism", S. 28

Literatur

Primärliteratur

Die folgende Liste erhebt nicht den Anspruch auf Vollständigkeit, sie bezieht sich vielmehr auf die im Text genannten Autoren und nennt die wichtigsten Romane.

ADAMS, Henry (1838–1918): *The Education* OF *Henry Adams* (1918).

ALGREN, Nelson (1909–1981): *The Man with the Golden Arm* (1949), *A Walk on the Wild Side* (1956).

ANDERSON, Sherwood (1876–1941): *Windy McPherson's Son* (1916), *Winesburg, Ohio* (1919), *Dark Laughter* (1925).

BALDWIN, James (1924–1987): *Go Tell It on the Mountain* (1953), *Giovanni's Room* (1956), *Another Country* (1962), *Tell Me How Long the Train's Been Gone* (1968), *If Beale Street Could Talk* (1974).

BARTH, John (1930–): *The Sot-Weed Factor* (1960), *Giles Goat-Boy* (1966), *Letters* (1979), *The Last Voyage of Somebody the Sailor* (1991).

BARTHELME, Donald (1931–1989): *Snow White* (1967), *The Dead Father* (1975), *Paradise* (1986).

BELLOW, Saul (1915–): *Dangling Man* (1944), *The Victim* (1947), *Henderson the Rain King* (1959), *Herzog* (1964), *Mr. Sammler's Planet* (1970), *Humboldt's Gift* (1975), *The Dean's December* (1982), *More Die of Heartbreak* (1987).

BRADBURY, Ray (1920–): *Fahrenheit 451* (1953).

BRAUTIGAN, Richard (1935–1984): *Trout Fishing in America* (1967), *In Watermelon Sugar* (1968), *Dreaming of Babylon* (1977), *So the Wind Won't Blow It All Away* (1982).

BURROUGHS, William S. (1914–): *Junkie* (1953), *The Naked Lunch* (1959), *The Soft Machine* (1961), *Nova Express* (1964).

CABELL, James Branch (1879–1958): *The Eagle's Shadow* (1904), *Jurgen* (1919).

CAHAN, Abraham (1960–1951): *Yekl* (1896), *The Rise of David Levinsky* (1917).

CALDWELL, Erskine (1903–1987): *Tobacco Road* (1932), *Journeyman* (1935), *Trouble in July* (1940).

CAPOTE, Truman (1924–1984): *The Grass Harp* (1951), *Breakfast at Tiffany's* (1958), *In Cold Blood* (1966), *Answered Prayers* (1988).

CATHER, Willa (1873–1947): *O Pioneers!* (1913), *My œntonia* (1918), *A Lost Lady* (1923), *Death Comes for the Archbishop* (1927).

CHANDLER, Raymond (1888–1959): *The Big Sleep* (1939), *The Long Goodbye* (1953).

CHASE-RIBOUD, Barbara (1936–): *The President's Daughter* (1994).

COHEN, Arthur A. (1928–): *In the Days of Simon Stern* (1973).

COOVER, Robert (1932–): *The Origin of the Brunists* (1965), *The Universal Baseball Association, Inc., J. Henry Waugh, Prop.* (1968), *The Public Burning* (1977), *Gerald's Party* (1986), *A Night at the Movies* (1987), *Pinocchio in Venice* (1991).

COZZENS, James Gould (1903–1978): *Guard of Honor* (1948), *By Love Possessed* (1957).

CRANE, Stephan (1871–1900): *Maggie: A Girl of the Streets* (1893), *The Red Badge of Courage* (1895).

DOCTOROW, Edgar L. (1931–): *Welcome to Hard Times* (1960), *The Book of Daniel* (1971), *Ragtime* (1975), *Loon Lake* (1980), *Worlds's Fair* (1985).

DOS PASSOS, John (1896–1970): *Three Soldiers* (1921), *Manhattan Transfer* (1925), *U.S.A. (The 42nd Parallel, 1919, The Big Money)* (1930–6).

DREISER, Theodore (1871–1945): *Sister Carrie* (1900), *Jenny Gerhardt* (1911), *An American Tragedy* (1925) .

ELKIN, Stanley (1930–): *Boswell* (1964), *A Bad Man* (1967).

ELLISON, Ralph (1914–): *Invisible Man* (1952).

ERSKINE, John (1879–1951): *Galahad* (1926), *The Start of the Road* (1938).

FARRELL, James T. (1904–1979): *Young Lonigan* (1932), *The Young Manhood of Studs Lonigan* (1934), *Danny O'Neill* (Pentalogie) (1936–1953).

FAULKNER, William (1897–1962): *Soldiers' Pay* (1926), *Mosquitoes* (1927), *Sartoris* (1929), *The Sound and the Fury* (1929), *As I Lay Dying* (1930), *Light in August* (1932), *Absalom, Absalom!* (1936), *Go Down, Moses* (stories, 1942), *Collected Stories* (1950), *A Fable* (1954), *Rivers* (1962).

FEDERMAN, Raymond (1928–): *Double Or Nothing* (1971), *Take It or Leave It* (1976), *The Voice in the Closet* (1979), *The Twofold Vibra-*

tion (1982), *Smiles on Washington Square* (1985), *To Whom It May Concern* (1990).

FITZGERALD, F. Scott (1896–1940): *This Side of Paradise* (1920), *Tales of the Jazz Age* (1922), *The Great Gatsby* (1925), *Tender is the Night* (1934), *The Last Tycoon* (1941).

GALE, Zona (1874–1938): *Birth* (1818), *Miss Lulu Bett* (1920).

GARLAND, Hamlin (1860–1940): *Rose of Dutcher's Coolly* (1895), *A Son of the Middle Border* (1917), *Main-Travelled Roads* (1891).

GLASGOW, Ellen (1874–1945): *The Deliverance* (1904), *The Wheel of Life* (1906), *Barren Ground* (1925).

GOLD, Herbert (1924–): *The Man Who Was Not With It* (1956), *Fathers: A Novel in the Form of a Memoir* (1967).

GOLD, Michael (1893–1967): *Jews Without Money* (1930).

HAWKES, John (1925–): *The Cannibal* (1949), *Death, Sleep and the Traveler* (1974), *Whistlejacket* (1989).

HELLER, Joseph (1923–): *Catch-22* (1961), *Something Happened* (1974), *Good as Gold* (1979), *God Knows* (1984), *Picture This* (1988).

HEMINGWAY, Ernest (1899–1961): *The Sun Also Rises* (1926), *A Farewell to Arms* (1929), *To Have and Have Not* (1937), *For Whom the Bell Tolls* (1940), *The Old Man and the Sea* (1952).

HERGESHEIMER, Joseph (1880–1954): *Gold and Iron* (1918), *The Limestone Tree* (1931).

HERRICK, Robert (1868–1938): *The Common Lot* (1904), *The Memoirs of an American Citizen* (1905).

HERSEY, John (1914–): *A Bell for Adano* (1944), *Hiroshima* (1946), *The Wall* (1950).

HIMES, Chester (1909–1984): *For Love of Imabelle* (1959).

HOWELLS, William Dean (1837–1920): *The Rise of Silas Lapham* (1885), *A Hazard of New Fortunes* (1890), *A Traveler from Altruria* (1894).

JAMES, Henry (1843–1916): *The Portrait of a Lady* (1881), *What Maisie Knew* (1897), *The Awkward Age* (1899), *The Ambassadors* (1903), *The Golden Bowl* (1904).

JONES, James (1921–1977): *From Here to Eternity* (1951).

KEROUAC, Jack (1922–1969): *On The Road* (1957), *The Dharma Bums* (1958), *Doctor Sax* (1959).

KESEY, Ken (1935–): *One Flew Over the Cuckoo's Nest* (1962), *Sometimes a Great Notion* (1964), *Demon Box* (1986).

KOSINSKI, Jerzy (1933–1991): *Being There* (1971), *Blind Date* (1977), *The Hermit of Sixty-Ninth Street* (1987).

LEWIS, Sinclair (1885–1951): *Our Mr. Wrenn* (1914), *Main Street* (1920), *Babbitt* (1922), *Arrowsmith* (1925), *Elmer Gantry* (1927), *Dodsworth* (1929).

LONDON, Jack (1876–1916): *The Call of the Wild* (1903), *White Fang* (1906).

MAILER, Norman (1923–): *The Naked and the Dead* (1948), *An American Dream* (1965), *Why Are We in Vietnam?* (1967), *The Armies of the Night* (1968).

MALAMUD, Bernard (1914–1986): *The Natural* (1952), *The Assistant* (1957), *The Fixer* (1966), *The Tenants* (1971), *Dubin's Lives* (1979), *God's Grace* (1982).

MCCULLERS, Carson (1917–1967): *The Heart is a Lonly Hunter* (1940), *The Member of the Wedding* (1946), *Clock Without Hands* (1961).

MILLER, Arthur (1915–): *Focus* (1945).

MORRISON, Toni (1931–): *Sula* (1973), *Song of Solomon* (1977), *Tar Baby* (1981), *Beloved* (1987), *Jazz* (1992).

NORRIS, Frank (1870–1902): *McTeague* (1899), *The Octopus* (1901), *Vandover and the Brute* (1914).

O'CONNOR, Flannery (1925–1964): *A Good Man is Hard to Find* (1955), *The Violent Bear It Away* (1960).

OLSEN, Tillie (1913–): *Yonnondio: From The Thirties* (1974).

OZICK, Cynthia (1928–): *Trust* (1966), *The Cannibal Galaxy* (1983), *The Messiah of Stockholm* (1987).

PERCY, Walker (1916–1990): *The Moviegoer* (1961), *The Last Gentleman* (1966), *Love in the Ruins* (1971), *Lancelot* (1977).

PETRY, Ann (1908–): *The Street* (1946).

PHILLIPS, David Graham (1867–1911): *Susan Lenox, Her Fall and Rise* (1917).

PYNCHON, Thomas (1937–): *V.* (1963), *The Crying of Lot 49* (1966), *Gravity's Rainbow* (1973), *Vineland* (1990).

ROTH, Henry (1906–): *Call it Sleep* (1934).

ROTH, Philip (1933–): *Letting Go* (1962), *Portnoy's Complaint* (1969), *The Professor of Desire* (1977), *Zuckerman Bound: A Trilogy and Epilogue* (1985), *The Counterlife* (1987).

SALINGER, Jerome D. (1919–): *The Catcher in the Rye* (1951), *Franny and Zooey* (1961).

SCHAFFER, Susan Fromberg (1941–): *Anya* (1974).

SINCLAIR, Upton (1878–1968): *The Jungle* (1906), *Mountain City* (1930).

SINGER, Isaac Bashevis (1904–1991): *The Family Moskat* (1950), *Satan in Goray* (1955), *The Magician of Lublin* (1960), *The Slave* (1962), *The Manor* (1967), *Enemies: A Love Story* (1972), *Shosha* (1978), *The King of the Fields* (1988).

SONTAG, Susan (1933–): *The Benefactor* (1963), *Death-Kit* (1967).

STEIN, Gertrude (1874–1946): *Three Lives* (1909), *The Making of Americans* (1925), *The Autobiography of Alice B. Toklas* (1933).

STEINBECK, John (1902–1968): *Tortilla Flat* (1935), *In Dubious Battle* (1936), *Of Mice and Men* (1937), *The Grapes of Wrath* (1939), *Cannery Row* (1945), *The Winter of Our Discontent* (1961), *Travels with Charley* (1962).

STYRON, William (1925–): *Lie Down in Darkness* (1951), *Set This House on Fire* (1960), *The Confessions of Nat Turner* (1967), *Sophie's Choice* (1979).

SUKENICK, Ronald (1932–): *Up* (1968), *The Death of the Novel and Other Stories* (stories, 1969), *Out* (1973), *Long Talking Bad Conditions Blues* (1979), *Blown Away* (1986).

TRILLING, Lionel (1905–1975): *The Middle of the Journey* (1947).

UPDIKE, John (1932–): *The Poorhouse Fair* (1959), *Rabbit, Run* (1960), *Couples* (1968), *Rabbit Redux* (1971), *The Coup* (1979), *Rabbit Is Rich* (1981), *The Witches of Eastwick* (1984), *Roger's Version* (1986), *Rabbit at Rest* (1990).

VIDAL, Gore (1925–): *Williwaw* (1946), *Washington, D.C.* (1967), *Burr* (1973).

VONNEGUT, Kurt (1922–): *Player Piano* (1952), *Cat's Cradle* (1963), *Mother Night* (1962), *Slaughterhouse-Five* (1969), *Jailbird* (1979), *Galápagos* (1985).

WALLANT, Edward Louis (1926–1962): *The Human Season* (1960), *The Pawnbroker* (1961), *The Children at the Gate* (1964).

WARREN, Robert Penn (1905–1989): *Night Rider* (1939), *All The King's Men* (1946), *The Cave* (1959).

WELTY, Eudora (1909–): *A Curtain of Green* (stories, 1941), *Delta Wedding* (1946).

WHARTON, Edith (1862–1937): *The House of Mirth* (1905), *Ethan Frome* (1911), *The Age of Innocence* (1920).

WOLFE, Thomas (1900–1938): *Look Homeward Angel* (1929), *Of Time and the River* (1935).

WOLFE, Tom (1931–): *The Bonfire of the Vanities* (1988).

WOUK, Herman (1915–): *The Caine Mutiny* (1951), *The Winds of War* (1971).

WRIGHT, Richard (1908–1960): *Uncle Tom's Children* (1938), *Native Son* (1940), *The Outsider* (1953).

Zitierte Ausgaben

ADAMS, Henry: *The Education of Henry Adams*. Boston: Houghton Mifflin 1918.

BELLOW, Saul: *Dangling Man*. New York: Vanguard 1944.

BLACKMUR, Richard P. (Hrsg.): *The Art of the Novel. Critical Prefaces by Henry James*. New York: Scribner's 1934.

CATHER, Willa: *Not Under Forty*, New York, Alfred A. Knopf, 1936.

DOCTOROW, E.L.: *The Book of Daniel*. New York: Random House 1971.

DREISER, Theodore: *Dawn*. New York: Horace Liveright 1931.

FITZGERALD, F. Scott: *This Side of Paradise*. New York: Scribner's 1920.

JAMES, Henry. *Novels and Tales*, Bd. XXI. New York: Scribner's 1915.

LEWIS, Sinclair: *Main Street*. New York: Harcourt, Brace & Co. 1920.

NORRIS, Frank: *The Complete Works of Frank Norris*, Bd. II. 1928 [repr. Port Washington, N.Y. 1967].

STEINBECK, John: *The Grapes of Wrath*. New York: The Modern Library 1939.

Sekundärliteratur

ACHILLES, Jochen: „Von der Moderne zur Postmoderne: Zu den Entstehungsbedingungen einer neuen Ästhetik". In: *Der zeitgenössische amerikanische Roman*, Bd. 2. Hrsg.: G. Hoffmann. München: Fink 1988. S. 7–30.

AHRENS, Rüdiger, Wolf-Dietrich Bald, Werner Hüllen (Hrsg.): *Handbuch Englisch als Fremdsprache*. Berlin: Erich Schmidt 1995.

ANDERSON, Sherwood: „Cotton Mill". In: *Scribner's Magazine*, LXXXVIII (1930), S. 8.

ANGERMANN, Erich: *Die Vereinigten Staaten von Amerika seit 1917*. München: DTV ⁹1995.

BARTH, John: „The Literature of Exhaustion". In: *The Novel Today*. Hrsg.: M. Bradbury. Oxford: Oxford UP ²1980. S. 70–83.

BARTHES, Roland: „Death of the Author". In:

Image – Music – Text. Ders., Übers. Stephen Heath. New York: Hill & Wang 1977. S. 142–148.

BAUER, Karl & Heinz Hengst: *Wirklichkeit aus zweiter Hand. Kindheit und Erfahrungswelten von Spielwaren und Medienprodukten.* Reinbek b. Hamburg: Rowohlt 1980.

BRADBURY, Malcolm: *The Modern American Novel,* revised edition. Oxford & New York: Oxford UP 1992.

BREINIG, Helmbrecht & Ulrich Halfmann (Hrsg.): *Die amerikanische Literatur bis zum Ende des 19. Jahrhunderts.* Tübingen: Francke 1985.

BRUCK, Peter: „Berichterstatter oder journalistischer Vates? Zur Darstellungssemantik in der amerikanischen Dokumentarprosa". In *Der zeitgenössische amerikanische Roman,* Bd. 2. Hrsg.: G. Hoffmann. München: Fink 1988. S. 146–164.

BUS, Heiner: „Die Figur des‚Helden'im modernen amerikanischen Roman". In: *Jahrbuch für Amerikastudien* 15 (1970), S. 208–220.

CAWLEY, Malcolm (Hrsg.): *Writers at Work: The Paris Review Interviews.* New York: Penguin 1958.

CHALMERS, David Mark: *The Social and Political Ideas of the Muckrakers.* New York: Citadel 1964.

COHEN, Sarah B. (Hrsg.): *Comic Relief: Humor in Contemporary American Literature.* Urbana: University of Illinois Press 1978.

COLLINS, Carvel: „William Faulkner: ‚The Sound and the Fury'". In: *The American Novel from James Fenimore Cooper to William Faulkner.* Hrsg.: W. Stegner. New York: Basic Books 1965.

COOK, F. J. H.: *The Muckrakers'Crusading Journalists who changed America.* Garden City: Doubleday 1972.

CUNLIFFE, Marcus: *The Literature of the United States.* New York: Penguin ⁴1986.

DAVIS, Robert Murray (Hrsg.): *Steinbeck. A Collection of Critical Essays.* Englewood Cliffs, N.J.: Prentice Hall 1972.

DE CRÈVECOEUR, St. John: *Letters from an American Farmer.* London: Dent 1782.

DE SAUSSURE, Ferdinand: *Grundfragen der allgemeinen Sprachwissenschaft.* Hrsg.: Ch. Bally & A. Sechehaye. Berlin: de Gruyter ²1967.

DOCTOROW, E.L.: „False Documents". In: *American Review* 27 (November 1977), S. 215–232.

EDEL, Leon & Lyall H. Powers (Hrsg.): *The Complete Notebooks of Henry James.* New York: Oxford UP 1987.

ELIOT, T. S.: „Ulysses, Order, and Myth". In: *Selected Prose of T.S. Eliot.* Hrsg.: F. Kermode. London: Faber & Faber 1975. S. 175–178.

ELIOT, T. S.: „Ulysses, Order and Myth", In: *The Dial 75* (November 1923), 180–183 [repr. *James Joyce, Two Decades of Criticism.* Hrsg.: S. Givens. New York: Vanguard 1948, S. 198–202].

ENSSLEN, Klaus: *Einführung in die schwarzamerikanische Literatur.* Stuttgart: Kohlhammer 1982.

ENSSLEN, Klaus: „Der afroamerikanische Roman nach 1945". In: *Der amerikanische Roman nach 1945.* Hrsg.: A. Heller. Darmstadt: Wissenschaftliche Buchgesellschaft 1987. S. 223–258.

FEDERMAN, Raymond: „Surfiction – Four Propositions in Form of an Introduction". In: *Surfiction: Fiction Now . . . and Tomorrow.* Hrsg.: Ders. Chicago: Swallow 1975. S. 5–15.

FENTON, Charles A.: *The Apprenticeship of Ernest Hemingway: The Early Years.* New York: Mentor 1954. [repr. 1961].

FIEDLER, Leslie A.: „The Breakthrough: The American Jewish Novelist and the Fictional Image of the Jew". In: *Midstream* 4.1 (1958), S. 15–35.

FIETZ, Lothar: „Hemingway. The Sun also Rises". In: *Der amerikanische Roman. Von den Anfängen bis zur Gegenwart.* Hrsg.: H.-J. Lang. Düsseldorf: August Bagel 1972. S. 276–300.

FILLER, Louis: *Voice of the Democracy. A Critical Biography of David Graham Phillips.* University Park: Pennsylvania State UP 1978.

FISKE, John: *The Idea of God as Affected by Modern Knowledge.* Boston: Houghton Mifflin 1885.

GARLAND, Hamlin: *Crumbling Idols: Twelve Essays on Art.* Chicago: Stone & Kimball 1894.

GELFANT, Blanche Housman: *The American City Novel.* Norman: University of Oklahoma Press 1954.

HALFMANN, Ulrich (Hrsg.): *Interviews with William Dean Howells.* Arlington, Texas: American Literary Realism 1973.

HALFMANN, Ulrich: *Der amerikanische ‚New Criticism'. Ein Überblick über seine geistesgeschichtlichen und dichtungstheoretischen*

Grundlagen mit einer ausführlichen Bibliographie. Frankfurt: Athenäum 1971.

HASSAN, Ihab H.: „The Character of Post-War Fiction in America". In: *English Journal* LI (1962), S. 1–8.

HASSAN, Ihab H.: „The Existential Novel". In: *Massachussetts Review* III (1962), S. 795–797.

HASSAN, Ihab H.: *Radical Innocence: Studies in the Contemporary American Novel.* Princeton: Princeton UP 1961.

HASSAN, Ihab H.: *The Literature of Silence. Henry Miller and Samuel Beckett.* New York: Harcourt & Brace 1967.

HEIDEKING, Jürgen: *Geschichte der USA.* Tübingen: Francke 1996.

HELLER, Arno (Hrsg.): *Der amerikanische Roman nach 1945.* Darmstadt: Wissenschaftliche Buchgesellschaft 1987 (= Wege der Forschung Bd. 639).

HELLER, Arno: „Einführung in den amerikanischen Roman nach 1945 und dessen kritische Rezeption". In: *Der amerikanische Roman nach 1945.* Hrsg.: Ders. Darmstadt: Wissenschaftliche Buchgesellschaft 1987. S. 1–39.

HELLER, Arno: „Ideologie und Wirklichkeit. Nachklänge ‚agrarischen' Gedankenguts im neueren südstaatlichen Roman". In: *Der amerikanische Roman nach 1945.* Hrsg.: Ders. Darmstadt: Wissenschaftliche Buchgesellschaft 1987. S. 151–174.

HILFER, Anthony Channell: *The Revolt from the Village, 1915–1930.* Chapel Hill: University of North Carolina Press 1969.

HOFFMAN, Frederick J. & Olga W. Vickery (Hrsg.): *William Faulkner: Three Decades of Criticism.* East Lansing: Michigan State UP 1960.

HOFFMANN, Gerhard (Hrsg.): *Der zeitgenössische amerikanische Roman,* 3 Bde. München: Fink 1988 (= UTB für Wissenschaft. Uni-Taschenbücher 1195).

HOFFMANN, Gerhard: „Perspektiven der Sinnstiftung: Das Satirische, das Groteske, das Absurde und ihre Reduktion zur ‚freien Komik' durch Spiel und Ironie". In: *Der zeitgenössische amerikanische Roman,* Bd. 1. Hrsg.: Ders. München: Fink 1988. S. 225–307.

HOFFMANN, Gerhard: „Strangeness, Gaps, and the Mystery of Life: Cormac McCarthy's Southern Novels". In: *Amerikastudien* 42,2 (1997), S. 217–238.

HORNUNG, Alfred: *Narrative Struktur und Text-sortendifferenzierung. Die Texte des Muckraking Movement (1902–1912).* Stuttgart: Metzler 1978.

HOWELLS, William Dean: *Criticism and Fiction.* New York: Doubleday 1891.

HUSSMAN, Lawrence E. Jr.: *Dreiser and His Fiction. A Twentieth-Century Quest.* Philadelphia: University of Philadelphia Press 1983.

INGENDAAY, Paul: „Schreiben, Schweigen, Trinken. In Deutschland vergessen: William Faulkner, der große Mythengründer der amerikanischen Literatur". In: *Frankfurter Allgemeine Zeitung,* Bilder und Zeiten, 219 (20. September 1997).

ISERNHAGEN, Hartwig: *Ästhetische Innovation und Kulturkritik. Das Frühwerk von John Dos Passos 1916–1938.* München: Fink 1983.

JAMES, William: *The Principles of Psychology,* 2 Bde. New York: Henry Holt 1890.

KAYSER, Wolfgang: *Das sprachliche Kunstwerk.* Bern: A. Francke 1978.

KELLEY, Robert: *The Shaping of the American Past.* Englewood Cliffs: Prentice Hall 1975.

KLEIN, Marcus: *After Alienation: American Novels in Mid-Century.* Cleveland: World Publ. 1964.

KLOTZ, Volker: *Die erzählte Stadt: Ein Sujet als Herausforderung des Romans von Lesage bis Döblin.* München: Hanser 1969.

LÄMMERT, Eberhard: *Bauformen des Erzählens.* Stuttgart: Metzler 1955.

LANG, Hans-Joachim: *Der amerikanische Roman. Von den Anfängen bis zur Gegenwart.* Düsseldorf: August Bagel 1972.

LAUTER, Paul u.a.: *The Heath Anthology of American Literature,* Bd. 2. Lexington, Mass.: Heath. 1990.

LE CONTE, Joseph: *Evolution: Its Evidences, and Its Relation to Religious Thought.* New York: Appleton 1888.

LEVANT, Howard: *The Novels of John Steinbeck. A Critical Study.* Columbia: University of Missouri Press 1974.

LEVINE, Paul: „The Writer as Independent Witness". In: *E.L. Doctorow: Essays and Conversations.* Hrsg.: R. Tenner. Princeton: Ontario Review Press 1983. S. 57–69.

LEWIS, R. W. B.: „John Steinbeck: The Fitful Daemon". In: *Steinbeck. A Collection of Critical Essays.* Hrsg.: R. M. Davis. Englewood Cliffs: Prentice Hall 1972. S. 163–175.

LINK, Franz H. (Hrsg.): *Amerika. Vision und Wirklichkeit.* Frankfurt: Athenäum 1968.

Lubbock, Percy (Hrsg.): *The Letters of Henry James*, 2 Bde., London: Macmillan, 1920. New York: Scribner's, 1920.

Lynn, Kenneth: *William Dean Howells: An American Life*. New York: Harcourt Brace Jovanovich 1971.

McCormick, John O.: *Der moderne amerikanische Roman*. Göttingen: Vandenhoeck 1960.

McHale, Brian: „Writing about Postmodern Writing". In: *Poetics Today* 3,3 (1982), S. 211–227.

Meindl, Dieter: *Der amerikanische Roman zwischen Naturalismus und Postmoderne, 1930–1960*. München: Fink 1983 (= American Studies: A Monograph Series 57).

Meindl, Dieter: „Zwei Hauptvertreter der Erzählliteratur der 50er und 60er Jahre: Saul Bellow und Norman Mailer". In: *Der zeitgenössische amerikanische Roman*, Bd. 2. Hrsg.: G. Hoffmann. München: Fink 1988. S. 53–101.

Mizener, Arthur: „The Love Song of D. J. Salinger". In: *Harper's Monthly* 218 (1956), S. 83.

Mizener, Arthur: *New York Times Book Review*, Dec. 9, 1962.

Morgen, Robert von: *Die Romane E. L. Doctorows im Kontext des‚postmodernism'*. Frankfurt: Lang 1993.

Norris, Frank: „The Mechanics of Fiction". In: *Works*, Bd. VII: The Responsibilities of the Novelist. Garden City: Doubleday 1901. S. 113–121.

Olster, Stacey: *Reminiscence and Re-Creation in Contemporary American Fiction*. Cambridge: Cambridge UP 1989.

Phillips, William L.: „How Sherwood Anderson Wrote‚Winesburg, Ohio'". In: *American Literature* XXIII (1951), S. 7–30.

Pizer, Donald (Hrsg.): *The Literary Criticism of Frank Norris*. Austin: University of Texas Press 1964.

Powers, Lyall H.: *Henry James. An Introduction and Interpretation*. New York: Holt, Rinehart & Winston 1970.

Roth, Philip: *Reading Myself and Others*. New York: Farrar, Straus & Giroux 1975.

Rubin, Louis D. (Hrsg.): *I'll Take My Stand*. New York: Farrar & Straus, 1962.

Sartre, Jean-Paul: *Drei Essays*. Frankfurt: Ullstein 1961.

Schaller, Hans-Wolfgang: *William Dean Howells und seine Schule*. Frankfurt: Lang, 1984.

Schaller, Hans-Wolfgang: „Die USA und Deutschland: literarische Relationen. Einzelaspekt: Romane". In: *Handbuch Englisch als Fremdsprache*. Hrsg.: R. Ahrens, W.-D. Bald, W. Hüllen. Berlin: Erich Schmidt 1995. S. 434–438.

Schmidt, Hermann: *Der Begriff der Erfahrungskontinuität bei William James und seine Bedeutung für den amerikanischen Pragmatismus*. Heidelberg: Winter 1959 (= 5. Beiheft zum Jahrbuch der Amerikastudien).

Schöpp, Joseph C.: *Ausbruch aus der Mimesis. Der amerikanische Roman im Zeichen der Postmoderne*. München: Fink 1990 (= American Studies. A Monograph Series 66).

Sergeant, Elizabeth Shepley: *Willa Cather: A Memoir*. Lincoln: University of Nebraska Press 1963.

Singal, Daniel J.: *The War Within: From Victorian to Modernist Thought in the South, 1919–1945*. Chapel Hill: University. of North Carolina Press 1982.

Spiller, Robert E. u. a.: *Literary History of the United States*. 3. überarbeitete Auflage. New York: Macmillan 1963.

Staiger, Emil: *Grundbegriffe der Poetik*. Zürich: Atlantis 1946.

Stallman, Robert W. & Lillian Gilkes: *Stephen Crane: Letters*. New York/London: New York UP/Peter Owen 1960.

Stanzel, Franz: *Die typischen Erzählsituationen im Roman. Dargestellt an Tom Jones, Moby Dick, The Ambassadors, Ulysses*: Wien: Braumüller 1955.

Stegner, Wallace (Hrsg.): *The American Novel from James Fenimore Cooper to William Faulkner*. New York: Basic Books 1965.

Stein, Jean: „William Faulkner". In: *Writers at Work: The Paris Review Interviews*. Hrsg.: M. Cawley. New York 1958.

Sukenick, Ronald: *The Death of the Novel and Other Stories*. New York: Dial 1969.

Sukenick, Ronald: „The New Tradition in Fiction". In: *Surfiction: Fiction Now . . . and Tomorrow*. Hrsg.: R. Federman. Chicago: Swallow 1975. S. 35–45.

Taylor, George Rogers: *The Turner Thesis*. Boston: Heath 1972.

Tiefenthaler, Sepp L.: „Aspekte und Tendenzen des jüdisch-amerikanischen Gegenwartsromans". In: *Der amerikanische Roman nach 1945*. Hrsg.: A. Heller. Darmstadt: Wissenschaftliche Buchgesellschaft 1987. S. 199–222.

Walcutt, Charles Child: *American Literary Naturalism: A Divided Stream*. Minneapolis: University of Minnesota Press 1956.

Waldmeir, Joseph J. (Hrsg.): *Recent American Fiction: Some Critical Views,* Boston: Houghton Mifflin 1963.

Weber, Ronald (Hrsg.): *The Reporter as Artist: A Look at the New Journalism Controversy*. New York: Hastings 1974.

Weinberg, Helen: *The New Novel in America. The Kafkan Mode in Contemporary Fiction.* Ithaca & London: Cornell UP 1970.

Wharton, Edith: *The Writing of Fiction*. New York: Scribner's 1925.

Wilson, Charles Reagan: „American Regionalism in a Postmodern World". In: *Amerikastudien* 42,2 (1997), S. 145–158.

Wolfe, Tom: *The New Journalism*. New York: Harper & Row 1973.

Woodward, C. Vann: *Origins of the New South, 1877–1913*. Baton Rouge: Louisiana State UP 1951.

Wyatt, David (Hrsg.): *New Essays on ‚The Grapes of Wrath'*. Cambridge: Cambridge UP 1990.

Ziegler, Heide: „John Barth. Ironischer Repräsentant der‚Postmoderne'" In: *Der zeitgenössische amerikanische Roman,* Bd. 3. Hrsg.: G. Hoffmann. München: Fink 1988. S. 22–39.